크리스천 부모의 아이 마음 알아가기

성경적 자녀 양육과 아이의 발달 이해하기

초판 1쇄 발행 2023년 10월 10일 | **글** 황현주 · 이성희 | **일러스트** 이혜진 | **펴낸이** 고종율 | **펴낸 곳** (사)파이디온선교회
등록 2013년 9월 12일 제 2013-000163호 | **주소** 서울특별시 서초구 서초대로 141-25(방배동, 세일빌딩)
전화 마케팅실 070) 4018-4040 | **팩스** 마케팅실 02) 6919-2381 | **홈페이지** www.paidionsquare.com
ISBN 979-11-6307-449-6 (03230)

* 책값은 표지에 있습니다.

크리스천 부모의 아이 마음 알아가기

성경적 자녀 양육과 아이의 발달 이해하기

추천의 글

"한 생명을 구하는 것은 온 세상을 구하는 것이다."

이 말은 창세기 4장 8절에 대한 탈무드의 주석이라고 합니다. 어린이 사역자로서 저는 그 말을 이렇게 적용하고 싶습니다. 한 아기를 키우는 것은 온 세상을 키우는 것이다. 한 아기 속에 우리의 내일이 들어 있기 때문입니다.

그러나 내가 내 아기를 그렇게 키워내는 일은 결코 행복하고 수월한 일이 아닙니다. 하나님 나라의 백성을 위임받은 크리스천 부모들은 자녀를 믿음 안에서 키우고, 믿음 안에서 자라도록 돌보아야 하는 영적인 과제까지 담당해야 하는 부담으로 마음이 눌립니다.

그러나 하나님이 어떤 일을 맡기실 때는 반드시 그것을 감당할 힘도 주십니다. 하나님은 부모들이 지겨운 숙제를 하듯이, 혼란과 고통 속에서 자녀를 키우지 않기를 바라시며 부모들에게 여러 가지 은혜를 베푸십니다. 그 은혜 가운데 하나가 이번에 출간된 『크리스천 부모의 아이 마음 알아가기』입니다.

이 책은 유아 교육에 평생을 쏟아부은 두 멘토 엄마가 그들의 생명을 짜내어 쓴 글입니다. 페이지 페이지, 지혜로운 친정 엄마의 자상하고 확신에 찬 가슴으로 성경적인 자녀 양육법을 또박또박 일러주는 그들의 목소리가 들리는 듯합니다. 저자들은 자신들의 믿음과 경험과 학문을 기막히게 융합하여 자녀 양육에 대한 성경적 원리와, 아이의 발달에 따른 교육적 원리, 그리고 부모들이 부딪힐 여러 상황에 대처할 실제적 지혜를 풀어내고 있습니다.

학자들은 생후 72개월 안에 아이의 '사람됨의 나무꼴'이 잡힌다고 합니다. 이 책은 태아기, 영아기, 유아기 그 치명적인 형성기에, 아이의 건강하고 바른 인생의 나무꼴을 잡아줄 부모들을 세우는 데 집중하고 있습니다. 그것이 더욱 건강하고 행복한 내일을 세우는 가장 확실한 길입니다. 이 책을 통해 많은 부모들은 부담과 염려에서 벗어나, 하나님의 동역자로 서는 도전과 영적 성장의 기회를 누리게 될 것입니다.

나와 내 아내가 새내기 부모였을 때 이런 책이 있었다면 얼마나 좋았을까 하는 아쉬움과 부러움도 느낍니다. 기쁜 마음으로 이 책을 추천합니다.

양승헌 목사

파이디온선교회 설립자, 세대로교회 담임목사, 전 합동신학대학원 교수

•

요즘 많은 엄마들이 자녀 양육을 힘들게 하고 있습니다. 아이를 보낼 수 있는 어린이집과 유치원도 있고, 나라에서 제공하는 양육 수당이나 육아 도우미 등의 복지 서비스는 증가했지만, 엄마들은 아이 키우는 것을 점점 더 힘들어합니다. 또한 남편과의 관계에도 어려움을 겪는 경우가 많습니다. 겉으로는 신앙 안에서 잘 성장한 두 사람이 서로 사랑하고 결혼하여 예쁜 자녀를 낳아 아름다운 가정을 꾸려가는 것처럼 보입니다. 그러나 그 안을 들여다보면 갈등의 정도가 도를 넘어 이혼을 앞두고 있거나, 한집에 살기만 할 뿐 정서적 별거를 하는 가정들이 늘어가고 있습니다.

"그들로 젊은 여자들을 교훈하되 그 남편과 자녀를 사랑하며 신중하며 순전하며 집안 일을 하며 선하며 자기 남편에게 복종하게 하라 이는 하나님의 말씀이 비방을 받지 않게 하려 함이라"(딛 2:4-5).

디도서에 나오는 말씀처럼 교회에 젊은 여자들을 교훈하고 가르칠 수 있는 지도자가 정말 필요합니다. 영아부는 영아만을 가르치는 부서가 아닙니다. 바로 아이들의 엄마인 젊은 여성들이 아내와 며느리로서, 그리고 엄마로서 바르게 세워지도록 돕는 부서입니다. 이 책의 저자인 황현주 교수님은 바로 그러한 역할을 우리 새로남교회에서 오랫동안 맡으셨습니다. 교수님은 자신의 세 자녀를 양육하면서 엄마로서, 그리고 아내와 며느리로서 무엇이 힘들고 어려운지 먼저 체험하셨습니다. 또한 직장과 교회, 가정 사역을 하며 아침마다 '오늘 내게 주시는 말씀'과 기도로 살아오신 분입니다. 그러하기에 교수님이 쓰신 『크리스천 부모의 아이 마음 알아가기』는 단순한 이론서가 아닙니다.

인생의 가장 어린 시기인 영아부와 유아부, 유치부는 신앙과 삶의 첫 단추가 꿰어지는 정말 중요한 시기입니다. 옷을 입을 때에도 첫 단추가 잘못 꿰어지면 완전히 어긋나는 것처럼, 신앙과 삶의 첫 단추를 꿰는 이 시기에 바른 '신앙의 꼴'을 잡아가는 것은 기독교 교육에서 가장 중요한 일일 것입니다. 이 책은 그동안 우리가 아이를 이해하지 못해 놓쳤던 많은 것을 발달적 특성과 함께 알려줌으로써, 아이의 마음을 알아갈 수 있도록 도와줄 것입니다. 그래서 자녀를 양육하는 것이 힘들지만 얼마나 감사하고 기쁜 일인지 알려줄 것입니다. 하나님의 말씀으로 자녀를 양육하는 것은 그 무엇과도 바꿀 수 없는 귀한 사역이며 멋진 일입니다. 이 책을 통해 아이를 양육하는 기쁨을 함께 누리시길 간절히 소망하며 본서를 기쁨과 감사를 담아 강력하게 추천합니다.

오정호 목사

새로남교회 담임목사, 새로남기독학교 이사장, 대한예수교장로회 합동 총회장

크리스천 부모의 아이 마음 알아가기

Part 2.

유아기로의 여행

Part 3.

나를 향한 여행

시작하는 글

"주일날 교회 가는 시간이 다가왔지만 어린 자녀가 깊이 잠들어 안 일어날 때,
억지로라도 깨워야 할까요? 아니면 지각할 게 뻔하지만
더 자게 놔두어야 할까요?"

"교회나 어린이집에 가야 하는데 가지 않겠다고 울부짖는 아이를
억지로 데리고 가야 할까요? 아니면 놔두어야 할까요?"

"아이가 입이 짧아 음식을 안 먹어 고민입니다.
그래서 비싼 유기농 재료를 사와 땀 흘리며 음식을 준비했는데
아이는 여전히 안 먹겠다고 고개를 돌립니다.
순간 울컥해서 아이에게 '먹지 마!' 하고 소리를 질렀습니다.
아이는 울고, 저도 울고….
우는 아이를 달래야 할까요? 외면해야 할까요?"

"밥 다 먹으면 좋아하는 초콜릿(또는 핸드폰)을 주겠다고 약속하고
밥을 먹였는데, 제가 잘한 걸까요?"

도대체 무엇이 문제일까요?

우리는 자녀를 처음 선물로 받았을 때의 큰 감격과 기쁨을 기억하고 있습니다. 그런데 그 감격과 기쁨은 정말 잠깐인 것 같습니다. 첫 아이 때는 '내가 부모로서 경험이 없으니까 아이 키우는 것이 당연히 힘들지…'라며 스스로 위안했지만, 둘째(셋째) 때도 여전히 힘이 듭니다.

많은 엄마들이 아이를 훈육한다고 하면서 아이에게 애원하거나, 너무 지나친 훈육으로 아이를 학대(언어적, 정서적, 신체적)합니다. 그런데 문제는 하나님을 사랑하는 신실한 크리스천 부모 역시 자녀 앞에만 서면 일반 부모들과 별반 다르지 않게 행동한다는 것입니다. 안타까운 일이지만 훈육과 관련된 성경 구절들로 인해 자녀를 가죽 혁대로 때리는 크리스천 부모도 있습니다. 성경에 쓰인 그대로 자녀를 채찍으로 징계하기 때문입니다. 그러나 이것은 정말 잘못된 최악의 훈육입니다. 이로 인해 크리스천 부모를 둔 많은 아이들이 몸과 마음에 씻을 수 없는 상처를 입습니다.

결국 우리는 정말 최선을 다해 자녀를 양육하며, 하나님의 말씀에 순종한다고 하지만, 자녀 양육(교육)을 잘하고 있는지는 잘 모르겠습니다. 부모로서 점점 자신이 없어지고, 무엇보다 아이에게 문제가 보이면 모두 내 탓인 것 같아 마음이 더 힘들어집니다.

이 책은 바로 이런 현실적인 어려움을 가지고 있는 부모와 교사를 위해 쓰였습니다. 우리는 먼저 성경 말씀을 통해 하나님이 원하시는 자녀 양육이 무엇인지 살펴볼 것입니다. 그리고 태아기, 영아기, 유아기로의 여행을 하며 아이가 자라면서 자연스럽게 나타나는 발달적 특징을 통해 지금 아이의 마음을 살펴보고, 그에 따른 훈육 방법을 알아볼 것입니다. 이어서 마지막으로 나를 향한 여행을 하며 부모로서의 나의 모습을 점검하고 하나님이 원하시는 부모로 거듭나기 위한 변화의 걸음을 내디딜 것입니다.

교육학자들은 자녀가 잘못된 행동을 할 때, 아이의 행동을 교정하려 하지 말고 먼저 아이의 마음을 다루어야 한다고 말합니다[테드 트립(Tedd Ttipp), 『마음을 다루면 자녀의 미래가 달라진다』(디모데, 2009)]. 아이의 마음을 다루기 위한 첫 단계는 자녀를 향한 하나님의 뜻, 그리고 아이의 발달적 특징을 이해하는 것입니다. 성경적인 자녀 양육과 아동의 발달에 대해 설명한 이 책이, 크리스천 부모와 교사들에게 성경적인 자녀 양육과 교육의 출발점을 세워가는 데 도움이 되길 주님 앞에 간구합니다.

크리스천 부모의 아이 마음 알아가기

성경적 자녀 양육과 아이의 발달 이해하기

Part 1.

태아기와 영아기로의 여행

1장

하나님이 원하시는 부모

크리스천 부모의
아이 마음 알아가기

성경적 자녀 양육과 아이의 발달 이해하기

01

모든 크리스천 부모의 소원

모든 크리스천 부모가 오늘도 하나님 앞에 무릎 꿇고 기도하는 가장 큰 마음의 소원 가운데 하나는 내 자녀가 하나님의 사람으로 온전하게 자라가는 것입니다. '자녀가 하나님의 사람으로 온전하게 자라가는 것.' 이 기도는 자녀가 어린아이이건, 질풍노도의 사춘기 시기이건, 혹은 청년이나 심지어 다 큰 성인의 시기를 지나는 것과는 관계없이 자녀를 둔 모든 부모의 간절한 소원입니다. **우리는 자녀가 하나님을 믿는 믿음의 아이로, 그리고 하나님의 축복을 받아 세상을 축복하는 축복의 사람으로 자라가길 소원하며 기도합니다.**

그러나 왜 우리 자녀들은 자꾸 엇나가는 걸까요?
왜 자녀를 키우는 것이 점점 힘이 들고 자신이 없어질까요?

자녀를 처음 선물로 받았을 때의 기쁨은 정말 잠깐인 것 같습니다. 아무리 달래고 안아주어도 빽빽거리며 온몸으로 우는 아이를 안고 밤을 지샐 때, 그럼에도 아이가 왜 우는지 이유조차 알지 못할 때, 그리고 이러한 일이 하루 이틀로 끝나지 않고 계속될 때 우리는 점차 지쳐가고 부모로서 한계를 느낍니다.
아이가 자라 첫 발자국을 떼며 걸음마를 시작하면 우리는 아이가 컸다는 사실에 감격합니다. 그러나 곧 아장아장 걷기 시작하면서 모든 상황에 "싫어(No)!"를 외치고, 더 큰 울음과 고집으로 떼를 쓰는 아이를 바라보며 '내가 아이를 잘못 키웠다'라는 생각과 함께 부모로서 자괴감을 느낍니다. 게다가 왜 이렇게 엄마와 떨어지려 하지 않는지… 이제는 아이를 놔두고 잠깐의 외출은커녕 화장실도 제대로 갈 수 없습니다. 신발을 신지 않겠다고 고집 피우고, 손님들 앞에서 소리 지르며 땅바닥에 드러눕는 아이를 우리는 어떻게 훈육해야 할까요? 우리의 더 큰 어려움은 부모로서 아이에게 바른 훈육을 하고 싶은데, 내가 한 훈육이 아이에게 상처로 남지는 않을지 자신이 없다는 것입니다. 그래서 아이를 울리며 훈육한 날이면 울다 잠든 아이를 보며 엄마도 눈물을 흘립니다.

실제로 많은 엄마들이 바른 훈육 방법을 잘 알지 못합니다. 제발 어린이집 가자고, 밥 먹자고 아이에게 애원하거나, 아이가 말을 듣지 않는다며 소리를 지르며 화를 내고 때리는 학대를 합니다. 그런데 문제는 하나님을 사랑하는 신실한 크리스천조차 자녀 앞에만 서면, 그 모습이 일반 부모들과 별반 다르지 않다는 사실입니다. 오히려 성경에 대한 잘못된 이해로 훈육이라는 미명 아래 자녀를 가죽 혁대로 때리고, 심지어 자녀를 죽음에 이르게 하는 크리스천 부모도 있습니다.
천사 같은 아기가 떼쟁이, 고집쟁이가 되는 모습을 보며 우리는 '내가 아이를 잘못 키웠다'라는 생각을 하게 됩니다. 또한 아이가 훈육하는 부모에게 순종하지 않고 더 심하게 말썽을 부리는 모습을 볼 때, 부모를 싫어하고 거부하는 것으로 오해합니다. 그리고 부모로서, 교사로서 자신을 무능하다고 여기게 되며, 아이를 만나는 시간이 즐겁지 않고 아이를 감정적으로 대하게 됩니다. 결국 우리는 나도 모르는 사이 아이들에게 상처를 주고(실족), 상처를 받습니다(실망, 좌절).
그러나 부모 여러분, 이유 없이 밤새 우는 것과, 어느 날 갑자기 "싫어!", "내가, 내가!"를 외치며 고집 피우는 아이의 모습은 부모와 교사인 나를 싫어하고 무시하는 것이 절대 아닙니다. 이 시기 아동의 자연스러운 발달적 특징입니다. 즉, 아이들의 발달을 알게 되면 "재는 왜 저럴까?"가 아니라 "아! 그래서 그랬구나"라고 아이를 이해할 수 있게 됩니다. 따라서 발달을 알고 이해한다는 것은 마치 아이의 마음속으로 여행을 떠나는 것과 같습니다.

여행을 하기 위해서는 여행의 방향, 즉 목적지가 필요합니다. 자녀 양육에 대한 하나님의 말씀인 성경은 우리의 방향이며 나침판입니다. 어떤 부모들은 아이의 발달적 특징에 대해서는 잘 알고 있지만, 아이를 어떻게 키워야 하는지에 대해서는 세상의 조언에 따라 이리저리 흔들리며 방황합니다. 사람들이 맞다고 해서 열심히 따라 왔는데 이 길이 아닌 경우가 얼마나 많은지요. 반대로 성경 말씀을 묵상하며 자녀를 양육하지만 자녀의 발달에 대한 지식이 없다면, 우리는 아이의 행동을 불순종의 모습으로 받아들이거나, 때로는 부모인 나를 인정하지 않고 무시한다고 오해하기 쉽습니다.

기억하세요! 하나님의 말씀은 아이를 키우고 교육하는 우리에게 바른 방향을 제시하고, 내가 지금 바른 길로 가고 있는지를 알려줍니다. 여행을 하며 잘못된 길로 갔을 때, 우리는 되돌아갈 수 있습니다. 그러나 자녀 양육은 잘못되었을 때 되돌리기에는 너무 많은 힘이 듭니다. 자녀 양육과 교육은 처음부터 바르게 시작해야 합니다.

그런데 지금 우리 아이가 유아기라 할지라도 유아 시기의 발달적 특성만을 알아서는 안 됩니다. 왜냐하면 '발달'이란 한순간이나 한 시기가 아니라 우리가 엄마 배 속에 생긴 순간부터 하늘나라에 갈 때까지의, 이 땅에서의 모든 시간이기 때문입니다. 또한 아이가 영아기 때 엄마와 어떤 애착 관계를 맺었는가에 따라 유아기 때의 아이 모습이 결정됩니다. 즉, 이전에 겪었던 아이의 발달이 지금 아이의 모습에 상당한 영향을 미치기 때문에 우리는 먼저 태아기부터 영아기를 거쳐 유아기를 살펴보아야 하고, 아동기와 청소년기를 살펴보아야 합니다.

최근의 발달학자들은 인간의 발달에 대해 알고자 할 때 '태아기 - 영아기 - 유아

: 인간의 전 생애 발달 :

기 - 아동기 - 청년 전기·후기 - 성인기 - 중년기 - 노년기'에 걸친 발달 단계를 모두 공부합니다. 이것을 전문 용어로 '인간의 전 생애 발달'이라고 합니다. 인간의 전 생애 발달에 대한 기본 정보와 지식이 있다면, 우리는 아이뿐 아니라 아이의 형제 관계 및 부모와의 관계에 대해서도 더 잘 이해할 수 있게 됩니다. 즉, 아이가 왜 그런 행동을 하는가에 대해 더 많은 이해를 할 수 있게 되는 것입니다. 따라서 이 책에서도 난자와 정자가 만나는 수정에서부터 여행을 시작하게 될 것입니다.

02

축복의 통로, 부모
: 부모는 하나님과 자녀 사이의 축복의 통로입니다

"이스라엘아 들으라 우리 하나님 여호와는 오직 유일한 여호와이시니
너는 마음을 다하고 뜻을 다하고 힘을 다하여 네 하나님 여호와를 사랑하라
오늘 내가 네게 명하는 이 말씀을 너는 마음에 새기고
네 자녀에게 부지런히 가르치며 집에 앉았을 때에든지
길을 갈 때에든지 누워 있을 때에든지 일어날 때에든지 이 말씀을 강론할 것이며
너는 또 그것을 네 손목에 매어 기호를 삼으며 네 미간에 붙여 표로 삼고
또 네 집 문설주와 바깥 문에 기록할지니라"
(신 6:4-9).

이스라엘의 신앙 교육은 쉐마 교육으로 대표됩니다. '쉐마'는 '듣다'라는 뜻의 히브리어 동사 '샤마아'의 명령형으로, 우리말로는 '들으라'라고 번역할 수 있습니다. 쉐마는 신명기 6장 4-9절 말씀으로 하나님이 모세를 통해 이스라엘 백성에게 알려주신 자녀 교육의 원리와 방법입니다. 당시 이스라엘은 애굽의 노예 생활에서 벗어나 40년 동안 광야 생활을 하며 약속의 땅 가나안으로 들어가기 직전이었습니다. 하나님은 이스라엘이 가나안으로 들어가기 직전, 하나님의 백성으로서 지켜야 할 여러 가지 규례와 어떻게 자녀를 양육해야 하는지에 대한 지침을 모세를 통해 알려주셨습니다. 이처럼 쉐마는 하나님이 알려주신 성경적 자

녀 양육 방법으로, 가정에서 부모가 자녀를 어떻게 하나님의 말씀으로 교육할 것인지에 대해 구체적으로 나와 있습니다.

쉐마에는 세 존재가 등장합니다. 바로 하나님(여호와), 너(부모 자신), 자녀입니다. 즉, 하나님과 자녀 사이에 부모인 내가 있습니다. 이것은 하나님과 자녀를 연결해 주는 축복의 통로가 바로 부모임을 의미합니다. 따라서 쉐마의 핵심은 부모가 하나님과 자녀 사이의 축복의 통로라는 것입니다. 즉, 부모가 먼저 하나님을 사랑하고 하나님의 말씀을 마음에 새겨 직접 자녀들에게 교육하는 것이 '쉐마 교육'의 올바른 방향입니다.

이스라엘아 들으라
우리 하나님 여호와는 오직 유일한 여호와이시니
너는 마음을 다하고 뜻을 다하고 힘을 다하여
네 하나님 **여호와를 사랑하라**
오늘 내가 **네게** 명하는 이 말씀을
너는 마음에 새기고
네 자녀에게 부지런히 가르치며
집에 앉았을 때에든지 길을 갈 때에든지 누워 있을
때에든지 일어날 때에든지 이 말씀을 강론할 것이며

: 쉐마 :

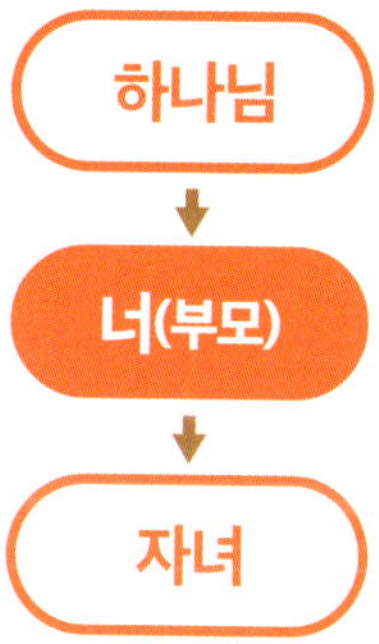

: 쉐마 교육의 방향 :

쉐마의 내용을 살펴보면, 자녀의 마음에 여호와를 심어주기 위한 방법으로 부모인 우리가 해야 할 일들이 구체적으로 제시되어 있습니다. "집에 앉았을 때에든지 길을 갈 때에든지 누워 있을 때에든지 일어날 때에든지", 즉 언제든지 자녀에게 말씀을 가르칠 수 있어야 합니다. 그런데 자녀에게 말씀을 가르치기 전에 반드시 해야 할 일이 있습니다. 바로 내가 먼저 하나님 여호와를 마음을 다하고 뜻을 다하고 힘을 다하여 사랑하는 것입니다. 그리고 하나님의 말씀을 내 마음에 새기는 것입니다. 이 두 가지가 먼저 내게 이루어져야 자녀에게 말씀을 가르칠 수 있습니다.

교육심리학 이론 중에 앨버트 반두라(Albert Bandura)가 주장한 '모델링(modeling)' 이라는 개념이 있습니다. 모델링은 관찰 학습의 주요 개념입니다. 즉 아이에게 말로 가르치지 않아도 아이는 교사나 부모의 모습을 보는 것만으로도 학습할 수 있다는 이론입니다[오른쪽 '반두라의 보보 인형(Bobo doll) 실험' 참고].

그러나 오늘 우리는 어떤 모습인가요? 현대 사회는 자녀에 관한 대부분의 교육을 가정이 아닌 다른 곳에 맡기도록 시스템화되어 있습니다. 아이의 지식은 학교와 국영수 학원에, 건강은 태권도와 수영 학원에, 교양은 피아노와 미술 학원에, 신앙은 교회와 주일학교에 맡겨두었습니다. 그나마 이전에는 학교에 가기 전까지 가정에서 엄마가 자녀 양육을 맡아 했지만, 지금은 태어난 지 1년이 안 된 아기도 어린이집과 문화 센터, 집으로 찾아오는 방문 교사, 심지어 방송의 교육 채널을 통해 교육받고 있습니다. 부모는 사랑하는 자녀의 교육을 위해 더 좋은 교육 콘텐츠와 학원을 찾습니다. 그리고 잘 가르치는 곳을 찾아 자녀를 맡기고 돈을 지불합니다. 이제는 좋은 선생님과 학원을 잘 찾는 부모가 자녀 교육을 잘하는 부모가 되었습니다. 비용은 내지만 더 이상 직접 자녀 교육을 하지 않으려는 부모, 바로 우리의 모습입니다. 그리고 이것은 하나님이 부모인 우리에게 원하시는 방법이 아닙니다.

자녀는 행동을 보는 것만으로도 학습합니다

반두라는 유아를 두 집단으로 나눈 후, 한 집단에게는 일반 유아용 비디오를 보여주고 또 다른 집단에게는 교사가 보보 인형을 때리는 장면을 녹화한 비디오를 보여주습니다. 그러고 나서 유아를 보보 인형이 있는 방으로 데리고 들어갔습니다. 유아용 비디오를 본 아이들은 아무런 행동을 하지 않았지만, 교사의 공격적인 모습을 본 아이들은 모두 교사의 행동을 모방하여 보보 인형을 똑같이 공격하였습다.

: 반두라의 보보 인형(Bobo doll) 실험 :

이처럼 아이들은 관찰, 즉 보는 것만으로도 학습할 수 있습니다. 이것은 신앙 교육에서 매우 중요한 개념입니다. 예를 들어, 어린아이에게 '기도'를 가르치고 싶다면 기도의 필요성과 장점에 대해 말로 설명하는 대신 엄마 아빠가 기도하는 모습을 아이에게 보여주어야 합니다. 가정에 어떤 문제가 생겼을 때, 또는 기쁜 일이 생겼을 때, 부모가 기도하는 모습을 보여주는 것만으로도 아이는 기도를 배웁니다.

관찰 학습의 장점은 보상이 없이도 아이에게 가르치려고 하는 것을 내면화, 즉 아이의 마음속 깊이 심어줄 수 있다는 것입니다. 부모에게 칭찬받기 위해 착한 행동을 한 경우에는 부모의 칭찬이 없거나 부모가 보고 있지 않으면 그 행동을 하지 않습니다. 그러나 부모가 힘든 상황에서 하나님께 기도함으로 의연하게 대처하는 모습을 본 아이는 부모의 행동을 자기 스스로 가치 있는 행동으로 내면화했기 때문에, 자신에게 힘든 일이 생겼을 때 자신이 본 그대로 부모의 행동(기도하는 모습)을 따라 하게 됩니다.

그러나 부모가 자녀에게 매력적인 모델이 되려면 무엇보다 자녀와의 좋은 관계가 선행되어야 합니다. 어렸을 때를 떠올려 보십시오. 아마 학교에서 좋아하고 존경하는 선생님께는 인정과 칭찬을 받고 싶어 하고, 싫어하는 선생님의 말씀은 비록 매가 무서워 앞에서는 따르는 척해도 마음으로는 순종하기 싫었을 것입니다. 즉, 가르침에서 가장 중요한 것은 먼저 좋은 관계를 맺어야 한다는 것입니다. 자녀가 어릴 때부터 부모와 좋은 관계를 형성했을 때 부모의 말과 행동에는 권위가 생깁니다. 그러나 부모에게 상처받으며 자란 아이는 부모의 말을 따르고 싶어 하지 않습니다. 특히 가정에서 가족에게 비치는 부모의 모습과 교회에서 교인들에게 비치는 부모의 모습이 다를 경우, 아이들은 부모의 이중적인 모습을 경멸하게 되고, 나아가 교회와 하나님에 대해서도 경멸감을 갖게 됩니다.

기억하세요! 어린아이일수록 부모와 교사의 말이 아닌 행동을 보는 것으로 학습합니다. 그렇기 때문에 먼저 아이와 좋은 관계를 맺어야 합니다.

03

성경적 자녀 양육 방법

1) 긍정적 교훈

: 라멕 이야기 - 자녀를 기대하며 축복한 아버지

성경에는 첫 번째 인류인 아담을 시작으로 많은 사람이 등장합니다. 그런데 성경에 기록된 사람들 가운데 인류의 첫 번째 지도자는 누구일까요? 저는 노아라고 생각합니다. 노아는 세상이 죄악으로 가득했을 때, 하나님의 말씀을 듣고 순종하여 인류를 '대홍수'라는 재앙에서 구한 첫 번째 지도자였습니다. 하나님은 노아가 "의인"이며 "당대에 완전한 자"라고 말씀하셨습니다. 그러면 어떻게 노아가 이렇게 인류의 지도자로 하나님께 쓰임받을 수 있었을까요? 이에 대해 성경에는 다음과 같이 기록되어 있습니다.

> "여호와께서 사람의 죄악이 세상에 가득함과 그의 마음으로 생각하는
> 모든 계획이 항상 악할 뿐임을 보시고 땅 위에 사람 지으셨음을 한탄하사
> 마음에 근심하시고 … 그러나 노아는 여호와께 은혜를 입었더라 …
> 노아는 의인이요 당대에 완전한 자라 그는 하나님과 동행하였으며 …
> 노아가 그와 같이 하여 하나님이 자기에게 명하신 대로 다 준행하였더라"
> (창 6:5-22).

노아가 하나님께 쓰임받을 수 있었던 비결은 바로 은혜와 동행 그리고 준행이었습니다. 즉 하나님의 은혜, 하나님과의 동행, 하나님에 대한 준행이 노아가 인류 최초의 지도자로 쓰임받은 비결이었던 것입니다. 그리고 여기에 한 가지 이유가 더 있습니다. 그것은 그에게 자녀를 기대하며 축복한 아버지가 있었기 때문입니다.

> "라멕은 백팔십이 세에 아들을 낳고 이름을 노아라 하여 이르되
> 여호와께서 땅을 저주하시므로 수고롭게 일하는 우리를
> 이 아들이 안위하리라 하였더라"(창 5:28-29).

노아의 아버지 라멕에게는 자녀가 죄악이 가득한 이 땅에서 고통받는 사람들을 구할 것이라는 큰 그림이 있었습니다. 자녀가 세상을 향한 하나님의 축복의 통로가 될 것이라 기대했고, 이를 말(언어)로 표현하였습니다. 이처럼 라멕은 자녀에 대해 큰 기대감을 가지고 자녀를 축복한 최초의 아버지입니다. 성경을 보면 라멕 이전의 다른 부모들은 사실 자녀에게 기대감을 갖고 그들을 축복하는 일에 주의를 기울이지 않았습니다. 이에 대해 성경에는 다음과 같이 기록되어 있습니다.

> "아담이 그 아내 하와와 동침하매 하와가 임신하여 가인을 낳고 이르되
> 내가 여호와로 말미암아 득남하였다 하니라"(창 4:1).
>
> "아담이 다시 아내와 동침하매 그가 아들을 낳아 그 이름을 셋이라
> 하였으니 이는 하나님이 내게 가인이 죽인 아벨 대신에
> 다른 씨를 주셨다 함이며"(창 4:25).
>
> "아브라함이 그의 아들 이삭이 그에게 태어날 때에 백 세라
> 사라가 이르되 하나님이 나를 웃게 하시니 듣는 자가 다 나와 함께 웃으리로다
> 또 이르되 사라가 자식들을 젖먹이겠다고 누가 아브라함에게
> 말하였으리요마는 아브라함의 노경에 내가
> 아들을 낳았도다 하니라"(창 21:5-7).

성경적 자녀 양육은 부모가 아이에게 들려주는 축복의 말을 통해 이루어집니다. 그리고 부모가 자녀에게 들려주는 축복의 말은 그 아이의 삶을 뒤집어 놓는 엄청난 힘을 가지고 있습니다. 그러나 많은 크리스천 부모들이 자녀를 축복하는 소중한 기회를 놓치고 있습니다.

"말로 축복한다고 아이가 달라질까?"
"왜 이렇게 엄마 말을 안 들어? 넌 오늘 축복 기도 못 받아!"
"오늘은 엄마가 많이 바쁘네. 오늘은 말고 내일 하자."
"공부하고 하자."
"이것 다하면 하자."
"나중에…."

자녀를 축복하는 소중한 시간을 자꾸 미루게 된다면 그것은 악한 영의 방해입니다. 아이에게 부모인 우리가 줄 수 있는 가장 큰 선물은 바로 자녀 축복 기도입니다.

성경 말씀을 통한 자녀 축복 기도

제가 섬긴 한 교회의 영아부에서는 엄마들이 매일 아침 아이가 눈을 떴을 때, 그리고 밤에 잠들기 전에 아이의 머리에 손을 얹고 성경 구절에 자녀의 이름을 넣어 자녀 축복 기도를 했습니다.

"여호와께서 내(OO) 음성과 내(OO) 간구를 들으시므로 내(OO)가 그를 사랑하는도다
그의 귀를 내(OO)게 기울이셨으므로 내(OO) 평생에 기도하리로다
사망의 줄이 나(OO)를 두르고 스올의 고통이 내(OO)게 이르므로
내(OO)가 환난과 슬픔을 만났을 때에 내(OO)가 여호와의 이름으로 기도하기를
여호와여 주께 구하오니 내 영혼을 건지소서 하였도다"(시 116:1-4).

"여호와는 나(OO)의 목자시니 내(OO)게 부족함이 없으리로다
그가 나(OO)를 푸른 풀밭에 누이시며 쉴 만한 물 가로 인도하시는도다
내(OO) 영혼을 소생시키시고 자기 이름을 위하여 의의 길로 인도하시는도다
내(OO)가 사망의 음침한 골짜기로 다닐지라도 해를 두려워하지 않을 것은
주께서 나(OO)와 함께 하심이라 주의 지팡이와 막대기가 나(OO)를 안위하시나이다
주께서 내 원수의 목전에서 내(OO)게 상을 차려 주시고
기름을 내(OO) 머리에 부으셨으니 내(OO) 잔이 넘치나이다
내(OO)평생에 선하심과 인자하심이 반드시 나(OO)를 따르리니
내(OO)가 여호와의 집에 영원히 살리로다"(시 23:1-6).

이렇게 매일 성경 말씀을 한두 절씩 읽으며 자녀에게 축복 기도를 하면 성경 말씀을 암송할 수 있습니다. 실제로 유아부, 유치부 아이들의 경우 부모님이 매일 한 번은 머리에 손을 얹고, 또 한 번은 손 유희와 함께 축복해 주자 아이들도 성경 말씀을 암송하였습니다. 아이가 언어 발달이 늦어 성경 말씀을 못 외어도 괜찮습니다. 부모가 자녀에게 손을 얹거나 자녀를 품에 안고 들려주는 축복 기도(암송)는, 그 무엇과도 바꿀 수 없는 소중한 자녀 축복의 방법이기 때문입니다.

2) 부정적 교훈

: 이삭 이야기 - 편애로 잘못된 자녀 축복을 한 아버지

자녀 축복에 대한 강의를 할 때 사실 많은 부모들이 의심합니다.

"정말로 내가 아이를 축복하면 우리 아이가 존귀케 되나요?"
"말로 '축복한다'라고 말하는 게 뭐가 어렵다고… 돈 드는 것도 아닌데… 그렇게 쉬운 거라면, 많은 사람이 존귀해져야 하는데 왜 그렇지 않죠?"

부모들의 말처럼 정말 축복하는 것이 쉬운 일일까요? 누구나 자녀를 축복할 수 있을까요? 그렇지 않습니다. 성경에는 노아처럼 부모의 축복을 받은 자녀의 모습도 기록되어 있지만, 반대로 부모의 축복을 받지 못해 비참했던 자녀의 모습도 나와 있습니다. 바로 아버지 이삭, 그리고 그의 자녀 야곱과 에서의 이야기가 그려진 창세기 27장입니다.
창세기 27장의 주제는 '복'입니다. 실제로 27장에는 '복'이라는 단어가 성경 전체 중 가장 많이 반복되어 있습니다. 그러나 축복의 장인 창세기 27장의 그림은 그리 아름답지 않습니다. 그곳에는 아버지의 잘못된 축복으로 인해 상처받고 뒤틀린 아내와 자녀들의 모습이 있습니다. 그래서 저는 창세기 27장을 '최악의 축복장'이라고 이름 붙였습니다. 분명 이삭도 자녀를 하나님 앞에서 열심히 축복했습니다. 그러나 자녀에 대한 이삭의 축복은 다음과 같은 이유로 왜곡되고 잘못된 축복이었습니다.

첫째, 아버지 이삭은 자녀를 축복할 때, 하나님을 제외하였습니다. 그리고 '나(자기)' 중심적인 축복을 합니다.

"내가 즐기는 별미를 만들어 내게로 가져와서 먹게 하여 내가 죽기 전에 내 마음껏 네게 축복하게 하라"(창 27:4).

둘째, 아버지 이삭의 축복은 자녀를 있는 그대로 축복하지 않고 '-하면, -한다'라는 조건부 축복이었습니다. 사냥을 해서 내가 좋아하는 별미를 만들어 맛있게 먹게 하면 마음껏 축복하겠다는 것입니다. 혹시 우리도 조건부 축복을 하고 있지는 않은지요? '착하게 행동하면', '공부 잘하면', '엄마 말 잘 들으면' 해주겠다는 말은 절대 좋은 축복도 좋은 교육도 아닙니다. 아이들은 있는 모습 그대로 축복받아야 합니다.

셋째, 이삭의 또 다른 잘못된 축복은 편애적인 축복이었습니다. 이삭에게는 야곱과 에서라는 두 쌍둥이 아들이 있었고, 이삭은 큰아들만 예뻐했습니다. 오히려 씩씩하고 활달한 큰아들보다는 조용하고 집에 있기 좋아하는 작은 아들이 이삭을 더 많이 빼닮았습니다. 그런데 이삭은 자신을 그대로 닮은 작은 아들을 예뻐하기 어려웠습니다. 사실 우리도 나를 그대로 닮은 자녀를 사랑하기 어려울 때가 있습니다. 이것만큼은 닮지 않았으면 좋겠다고 생각한 나의 약점까지도 그대로 닮았기 때문입니다. 이삭은 자신과 반대인 큰아들에게 작은 아들에게 주어야 할 애정까지 모두 주며 예뻐했습니다. 아버지가 자녀를 공평하게 대하지 않고 편애한 것입니다. 아이들은 말로 표현하지 않아도 부모가 자신들을 편애하고 있다는 것을 잘 압니다. 에서와 야곱 모두 아버지가 자신들을 똑같이 사랑하지 않는다는 것을 알았던 것 같습니다.

우리 가정에서도 일방적으로 부모의 사랑을 받는 아이들은 실제로 부모의 관심과 돌봄이 늘 자신에게 향해 있기 때문에, 자신이 사랑받는 것을 당연하게 여기는 경향이 있습니다. 그리고 부모의 애정이나 부모가 제공하는 것들을 소중하게 여기지 않습니다. 아버지의 일방적 편애를 받았던 에서 역시 장자권을 소중하게 생각하지 않았습니다. 아버지는 당연히 자신을 축복할 것이니까요. 반면에 작은 아들 야곱은 아버지의 인정에 늘 목말라 있었습니다. 아버지의 사랑과 관심을 받지 못해 갈급하게 아버지의 축복을 구하였습니다. 잘못된 방법인 것은 알았지만, 거짓말과 속임수를 써서라도 아버지의 축복을 받고 싶었습니다. 축복에 대한 갈급함은 야곱이 아버지와 형을 속이는 원인이 되었고, 그 결과 야곱은 가족과 멀리 떨어져 외로이 살게 되었습니다.

축복에 대한 갈급한 목마름은 야곱을 평생 따라다닙니다. 그래서 상대가 누구든, 어떻게 해서든 자신을 축복하게 만들었습니다. 자신을 속인 장인어른의 축복마저도 받고 싶었고, 무슨 일이 있어도 하나님의 축복을 받고 싶었습니다. 결국 야곱은 자신을 죽이려고 쫓아온 장인어른에게도(창 31:55), 그리고 하나님과 밤새 씨름하여 탈진되고 다리가 탈골되는 고통 속에서 하나님께도 기어이 축복을 받아냅니다(창 32:26-29). 야곱이 이렇게 축복에 목말라하고 갈급해한 이유는 바로 어렸을 때 아버지의 축복을 받지 못했기 때문입니다.

또한 아버지 이삭의 편애로 인해 어머니 리브가마저 자녀를 편애하게 되었고, 그의 가정은 역기능 가정이 되었습니다. 야곱과 에서는 쌍둥이로 모두 리브가의 아들입니다. 리브가 역시 야곱과 에서 모두 자신의 배 속으로 낳은 아이들인데, 남편이 큰아들만 예뻐하는 모습에 상처를 받습니다. 결국 리브가는 야곱의 상처와 눈물을 보다 못해 남편의 사랑까지 자신이 대신 주었습니다. 그리고 이것은 어머니의 편애로 이어졌습니다.

리브가는 이렇게 생각했던 것 같습니다. 큰아들은 아버지의 사랑을 많이 소유하고 누린 반면, 작은아들은 아버지의 사랑을 한 번도 받지 못한 불쌍한 아이라고요. 결국 리브가는 부모로서 중립을 지키지 못하고 야곱에게 아버지의 축복을 주고자 큰아들을 속입니다. 나중에 에서가 이 사실을 알게 되었을 때 얼마나 큰 충격을 받았을까요? 에서가 야곱을 죽이고 싶을 정도로 미웠던 이유 가운데 하나는 어머니에 대한 배신감이었을 것입니다. 리브가는 남편의 편애로 사랑받지 못한 작은아들을 지켜주려 했지만, 리브가 역시 편애함으로 큰아들에게 씻을 수 없는 큰 상처를 주는 결과를 초래하였습니다.
야곱은 형의 증오로부터 목숨을 구하기 위해, 자신을 유일하게 사랑해 주고 자신의 안전 기지가 되어주었던 어머니를 뒤로하고 집을 떠납니다. 그리고 그 뒤로 어머니를 평생 보지 못합니다. 야곱이 후에 고향으로 돌아왔을 때에는 리브가가 죽은 뒤였기 때문입니다. 가족 중 유일하게 자신의 편이었던 어머니는 죽었고, 자신에게 상처와 좌절감을 주었던 아버지는 살아 있었습니다. 야곱은 20년 만에 고향으로 돌아왔지만, 바로 아버지를 찾아가지 않고 한참 후에야 찾아가 인사합니다.
야곱은 이처럼 누구보다도 편애의 아픔을 평생에 걸쳐 온몸으로 겪은 사람입니다. 그러나 아이러니하게도 야곱은 자신이 그렇게 마음 아프게 당한 아버지의 편애적 축복과 사랑을 극복하지 못하고, 자신도 자녀를 편애하는 잘못을 저지르고 맙니다. 그리고 그 편애의 결과로 마음 깊이 가장 사랑했던 아들 요셉을 잃어버립니다. 오랜 기간 죽은 줄로 알고 눈물로 지내다가, 백발이 다 되어서야 만나게 된 것입니다. 저는 성경에서 야곱의 이야기를 볼 때마다 눈물이 납니다. 그의 아픈 삶이 마음 아프고, 그럼에도 불구하고 그 편애의 벽을 넘지 못해 대를 이어 편애의 죄를 저지른 그의 연약함이 마음 아픕니다.

기억하세요! 편애는 왜곡된 축복입니다. 왜곡된 축복은 더 이상 축복이 아닙니다. 부모의 편애는 사랑을 넘치게 받는 아이와 못 받는 아이 모두에게 축복이 되지 않습니다. 오히려 가족을 파괴하고 부모와 자녀의 삶을, 더 나아가 미래 자손의 삶까지 어그러뜨리는 죄악입니다. 부모의 사랑을 받지 못한 아이가, 내가 받아야 할 사랑을 빼앗은 형제를 미워하고 증오하는 것은 당연한 것입니다. 그러므로 우리는 무엇보다 자녀를 바르게 축복해야 합니다. 하나님이 빠진 나 중심적인 축복, 내게 잘할 때 내가 좋아하는 것을 할 때에만 축복하는 조건부 축복, 내 눈에 예뻐 보이는 아이만 기뻐하는 편애적인 축복에서 벗어나시기를 진심으로 기도합니다.

"부모님께 축복은커녕 사랑도 받지 못했어요"

오늘날 많은 부모들이 노아의 아버지 라멕처럼 자녀를 건강하게 축복하지 않습니다. 심지어 고함과 욕설이 난무하고 늘 술에 취해 자녀를 학대하고 저주하는 부모도 있습니다. 저는 학교에서 "우리 아버지가 차라리 안 계시면 좋겠어요"라고 말하며 눈물을 흘리는 학생들을 봅니다. 집에 돈이 떨어지고 차비가 없어 학교에 못 오는 아이, 학교에 입학을 했지만 등록금이 없어 눈물로 포기하는 아이, 때리는 아버지를 피해 가출한 아이, 집에 돈도 먹을 것도 없어 아침도 굶고 점심에도 물로 배를 채우는 아이, 생활비를 벌기 위해 매일 새벽 3시까지 일하고 매일 아침 학교에 지각하는 아이… 주변에 있는 학생들의 모습입니다. 그렇다면 축복하는 부모도 없고, 일찍부터 삶이 고통스러운 아이들은 어떻게 해야 하나요? 이 아이들은 존귀한 삶을 살 수 없을까요? 우리는 그 답을 역대상에 나온 야베스의 이야기에서 찾을 수 있습니다.

성경의 역대상에는 이스라엘의 위대한 왕들을 포함하여 500명이 넘는 사람들이 등장합니다. 그리고 이 사람들 중, 이름 앞에 '존경(존귀)'이라는 수식어가 붙은 단 한 명의 사람이 있습니다. 누구일까요? 바로 야베스입니다. 야베스는 왕도 귀족도 아니었습니다. 그런데 그의 이름 앞에 어떻게 '존경(존귀)'이라는 수식어가 붙을 수 있었을까요? 성경에는 야베스에 대해 다음과 같이 기록되어 있습니다.

야베스는 그의 형제들보다 존경(존귀)을 받았는데,
그의 어머니는 고통을 겪으면서 낳은 아들이라고 하여
그의 이름을 야베스라고 불렀다.
야베스가 이스라엘 하나님께

"나에게 복에 복을 더하여 주시고, 나의 영토를 넓혀 주시고,
주의 손으로 나를 도우시어 불행을 막아 주시고,
고통을 받지 않게 하여 주십시오" 하고 간구(기도)하였더니,
하나님께서 그가 구한 것을 이루어 주셨다
(대상 4:9-10, 표준새번역).

이 성경 말씀에서 핵심 단어 세 가지를 찾는다면 **첫째 존경**(존귀), **둘째 고통, 셋째 기도**입니다. 성경에 기록되어 있듯이 야베스의 삶은 고통으로 시작되어 존귀로 끝납니다. 그리고 고통을 존귀로 뒤집을 수 있었던 변수는 바로 기도였습니다.

학교에서 학생들을 면담하다 보면 삶이 어려운 친구들이 많이 있습니다. 야베스 역시 어렸을 때부터 경제적인 면과, 가족과의 관계에서 고단한 삶을 살았습니다. 유대에서는 전통적으로 아버지가 자녀의 이름을 지어줍니다. 그리고 아버지가 가정의 경제적 상황을 이끌어갑니다. 그런데 야베스는 아버지가 아닌 어머니가 이름을 지어주었습니다. 그래서 성경 학자들은 야베스가 태어나기 전에 아버지가 돌아가셨거나 혹은 사생아일거라 추측합니다. 결국 야베스는 태어날 때부터 아버지가 없었고, 이것은 야베스가 극심한 경제적 어려움을 겪었다는 것을 의미합니다. 당시 유대에서는 여성이 경제 활동을 할 수 없었습니다. 아버지가 없는 가정은 어머니 홀로 남들이 추수한 밭에 가서 이삭을 줍는 것 외에는 먹을 것을 구할 다른 방법이 없었습니다. 그 당시 과부와 고아는 극빈층이었고 이로 인해 성경에도 구약과 신약 할 것 없이 지속적으로 과부와 고아들을 도와주라고 기록되어 있습니다. 야베스 역시 철들기 전부터 찢어지게 가난한 생활을 했을 것입니다.

그런데 야베스가 처한 고통은 경제적인 고통만이 아니었습니다. 어머니가 정서적으로 건강하지 않았습니다. 오늘날로 말하면 야베스의 어머니는 남편 없이 혼자서 아이를 낳고 돌보아야 한다는 압박 때문에 산후 우울증이 심했던 것 같습니다. 왜냐하면 정서적으로 안정적인 어머니는 자신이 처한 상황이 아무리 힘들어도 갓 태어난 아기에게 화풀이를 하지 않습니다. 그런데 야베스의 어머니는 자신이 이렇

게 된 것이 마치 야베스의 잘못인 것처럼 야베스에게 화를 냈고, 결국 분풀이하듯 야베스의 이름을 지었습니다. 성경 본문에 나와 있듯이 '야베스'라는 이름의 뜻은 우리나라 말로 '고통'입니다. 즉, 아이의 성이 김씨라면 아이의 이름을 '김고통'이라고 지은 것입니다. 엄마 자신의 삶이 힘들다고, 아이 때문에 내가 고통받고 있다고, 갓 태어난 아기에게 '고통'이라는 이름을 지어준 어머니가 과연 그 아이와 안정적이고 편안한 관계를 형성했을까요? 야베스는 어머니의 따뜻한 돌봄을 받지 못했고 안정 애착을 형성하지 못했을 것입니다.

그렇다면 찢어지게 가난하고, 도와주는 사람도 없고, 불행한 어린 시절을 보낸 야베스가 어떻게 성경에 기록될 정도의 존귀한 사람으로 자랄 수 있었을까요? 그 답은 바로 기도였습니다. '기도'는 '고통'을 '존귀'로 뒤집는 변수입니다. 아무리 삶이 고통스러워도, 부모가 나를 미워하고 저주하여도, 내가 주님께 기도하면 나는 존귀한 사람이 될 수 있음을 야베스가 우리에게 가르쳐주고 있습니다. 내가 주님께 기도할 때, 주님이 나의 아버지가 되어주시고 나를 위해 축복해 주시기 때문입니다. 기도를 통해 하나님이 내 음성을 들으시고 내 소원에 응답하십니다.

2장

태아기로의 여행

크리스천 부모의
아이 마음 알아가기

성경적 자녀 양육과 아이의 발달 이해하기

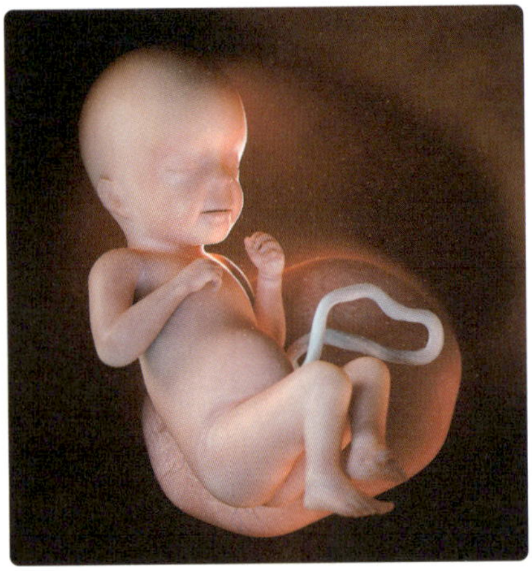

: 24주 태아 :

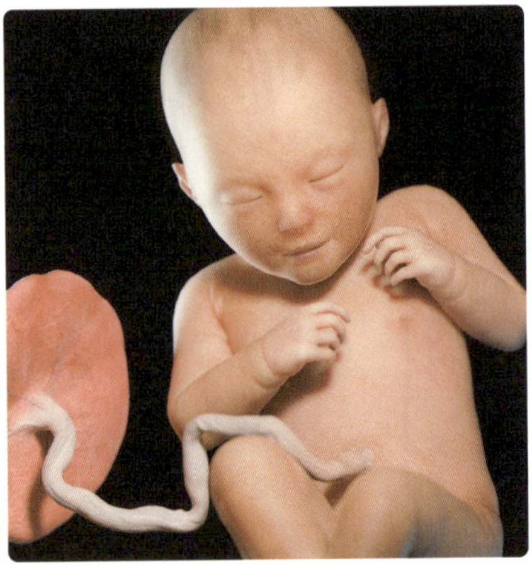

: 36주 태아 :

"주께서 내 내장을 지으시며 나의 모태에서 나를 만드셨나이다
내가 주께 감사하옴은 나를 지으심이 심히 기묘하심이라
주께서 하시는 일이 기이함을 내 영혼이 잘 아나이다
내가 은밀한 데서 지음을 받고 땅의 깊은 곳에서 기이하게 지음을 받은 때에
나의 형체가 주의 앞에 숨겨지지 못하였나이다
내 형질이 이루어지기 전에 주의 눈이 보셨으며 나를 위하여 정한 날이
하루도 되기 전에 주의 책에 다 기록이 되었나이다
하나님이여 주의 생각이 내게 어찌 그리 보배로우신지요
그 수가 어찌 그리 많은지요"(시 139:13-17).

우리는 모두 아빠의 정자와 엄마의 난자의 만남에서 생명이 시작되었습니다. 이 과정을 '임신'이라고 하며, 조금 어려운 말로 '수정'이라고도 합니다. 성경에는 하나님이 엄마의 모태, 즉 자궁에서 '우리의 내장을 지으시며 우리를 만드셨다'(시 139:13)고 기록되어 있습니다.

태아기의 가장 큰 특징은 인간의 전 생애 발달 중 가장 빠르게 발달이 이루어진다는 것입니다. 상상해 보십시오. 수정된 하나의 세포에서 갓난아이로 자라는 모습을요. 정말 엄마 배 속에서 우리를 빚어가시는 하나님의 솜씨는 기적, 그 자체입니다.

수정이 되어 출산할 때까지 약 266일을 엄마 배 속에서 지내는 동안 급속한 발달이 이루어집니다. 따라서 태아기를 '창조기'라고 부르기도 합니다. 그런데 태아기에도 영아기, 유아기처럼 발달 단계가 있습니다.

01

태아기의 발달 단계

태아의 발달 단계는 수정란이 엄마의 자궁벽에 안전하게 착상하는 시기인 배종기와 아직 인간의 모습을 갖추지 않은 배아기, 그리고 우리가 일반적으로 알고 있는 임신 기간인 태아기 등 3단계로 나누어집니다.

1) 태아기의 첫 번째 단계, 배종기(수정 - 2주)

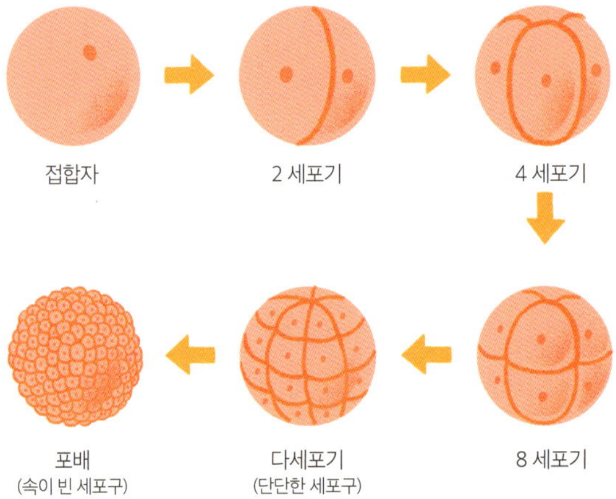

: 수정란의 분화 과정 :

하나의 세포였던 수정란이 여러 개의 세포로 분화되어 가고 있다.

먼저 정자와 난자가 만나 수정되어 엄마의 자궁벽에 안전하게 붙을 때까지, 즉 착상될 때까지 약 14일(2주)이 걸립니다. 이 과정을 '배종기'라고 합니다. 그런데 이 과정이 생각보다 굉장히 어렵습니다. 일반적으로 수정된 난자의 58퍼센트가 착상에 실패합니다. 결국 우리의 전 생애 중 배종기는 사망률이 가장 높은 시기이기도 합니다. 기억하세요. 하나님은 우리에게 주신 자녀는 수정된 난자의 58퍼센트가 사망하는 험난한 과정을 이겨내고 태어난 정말 귀하고 귀한 생명입니다.

"낙태, 어떻게 생각하시나요?"

나와 관계없는 이야기인가요? 아닙니다. 우리는 낙태에 대해 사람들이 어떻게 생각하고 있고 무엇을 힘들어하는지, 어떤 사회적 문제들이 있는지 알아야 합니다. 다음은 낙태 관련 실화를 바탕으로 한 영화 및 다큐멘터리입니다.

<레벤느망>(L'evenement, 2021년 프랑스)

베니스 영화제 황금사자상(대상) 수상

프랑스의 유명 작가인 에르노의 자전적 영화이다. 예기치 않은 임신을 겪은 20대 여성의 갈등과 아픔이 현실적으로 잘 소개되었다. 20대 초 대학 시절에 하룻밤의 성관계로 임신을 하고 불법 시술자를 찾아가 낙태를 하는 과정에서 겪는 고민과 아픔을 다루었다. 지금은 아니지만 당시 프랑스는 낙태죄가 있어 병원에서 수술하지 못하였다.

<제인 로 케이스 뒤집기>(Reversing Roe, 2018년 미국)

다큐멘터리, 넷플릭스 제공

'여성의 낙태를 포함한 신체 결정권을 누가 소유하는가(국가 대 개인)?'라는 문제에 대해, 낙태 여부에 대한 결정권은 국가가 아닌 임산부 개인에게 있다는 취지로 제작된 다큐멘터리이다. 미국 사회에서 낙태를 소수자 권리 보호(이

민자, 동성애자 등)로 인식하고 연방 헌법에 의해 보장받으려는 진보주의와, 이를 반대하는 보수주의(복음주의 기독교, 가톨릭)와의 다툼을 다루었다. 이 문제는 인종 차별 주의자들이 낙태 반대 운동에 동참함으로 낙태 시술을 한 의사를 총으로 쏘아 공격하는 과정까지 그려졌다.

<언플랜드>(Unplanned, 2019년 미국)

미국 최대의 낙태 클리닉인 가족계획연맹에서 8년간 상담사로 일하며 최연소 소장에 오른 애비 존슨에 대한 실화 영화이다. 에비는 낙태를 고민하는 여성들을 상담해 주는 상담사이다. 에비 역시 두 번의 낙태 경험(대학생 때와 이혼 후)이 있기에 이 일이 여성의 인권 향상에 도움이 된다고 생각하며 자신의 일에 자부심을 가졌다. 그러던 중 에비는 낙태 수술실에서 태아가 잔인하게 난도질당하는 것을 목도하고 엄청난 충격을 받는다. 또한 회사가 정말로 지지하는 것은 여성의 권리가 아니라, 낙태 수술 후에 나오는 태아의 부속물들을 판매하는 일이라는 사실을 깨닫고 사직서를 제출한다.

대부분의 크리스천은 낙태에 대해 공개적으로 반대합니다. 그리고 낙태를 죄악이라 여기며 낙태를 주장하는 사람들과 싸우고 반대 시위를 합니다. 그러나 낙태를 비성경적이라 하여 무조건 반대하기에 앞서 왜 사람들이 낙태를 찬성하는지, 사회적으로 법률적으로 낙태 문제가 어떻게 다루어지고 있는지 알아야 올바르게 대처할 수 있습니다. 다음은 미국에서 낙태권과 관련하여 논란이 된, 두 개의 판결 사례를 소개합니다.

판결 1. 1973년의 '로 대 웨이드(Roe v. Wade)'

낙태는 헌법에 따른 국민의 사생활 권리에 포함되고, 국민의 사생활은 보호받아야 한다. 그러므로 낙태 금지는 위헌이다.

→ 이 판결로 미국에서는 연방법에 의거하여 임신 3개월까지(임신 24주까지) 낙태가 허용되었다.

판결 2. 2022년의 '돕스 대 잭슨여성보건기구 (Dobbs v. Jackson Women's Health Organization)'

국민의 권리는 '국가의 역사와 전통에 깊이 뿌리내리고 있는' 권리이다. 낙태는 미국의 전통이 아니기에, 국민의 권리에 포함되지 않는다. 따라서 낙태의 허용과 제한은 민주주의에서의 다른 중요한 문제들처럼 시민들이 서로를 설득하고 투표함으로써 해결하는 것이지, 연방 사법부에서 결정할 수 없다.

→ 이 판결로 연방법이 아닌 각각의 미국 주의회에서 낙태 유무를 결정하게 되었다. 일부에서는 미국에서 낙태가 완전히 금지된 것으로 오해하고 있지만, 금지된 것이 아니라 각 주 의회에서 낙태 유무를 결정하게 된 것이다.

여러분은 낙태에 관해 어떠한 생각이 갖고 있나요? 그리고 나와 반대되는 의견을 가진 사람들을 어떻게 설득할 수 있을까요? 물론 낙태와 미혼모 둘 다 하나님이 기뻐하지 않으시는 일임에는 분명합니다. 그러나 어쩔 수 없이 둘 중 하나를 선택해야 한다면 '나'를 위해 '태아'를 죽이는 것보다, 하나님이 주신 생명을 포기하지 않는 것이 더 낫지 않을까요?

생각해 보기 1. 낙태죄가 논쟁이 되는 가장 큰 이유

'배 속의 태아는 생명인가? vs 엄마 몸의 부속인가?' 태아를 생명으로 생각하면 낙태는 분명 살인이다. 그러나 맹장과 같이 몸의 부속이라면 엄마의 판단에 의해 결정될 수 있다.

생각해 보기 2. 미혼모에 대한 생각 바꾸기

낙태를 하는 가장 큰 이유는 결혼 전 임신이다. 출산 후 혼자 아이를 키울 자신이 없고, 사회적으로도 미혼모라는 낙인이 찍히기에 낙태를 선택한다. 따라서 낙태를 예방하는 가장 좋은 방법은 낙태를 해야 할 상황을 만들지 않는 것이다(예 원치 않는 임신, 준비되지 않은 임신). 그리고 이러한 상황이 되었다 할지라도, 결혼 전 임신에 대한 비난이 없어지고 국가에서 아이의 양육을 함께해 준다면 많은 낙태 수술이 사라질 것이다.

생각해 보기 3. 낙태와 영아 살해

최근 우리나라에서, 아기를 출산한 아기 엄마들이 아기를 죽이는 영아 살해가 기사화되며 이슈가 되었다. 단지 낙태를 하는가, 하지 않는가가 중요한 것이 아니다. 사회가 태어난 모든 아기들을 환영하고 부모가 어린 아기를 잘 양육할 수 있도록 함께해 주어야 한다. 이렇게 할 때 대부분의 영아 살해 역시 사라질 것이다.

2) 태아기의 두 번째 단계, 배아기(3 - 8주)

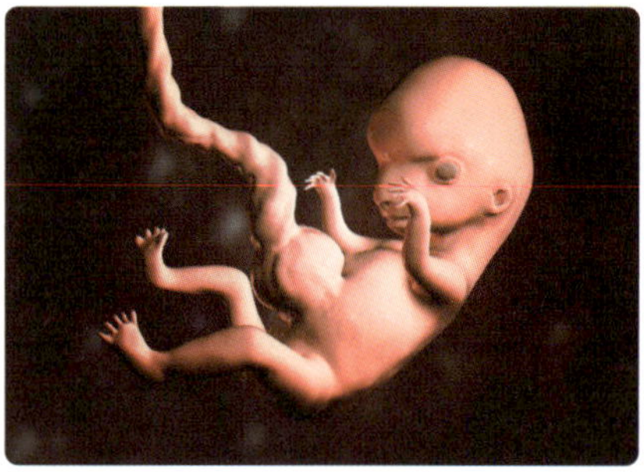

'배아'라는 말을 들어본 적이 있나요? 아마도 TV에서 '배아' 나 '배아줄기세포'라는 단어는 들어보았을 것입니다. 배아는 영어로 'embryo(엠브리오)'입니다. 영어 사전을 찾아보면 다음과 같이 나와 있습니다. "An embryo is an unborn animal or human being in the very early stages of development." 즉, 아직 태어나지 않은 동물이나 인간의 초기 단계(very early stages)를 의미합니다. 그렇다면 왜 배 속의 아기를 뜻하는 '태아(fetus)' 대신, '배아(embryo)'라는 단어를 쓸까요? 그것은 많은 학자들이 배아를 사람으로 생각하지 않기 때문입니다. 배아의 모습이 사람보다는 양서류의 모습을 닮았고, 또 오늘날 불치병을 치료하기 위해 인간의 배아를 사용해야 할 때가 있기 때문에, 태아기에 앞서 배아기라는 단계를 붙여놓은 것입니다. 따라서 배아기 때는 아직 인간이 아니기에 낙태를 해도 아무 문제가 되지 않는다는 인식이 존재합니다. 심지어 실험실에서 미리 채취한 난자와 정자를 결합시켜 인위적으로 배아를 만들어 연구하다가 폐기 처분을 하기도 합니다. 영화 <언플랜드>는 줄기세포 회사 및 제약 회사와 낙태 병원들과의 심각한 불법 거래를 고발하기도 했습니다.

하지만 전 생애 발달적 관점에서 볼 때 배아기는 마음대로 사용하다 폐기 처분해도 되는 시기가 아닌 매우 결정적인 발달 시기입니다. 바로 우리 몸의 가장 중요한 기관들이 형성되고, 무엇보다 우리의 생명을 유지하는 심장이 뛰기 시작하는 시기이기 때문입니다. 즉, 사람이 갖고 있는 대부분의 신체 기관들이 배아기 때 형성됩니다. 배아의 모습이 사람의 모습과 다르다는 이유로, 그리고 엄마 배에 가려져 눈에 보이지 않는다는 이유로, 생명이 아닌 인체의 부속물로 다루어지는 것은 정말 위험한 현실입니다. 하나님은 시편에서 분명하게 말씀하고 계십니다.

> "내 형질이 이루어지기 전에 주의 눈이 보셨으며 나를 위하여
> 정한 날이 하루도 되기 전에 주의 책에 다 기록이 되었나이다"(시 139:16).

내 형질이 이루어지기 전인 배종기와 배아기에 이미 하나님의 책에 내 생명이 기록되어 있습니다. 엄마 배 속에서 태아가 인간의 모습을 하고 있는가, 아닌가는 중요한 것이 아닙니다. 우리는 엄마 배 속에서 수정되기 이전부터 이미 하나님의 시야에 들어와 있으며 주님의 책에 기록되어 있는 소중한 생명입니다.

배아기의 발달 과정

3주 뇌와 척수가 될 신경관이 만들어진다.

4주 심장이 만들어지고 심장 박동이 시작된다.
눈, 코, 입, 귀가 나타난다.

7주 손과 발, 손가락과 발가락이 나타난다.

8주 몸 안의 주요 기관들(폐, 간, 신장, 췌장 등)이 형성된다.
성기(생식기)가 발달한다.

또한 배아기는 본격적으로 자궁벽에 붙어 태반과 탯줄이 발달하는 시기입니다. 엄마와 아기가 말 그대로 한 몸이 되는 시기이며 서로에게 적응해 가는 시기입

니다. 이 시기에 많은 엄마들은 입덧을 합니다. 그런데 입덧은 병이 아닙니다. 엄마가 아기에게 적응하는 정상적인 과정입니다.

엄마와 아이가 한 몸이 된다는 것은 좋으면서도 다른 한 편으로는 무서운 일입니다. 엄마가 먹은 음식을 통해 태아에게 영양도 전달되지만, 반대로 알코올과 약물, 심지어 엄마가 걸린 병의 병균도 전달되기 때문입니다. 따라서 배아기는 엄마와 태아의 본격적인 의존적 관계가 시작되는 시기입니다. 하나님이 우리에게 주신 '자녀를 잘 돌보라'라는 말씀은 아이가 태어난 이후부터 해당되는 것이 아닙니다. 엄마의 배 속에서부터입니다. 따라서 엄마가 건강한 음식을 먹고 좋은 생각을 하며 자신의 몸과 마음을 정성껏 다루는 것이 바로 소중한 생명을 건강하게 키우는 지름길입니다. 매일 아침 말씀을 묵상하고 기도하고, 간단한 운동과 산책을 통해 엄마의 마음과 신체를 건강하게 세워가야 합니다.

3) 태아기의 세 번째 단계, 태아기(9주 - 출생)

태아기는 난자와 정자가 수정된 지 9주부터 출생 전까지의 시기입니다. 12주만 되어도 팔과 다리의 움직임이 나타나고 태아가 여자아이인지 남자아이인지도 알 수 있습니다. 태아기는 무엇보다 배아기에 형성된 태아의 기관(폐, 간, 신장, 췌장 등)들이 본격적으로 자라는 시기입니다. 태아의 몸도 커지고 손가락에는 손톱이 자라고, 피부에 솜털도 나기 시작합니다. 임신 5개월이 되면 태아의 움직임을 산모가 느낄 수 있습니다(태동). 또한 태아의 청각 기능이 발달되어 주변에서 들리는 소리에 자신의 몸을 움직이며 반응합니다. 매일 저녁 아빠가 엄마의 배를 마사지하며 성경 동화를 소리 내어 읽어주고, 배에 손을 얹고 태아의 이름을 부르며 기도해 주는 것은 우리 아이를 위한 최고의 태교입니다.

태아기 때 들었던 동화책을 기억해요!

안소니 드캐스퍼(Anthony Decasper)와 그의 동료들의 연구(1986, 1987)에 의하면 아기는 엄마 배 속에 있을 때 들었던 엄마의 목소리와 엄마가 들려준 동화책 내용을 기억했습니다. 연구자는 임산부들에게 동화책 『모자 쓴 고양이(*The Cat in the Hat*)』를 소리 내어 태아에게 자주 읽어주도록 했습니다. 그리고 아이가 태어난 후 아이에게 공갈젖꼭지를 물리고 여러 동화책을 들려주었습니다. 그런데 놀랍게도 아이들은 『모자 쓴 고양이』를 들려줄 때, 공갈젖꼭지를 힘차게 빨며 가장 좋은 반응을 보였습니다. 즉, 배 속에 있을 때 엄마가 들려준 동화책을 기억한 것입니다.

따라서 이 시기에는 매일 찬양과 묵상한 말씀을 소리 내어 배 속의 아기에게 들려주세요. 아이에게 성경과 성경 동화를 소리 내어 들려주는 것도 좋은 방법입니다. 그리고 '성경 말씀을 통한 자녀 축복 기도'(30쪽)를 참고하여 매일 아침과 밤에 배에 손을 얹고 성경 말씀에 자녀의 태명을 넣어 축복 기도를 해주세요.

02

태내 발달의 결정적 시기

아이가 엄마 배 속에 있는 모든 시기가 중요하지만, 그중에서도 특별히 중요한 시기가 있습니다. 언제일까요? 정답은 바로 '배아기'입니다. **배아기는 수정 후 3-8주 사이의 매우 짧은 기간입니다. 그런데 이 임신 2-3개월의 기간이 태아의 발달에는 가장 결정적인 시기**입니다. 그 이유는 수정란이 자궁벽에 착상한 후에라도 자궁벽에 붙지 못하면 태아는 죽을 수밖에 없기 때문입니다. 또한 제대로 착상되었다 할지라도 아직 불완전하기에 외부의 작은 충격에도 떨어질 수 있습니다.

또한 배아기는 신체의 주요 기관들이 생기기 시작하는 시기입니다. 어느 정도 자란 태아기에는 아이들이 견뎌낼 수 있어도, 배아기에는 약간의 약물이나 병균만으로도 태아에게 치명적인 문제를 일으킬 수 있습니다. 그런데 문제는 **배아기가 수정 후 3-8주 사이이기 때문에, 배아기 초기에는 엄마들이 자신이 임신했는지조차 모르고 지나가는 경우가 많다는 것**입니다. 실제로 몸이 좋지 않다고 감기약을 먹은 후에야 자신이 임신한 것을 알고, 임신 기간 내내 장애 아이를 출산할까 마음 졸이며 우는 임산부가 많이 있습니다. 연구에 의하면 항생제는 태아의 청각 결함을, 아스피린은 혈관 장애, 그리고 피임약은 태아의 염색체 이상을 일으킬 확률이 높은 것으로 나타났습니다.

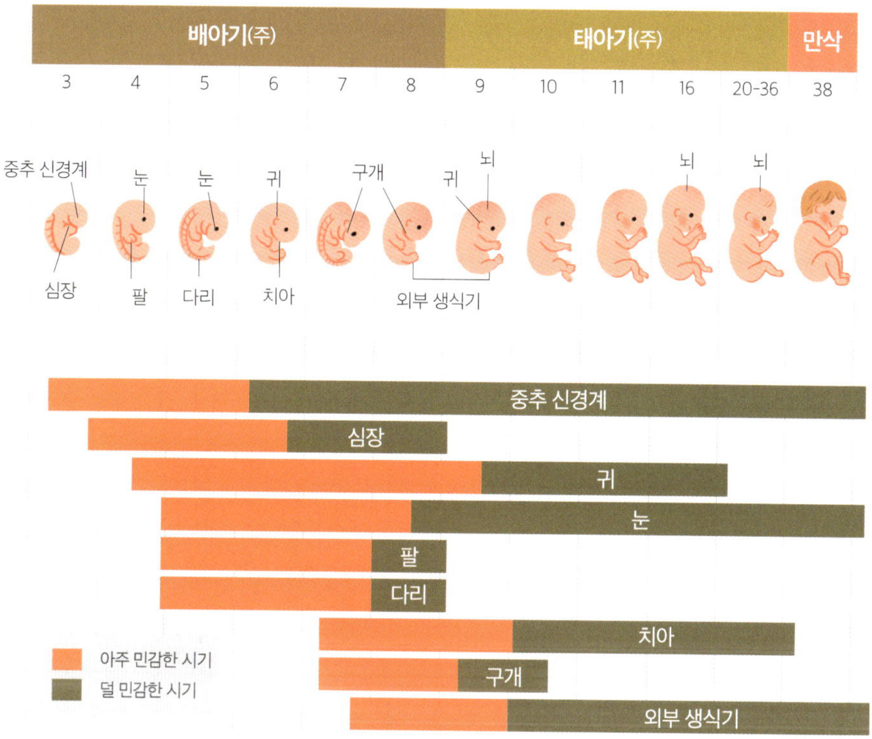

: 태내 발달의 결정적 시기 :

따라서 부모 교육은 임신 후부터 시작하는 것이 아니라 임신하지 않은 부부부터 시작해야 합니다. 또는 미혼 남녀가 결혼 준비 교육을 받는 시기부터 임산부 준비 교육을 함께 받는 것이 가장 바람직합니다. 최근 많은 교회에서 부부 교육과 부모 교육을 실시하고 있습니다. 이제는 결혼을 준비할 때부터 체계적인 교육이 이루어지기를 소망합니다.

"임신 6개월 전, 반드시 풍진 예방 접종을!"

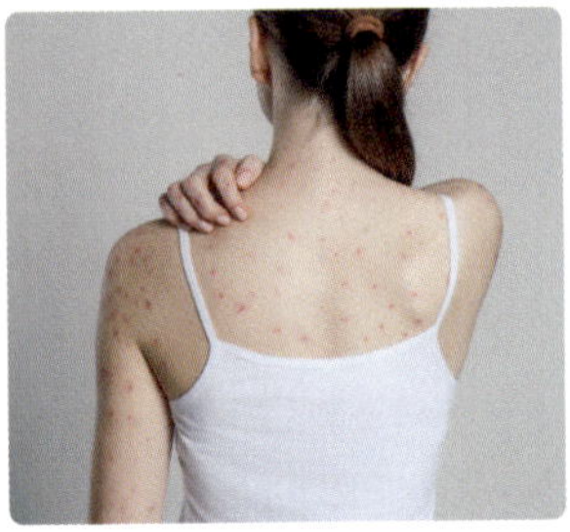

풍진(독일 홍역)이란 풍진 바이러스에 의해 감염되는 질병입니다. 귀와 목 뒤의 림프절이 커지고 아프다가 이어 얼굴과 몸에 발진(연분홍색)과 미열이 납니다. 풍진은 전염력이 매우 높은 감염성 질환으로, 감염된 사람의 기침과, 말할 때 나오는 작은 침으로 공기를 통해 전염되기도 합니다. 따라서 가족 내에서 풍진이 발생할 경우 나머지 가족들도 50-60퍼센트가 감염됩니다.

문제는 이 풍진이 임산부의 태반을 통해 태아에게도 감염된다는 것입니다. 임산부가 걸린 웬만한 질병은 태반을 통해 태아에게 옮겨지지 않지만, 성병과 풍진균은 태반을 통과하여 태아에게도 감염됩니다. 특히 임신 3개월 이전에 임산부가 풍진에 감염되었다면 태아는 사산되거나 선천성 풍진 증후군에 걸려 난청(60-75%), 눈의 이상(10-30%), 중추 신경 결함(10-25%), 심장 기형(10-20%) 등의 질병에 걸릴 수 있습니다.

풍진균에 감염되면 며칠 동안 미열이 있으면서 귀 또는 목 림프절이 붓습니다. 발진은 2-3주간의 잠복기 후에 나타나며 대개 3-5일 정도 지속됩니다. 그러나 풍진 감염 환자의 25-50퍼센트는 이와 같은 증상이 나타나지 않고 지나갑니다. 그러므로 자신이 풍진에 걸렸는지 모르는 경우도 많습니다. 풍진은 아직도 전 세계적으로 많이 발병하는 병이며, 풍진균은 태아에게 매우 치명적입니다. 임신 직전에 풍진 예방 접종을 맞았다 해도 풍진균이 태아에게 영향을 미칠 수 있기에, 결혼 전에 충분한 시간을 갖고 예비 부부가 함께 예방 접종을 해야 합니다.

03

임신 중 경계 대상 1호, 환경 호르몬

과거에는 임신했을 때 가장 조심해야 할 것 중 하나가 임산부가 자신이 임신한 것을 모른 채 감기약과 진통제 등의 약물을 복용하는 일이었다면, 최근에는 환경 호르몬과 같은 화학 물질이 임신 중 경계 대상 1호가 되었습니다. 환경 호르몬, 들어본 단어인가요? 아니면 처음 듣는 생소한 말인가요?

환경 호르몬이란 동물이나 사람의 몸속에 들어가서 정상적인 호르몬의 작용을 방해하거나 혼란시키는 물질로, 전문적인 학술 용어로는 '내분비계 교란 물질(endocrine disrupter)'이라고 합니다. 좀 더 쉽게 표현하자면 농약, 세제, 플라스틱 등에 들어 있는 합성 화학 물질이 우리 몸에 들어와 진짜 호르몬처럼 행동하는 것입니다.

대표적인 환경 호르몬으로는 음료수 캔의 코팅 물질 등에 사용되는 비스페놀A, 농약의 주원료 41종(DDTs, PCBs 등), 소각장의 다이옥신류, 합성 세제의 원료인 알킬페놀과 컵라면 용기의 원료로 쓰이는 스티로폼의 주성분인 스티렌이성체, 플라스틱의 프탈레이트 등이 있습니다. 우리가 아무 생각 없이 사용하고 있는 주방 세제, 세탁 세제, 샴푸, 린스, 방향제, 곰팡이 제거제와 심지어 아기들이 물고 빠는 플라스틱 우유병과 플라스틱 장난감 등 대부분의 것에 환경 호르몬이 있습니다.

: 환경 호로몬이 포함된 다양한 세제 :

그리고 이 환경 호르몬은 우리 몸에 들어와 남성 호르몬을 죽이고 여성 호르몬을 활성화시킵니다. 그래서 임산부가 임신 중에, 특히 태아의 성별이 결정되는 임신 초에 환경 호르몬을 많이 접하게 되면 태아가 남자아이인 경우 남성 호르몬이 억제되어 성기가 여성화되고(AGD의 축소, 잠복 고환, 요도 하열 등), 여자아이인 경우에는 비정상적으로 여성 호르몬이 더욱 활성화되어 성조숙증이 되기 쉽습니다.

환경 호르몬이 배 속 아이에게도 영향을 미쳐요 'AGD, 잠복 고환, 요도 하열'

AGD란 'anogenital distance'의 약자입니다. 한국말로 풀면 '항문과 성기 간의 거리'라고 번역할 수 있습니다. 이 AGD는 일반적으로 남자가 여자보다 2배 정도 길게 나타납니다. 그런데 여성 호르몬에 지나치게 노출되면 남성의 AGD가 짧아집니다.

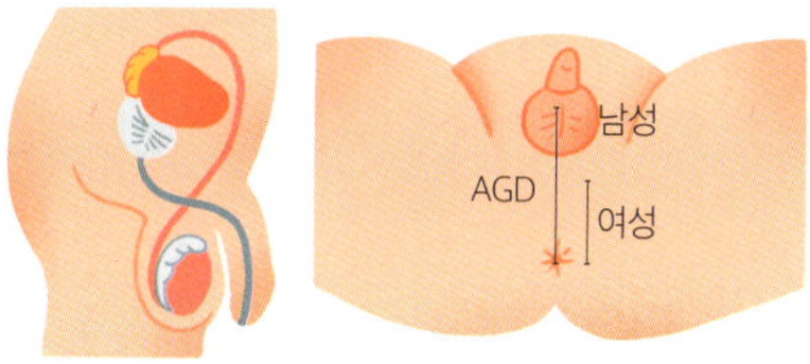

남아의 정상 요도와 AGD(남아의 AGD가 여아의 2배)

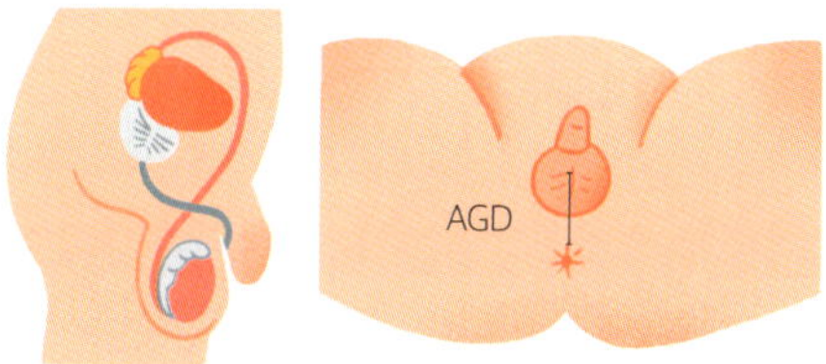

남아의 비정상 요도와 AGD(남아의 AGD가 짧음)

잠복 고환이란 엄마 배 속에서 아기의 고환이 음낭으로 내려와야 하는데 이 과정에 이상이 발생하여 음낭에 내려오지 않아 음낭이 비어 있는 것입니다. 잠복 고환은 학자마다 조금씩 견해가 다르지만 적어도 6세 이전에 수술을 하도록 권하고 있습니다.

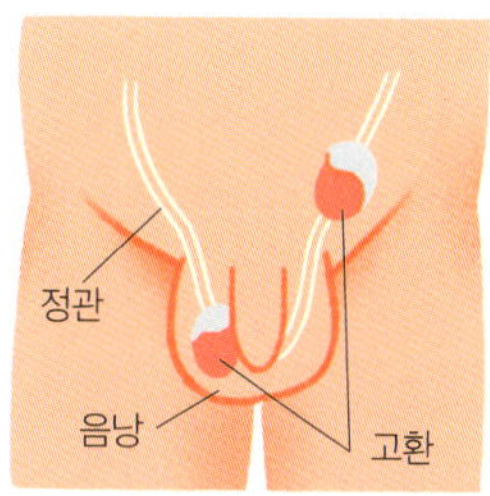

정상 구조 잠복 고환

요도 하열은 남성의 소변이 나오는 오줌 구멍(요도)의 위치에 문제가 있는 것을 말합니다. 소변이 나오는 요도의 위치가 정상 위치보다 뒤쪽에 있으면 요도 하열이라고 합니다. 요도 하열 역시 엄마 배 속에서 성기가 발달하는 과정에서 남성 호르몬이 적게 나올 때 생기는 것으로 알려져 있습니다. 요도 하열은 최근 급격히 증가하여 10년 전에는 700명 중 1명, 5년 전에는 300명 중 1명이었다면, 최근에는 100여 명 중에 1명꼴로 나타나고 있습니다.

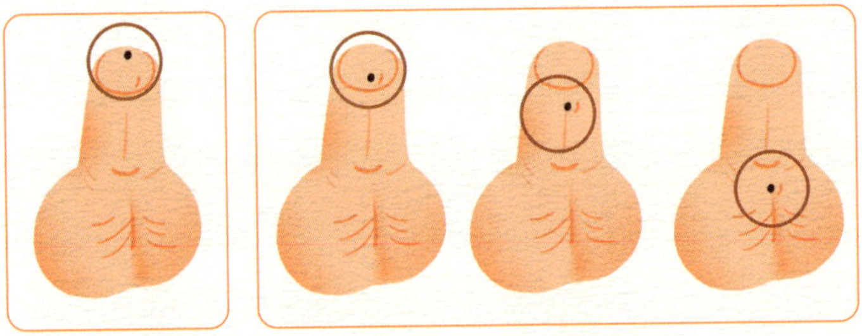

정상적인 요도 요도 하열(잘못된 요도)

앞의 세 가지 질병 모두 공통적으로 엄마 배 속에서 남자아이의 성기가 형성될 때 남성 호르몬이 잘못되었을 경우 나타나는 선천성 질환입니다. 따라서 엄마가 임신 중에 환경 호르몬에 많이 노출되면 배 속의 태아(남자아이)가 영향을 받는 것으로 추정되고 있습니다.

자연은 하나님이 우리에게 주신 선물입니다. 하나님이 주인이신 자연을 함부로 다루고 망가뜨릴 때, 그 값은 우리와 우리의 자녀들이 고스란히 치르게 됩니다. 심각해진 기후 변화와 해수면 상승은 더 이상 남의 이야기가 아닙니다. 깨끗한 지구가 되도록 쓰레기를 함부로 버리지 않고, 자동차보다는 대중교통을 이용하며, 물건을 새로 구입하기보다는 함께 나누는 등의 최소한의 노력을 우리 크리스천 부모들이 먼저 해야 할 때입니다. 이제는 싸고 편하다는 이유로 물티슈와 기저귀, 비닐봉지를 사용하는 것을 자제해야 합니다. 기저귀의 경우 1주일만 모아도 엄청난 양의 쓰레기가 됩니다. 따라서 천 기저귀와 장바구니, 텀블러 사용만으로도 많은 쓰레기를 줄일 수 있습니다. 또한 비누 형태의 샴푸나 바디워시, 주방 세제 등을 사용하는 것도 플라스틱 사용을 줄일 수 있는 좋은 방법입니다.

04

환경 호르몬의 영향

1) 남성의 여성화

환경 호르몬 중 프탈레이트는 특히 남성 호르몬을 억제하는 대표적인 환경 호르몬입니다. 미국 환경 보호국(EPA, 내분비장애물질 연구소)에서 수컷 쥐에게 프탈레이트를 소량 투여한 결과, 암컷 쥐에게만 있는 젖꼭지가 수컷에게서도 나타났습니다. 또한 임산부의 혈액에서 프탈레이트 수치가 높게 나타난 경우 태어난 남자 아이들의 성기가 아주 작거나, 소변이 나오는 구멍인 요도가 정상적인 위치에 있지 않고 고추의 뒤쪽에 있는 요도 하열을 나타내는 경우가 높았습니다.
프탈레이트는 플라스틱을 부드럽고 투명하게 만들기 위한 화학 첨가제입니다. 따라서 거의 모든 플라스틱 제품에 들어 있다고 보아도 무방합니다. 자동차와 가구, 컴퓨터와 같은 가전제품, 플라스틱 그릇뿐 아니라 어린아이들의 우유병과 플라스틱 장난감에서도 프탈레이트가 검출되었다는 보고가 있습니다.
SBS에서 방송된 <환경 호르몬의 역습>에서는 요도 하열에 걸린 남자 아기가 있는 두 가정을 방문하여 엄마들의 생활 습관을 조사하였습니다. 그중 한 엄마는 플라스틱 그릇에 밥을 얼린 후 플라스틱 그릇째로 전자레인지에 돌려 식사를 하였고, 또 다른 엄마는 튀김과 볶음 요리를 좋아하여 식사 때마다 기름을 사용한 볶음 요리를 자주 먹었습니다. SBS 제작진은 이 두 가정에서 사용한 플라스틱 그릇째 해동한 밥과 기름을 연구소로 가지고 가서 프탈레이트 함량을 분석하였습니다. 그 결과 밥과 기름 모두에서 프탈레이트가 검출되었고, 기름에서 나온 프탈레이트가 밥에서 나온 프탈레이트보다 두 배 이상 높았습니다.

제가 이 내용을 대학교 '결혼과 가족' 수업 시간에 가르치자 대부분의 학생들은 충격을 받았습니다. 그리고 왜 기름에서 프탈레이트가 더 많이 검출되었는지 의아해했습니다. 그러자 당시 고려대 생명공학과에 재학 중이던 한 남학생이 이런 말을 했습니다. "교수님, 기름과 같은 유기물은 눈에 보이지 않을 정도로 아주 적은 양이지만 플라스틱을 녹입니다!"

기억하세요! 열과 기름은 플라스틱을 녹입니다. 그래서 기름병을 가스레인지 근처에 두는 것은 좋지 않습니다. 또한 기름은 플라스틱으로 된 병보다 유리병에 넣어 사용하여야 합니다.

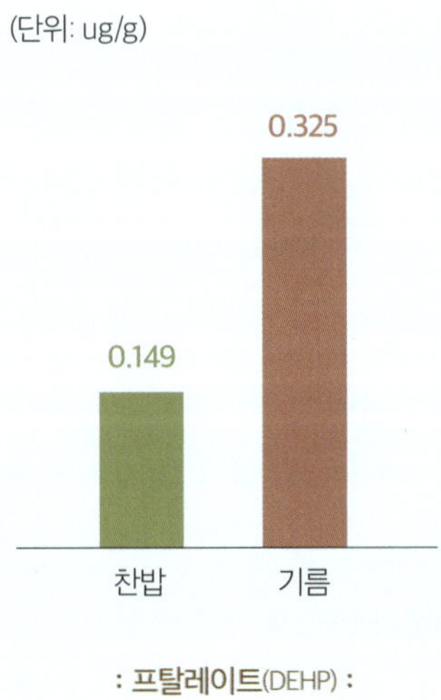

2) 여아의 성조숙증

성조숙증이란 중·고등학교 시기가 되어야 나타나는 사춘기 현상이 일찍부터 나타나는 것입니다. 병원에서는 유방 발달과 음모 발달, 고환 크기 증가 등이 여자아이는 8세 이전에, 남자아이는 9세 이전에 나타나면 성조숙증으로 진단합니다. 최근에는 2, 3세 여자아이의 가슴이 사춘기 소녀처럼 커지고, 초등학교 저학년 아이가 생리를 시작하는 경우도 있습니다.

성조숙증에 걸린 아이들은 친구들보다 체격이 큰 경우가 많습니다. 하지만 뼈가 성장하는 데 필수적인 성장판이 일찍 닫혀 결국 키가 커야 하는 사춘기 시기에는 키가 자라지 않고, 뼈의 노화가 다른 사람보다 훨씬 빠르게 진행됩니다. 또한 성조숙증은 성인이 된 후에도 영향을 미쳐 조기 폐경과 유방암의 원인이 되기도 합니다.

최근 이러한 사실이 알려지면서 성조숙증으로 병원을 찾는 사례가 많아졌습니다. KBS 1TV <생로병사의 비밀>에서 제작진이 225명의 초등학생을 대상으로 살펴본 결과, 약 10퍼센트인 25명이 성조숙증 확진을 받았습니다. 또한 건강보험심사평가원에 따르면 성조숙증 진료 인원은 해마다 몇 배씩 증가하고 있습니다. 생각보다 많은 아이들이 성조숙증으로 치료받고 있습니다.

성조숙증의 원인에는 여러 가지가 있지만, 만약 호르몬 이상으로 인한 성조숙증으로 진단이 되면, 4주에 한 번씩 맞는 주사제를 통해 사춘기로의 진행을 늦출 수 있습니다. 그러나 이러한 치료법은 아이의 성장판이 닫힌 뒤에는 효과가 없기 때문에 치료 시기가 중요합니다. 따라서 성조숙증이 의심될 경우 빨리 병원에서 검사를 받아보아야 합니다.

생활 속에서 환경 호르몬 줄이는 방법

1. 플라스틱 NO! 유리 OK!

1) 가급적 플라스틱 그릇은 모두 버립니다. 유리와 도자기, 스테인리스 그릇을 사용합니다.

2) 기름(참기름, 식용유 등)은 유리병에 들어 있는 것을 구입합니다.

2. 지방 섭취를 줄이고 채소(유기농) 많이 먹기

1) 환경 호르몬은 지방에 축적되어 있기에, 가급적 동물의 지방 섭취를 제한하는 것이 좋습니다. 삼겹살과 같은 기름진 고기를 자제하세요.

2) 환경 호르몬은 농약에 많이 들어 있습니다. 모든 농약에는 환경 호르몬이 있다고 해도 과언이 아니므로, 농약과 합성 비료를 사용하지 않은 깨끗한 채소를 먹는 것이 좋습니다. 따라서 유기농 먹거리를 구입하거나 채소와 과일은 베이킹소다 또는 식초로 깨끗하게 세척 후 먹어야 합니다. 텃밭에서 직접 농사를 짓는 것도 생활의 지혜입니다.

3. 일회용품과 비닐, 플라스틱 사용 줄이기

플라스틱 식품 용기를 전자레인지에 돌리거나, 용기에 기름이 닿으면 눈에 보이지는 않지만 플라스틱이 녹아 환경 호르몬이 나오기 쉽습니다. 따라서 가급적 플라스틱과 비닐 사용을 자제하고 유리 그릇을 사용합니다.

4. 깨끗한 물 많이 마시기, 운동을 통해 땀 배출하기

내 몸 안에 들어와 있는 환경 호르몬을 배출하기 위한 가장 좋은 방법은 깨끗한 물을 많이 마시고 운동을 하여 땀을 내는 것입니다. 그리고 기억하세요. 물은 어떤 음료수(주스, 요구르트 등)보다 좋은 음료수입니다. 어린이집과 유치원에서 아이들에게 단 음료수보다는 물을 주세요. 또한 필요한 지식과 정보를 부모들과 나누는 부모 교육도 필요합니다.

5. 새집, 새 가구, 리모델링은 가급적 NO!

새집이나 새 가구, 리모델링한 집은 대부분 포름알데히드, 방부제와 같은 화학 성분으로 가득 차 있는 화학 덩어리입니다. 가급적 헌 가구를 사용하고 새집이나 리모델링한 집으로 이사를 했을 경우 베이크 아웃(Bake Out)을 하고 자주 환기를 시킵니다.

<베이크 아웃 방법>

1) 모든 창문을 닫고 실내 난방 온도를 약 38-40도 정도의 고온으로 유지하면서 3-4시간 정도 집을 난방합니다. 이때 붙박이장, 싱크대, 서랍장, 신발장 같은 새 가구들의 문과 화장실 문은 모두 활짝 열어둡니다.
2) 고온 난방 후 모든 창문을 열고 환기를 시킵니다. 선풍기 등을 사용하여 환기를 돕습니다.
3) 새집 입주 전, 이러한 과정을 3-4번 반복하는 것이 효과적입니다.

6. 점심시간에는 도시락! 외식보다는 집밥 먹기

밖에서 식사하거나 간식을 사 먹는 대신 집밥을 이용하도록 합니다. 도시락을 이용할 것을 적극 권합니다.

7. 수시로 실내 환기하기

우리가 사용하고 있는 대부분의 물건이 플라스틱과 가공된 나무이기 때문에, 실내의 공기와 먼지 속에 이미 여러 종류의 환경 호르몬이 들어 있는 것으로 연구를 통해 밝혀졌습니다. 특히 본드와 같은 접착제에도 환경 호르몬이 다량 함유되어 있습니다. 어린이집과 유치원은 물론 가정에서도 청소를 자주하고, 매일 환기를 합니다.

8. 아이들이 사용하는 용품과 장난감 주의 깊게 살펴보기

아이들이 사용하는 용품과 장난감에는 다량의 환경 호르몬과 납이 들어 있습니다. 아이들은 특성상 장난감을 입에 물거나 손 씻는 것을 등한시하는 경우가 많기에, 아이들이 사용하는 용품과 장난감을 주의 깊게 살펴보고 가급적 친환경 재료로 된 것을 사용합니다.

9. 친환경 세제 사용하기

주방용 세제와 세탁 세제는 친환경 세제로 바꾸고, 사용 시에도 아주 소량만 쓰도록 노력합니다. 또한 샴푸나 세탁 후 사용하는 린스와 섬유유연제 대신 식초를 물에 타서 사용하고, 샴푸나 주방 세제는 비누 형태로 된 것을 사용합니다.

10. 시중에 나와 있는 살충제와 살균제는 최소로 사용하거나 사용하지 않기

우리가 마트에서 쉽게 구입할 수 있는 살충제와 살균제 및 제초제 등에는 환경 호르몬이 다량 함유되어 있습니다. 따라서 여름철에 모기를 잡기 위해서는 모기약보다는 모기장을 이용하고 살충제 사용은 자제해야 합니다. 2011년 우리나라에서는 가습기의 물때와 곰팡이를 제거하기 위한 가습기 살균제로 인해 어린아이와 임산부들이 사망하는 안타까운 사건이 있었습니다. 가습기 살균제 역시 처음에는 안전하다고 여겨졌지만 많은 사람들에게 돌이킬 수 없는 손상을 주었습니다.

하나님이 만드신 아름다운 세상에는 원래 환경 호르몬이 없었습니다. 인간이 좀 더 편하게 살고자 세제와 살충제, 플라스틱을 만들며 환경 호르몬이 생긴 것입니다. 환경 호르몬을 방지하기 위한 방법을 간단하게 정리하겠습니다. 깨끗한 그릇과 먹거리, 그리고 깨끗한 환경이 환경 호르몬을 막는 가장 효과적인 방법입니다. 그리고 되도록 새것을 사지 마세요. 새로 구입한 가구와 새로 입주한 아파트나 집에서 환경 호르몬이 대량으로 검출된다는 사실을 기억하세요. 이제 우리도 유럽의 가정들처럼 부모님이 사용하시던 가구를 물려받아 사용하는 것이 필요합니다. 무엇보다 우리 자신과 아이들의 건강을 위해서요.

"임산부와 영아 사망(원인 미상 폐질환)의 범인으로 지목된 가습기 살균제"

2011년 9월 20일, 많은 사람들을 놀라게 한 뉴스가 나왔습니다. 환경보건시민센터에서 가습기 살균제 때문에 원인 미상 폐 질환에 걸려 사망하거나 병에 걸린 영·유아와 산모의 피해 사례를 공개했기 때문입니다. 환경보건시민센터는 "전국적으로 피해가 있고 특히 영·유아 사망이 매우 많다는 제보가 잇따르고 있다"며, 이들은 "다수 사례를 종합한 결과 가습기 살균제로 인한 피해는 치사율이 매우 높고 폐 이식이라는 극단적인 방법으로만 생존할 수 있고 살균제를 사용한 지 평균 12.3개월 만에 발병하고 입원한 지 평균 2.7개월 만에 사망하는 등 매우 치명적이다"라고 주장했습니다. 2016년 4월까지 가습기 살균제 피해자로 신고한 사람은 5,060명이며 이 가운데 1,055명이 가습기 피해 사망자입니다.

구분	계	사망자		생존 환자
		사망(사망률)	판정 당시 사망 판정 후 추가 사망	
1차 조사 (2014년 4월 발표)	361	107(29.6%)	104 3	254
2차 조사 (2015년 4월 발표)	169	40(23.7%)	36 4	129
3차 조사 (2016년 8월 발표)	752	80(10.6%)	46 0	672
4차 접수 (16.4.25-16.10.31)	3,778	828(21.9%)		2,950
계	5,060	1,055(20.8%)	186 7	4,005

: 가습기 살균제 정부 신고 및 사망 현황 <2016년 10월 31일, 환경보건시민센터> :

출처 중앙일보(2016. 11. 2)

3장

영아기로의 여행

크리스천 부모의
아이 마음 알아가기

성경적 자녀 양육과 아이의 발달 이해하기

"여호와께서 말씀하신 대로 사라를 돌보셨고 여호와께서 말씀하신 대로 사라에게 행하셨으므로 사라가 임신하고 하나님이 말씀하신 시기가 되어 노년의 아브라함에게 아들을 낳으니"(창 21:1-2).

영아기 부모의 고민

"아기가 먹고 잠만 자요."

"밤새 잠을 안 자요."

"한 번 울면 고집불통이에요."

"뭐든지 혼자 하겠다고 고집을 부려요."

"할머니, 할아버지 얼굴만 보면 울어요."

"엄마랑 안 떨어지겠다고 울어요."

"교회에 들어가지 않겠다고 입구에서부터 울어요."

영아기 엄마들의 고민을 보니 마음이 어떤가요? 심란한가요? 영아기는 참 어려운 시기입니다. 영아기 엄마들의 고민은 다음과 같이 크게 세 가지로 정리됩니다.

첫째, 엄마와 절대 떨어지지 않으려는 껌딱지 아이를 어떻게 해야 할지 모르겠다.
둘째, 제대로 하지도 못하면서 무조건 혼자 하겠다는 아이의 똥고집을 어떻게 다루어야 하는가?
셋째, 툭 하면 터지는 아이의 울음을 어떻게 대처해야 하는가?

유아교육과와 아동학과 학생들은 졸업 후 교사가 되었을 때 영아반보다는 유아반 담당을 선호하는 경향이 있습니다. 영아반은 아이를 먹이고 재우고 기저귀 갈고…, 교육이 아니라 애를 보는 것 같아서 교사로서의 자존감이 떨어진다고 생각하기 때문입니다. 또한 말도 통하지 않는 아이들을 어떻게 돌보아야 하는지 자신 없어 하기도 합니다.

그러나 영아기의 중요성을 발견한 많은 연구들이 나오고 있습니다. 특히 뇌 발달에 있어서 영아기는 결정적 시기라고까지 불립니다. 최근 심리학과 교육학에서는 '뇌를 기반으로 한 교육(brain based learning)'이 관심을 끌고 있습니다. 인간의 학습은 뇌를 통해 이루어지기 때문에, 아이들의 효과적인 학습을 위해서는 무엇보다 아이들의 두뇌 발달을 이해해야 한다는 것입니다. 아이들은 키와 몸무게가 자라듯이, 두뇌도 자랍니다. 또한 두뇌가 가장 빨리 자라는 일정 기간이 있는데, 바로 이 기간을 '뇌 발달의 민감기(sensitive period)'라고 부릅니다. 이 민감기는 뇌가 가장 빠르게 성장하는 시기인 동시에, 반대로 이 시기에 적절한 자극(환경)이 주어지지 않으면 뇌가 퇴화되거나 손상되는 시기입니다. 그리고 영아기는 두뇌 발달의 민감기, 즉 결정적 시기입니다.

01

영아기, 뇌 성장의 급등기

갓 태어난 신생아와 영아는 잠을 자면서 급격한 뇌 발달을 이루어간다.

'급등'이라는 단어는 물가가 하늘 높은 줄 모르고 확 치솟는 것처럼, 무언가가 갑자기 확 증가하는 상태를 의미합니다. 영어로 '스퍼트(spurt)' 라고 하는데, 발달 연구에서는 발달이 급속도로 빠르게 이루어지는 시기를 '발달적 급등기' 라고 이야기합니다. 최근 뇌 발달 연구에 의하면 인간의 두뇌 발달이 확 증가하는 결정적 시기는 태아기와 영아기입니다. 하루 종일 아무것도 안 하고 잠만 자는 영아기에 어떻게 뇌 발달이 이루어질까요? 주로 잠, 즉 수면을 통해서 이루어집니다.

갓 태어난 영아는 하루의 대부분을 잠만 잡니다. 1개월 된 영아는 18시간을 자고, 2세가 되면 12시간을 잡니다. 왜 영아들은 이렇게 잠만 잘까요? 그것은 뇌 발달과 관련이 있습니다. 잠을 잘 때 영아가 아무것도 안 하는 것처럼 보이지만, 실은 뇌가 빠르게 성장하고 있는 것입니다.

사람의 뇌를 저울로 재면 그 무게가 대략 1,350그램이라고 합니다. 이는 소고기 두 근 정도의 무게입니다. 그런데 태어날 때 인간의 뇌 무게는 약 300-400그램입니다. 성인 뇌의 4분의 1에 불과하지요. 하지만 영아기에 뇌가 자라는 속도는 무서울 정도로 빠릅니다. 6개월 만에 성인 뇌 크기의 절반으로 자라고, 24개월에 4분의 3, 그리고 5세가 되면 90퍼센트까지 자랍니다. 아이들의 키나 몸무게는 15세가 넘어야 성인의 90퍼센트까지 자란다는 것을 생각해 볼 때, 뇌 발달이 영아기에 급속도로 이루어진다는 것을 알 수 있습니다. 따라서 학자들은 영아기를 '뇌 성장의 급등기(brain growth spurt)'라고 부릅니다. 임신 7개월 이후부터 생후 1년까지 뇌가 매일 1.7그램씩 자라는 것과 같다고 합니다. 정말 대단하지요?

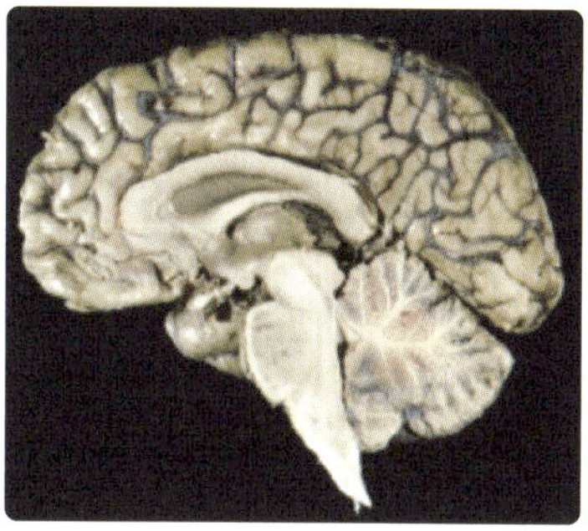

: 인간의 두뇌 :

출처 Feldman, R. S. (2011). Understanding psychology(10th). NY: McGraw-Hill. p.79

갓 태어난 아기의 경우 머리둘레(34cm)가 가슴둘레(32cm)보다 2센티미터 더 큽니다. 출생 시 머리둘레가 가슴둘레보다 작으면 소뇌증을 의심할 수 있습니다. 반대로 머리가 너무 커도 문제가 됩니다. 출생 시 머리둘레가 가슴둘레보다 4센티미터 이상 크거나, 이 상태가 지속되면 물뇌증(뇌수종)일 가능성이 있으므로 병원에서 검사를 받는 것이 좋습니다.

1) 뇌와 신경계의 기본 단위

: 뉴런과 시냅스

뉴런은 뇌와 신경계의 기본 단위로, 신경 자극을 받아들이고 전달하는 세포입니다. 즉, 인간의 두뇌는 신경 세포인 뉴런으로 이루어져 있고, 뉴런과 뉴런은 시냅스를 통해 신호를 전달합니다. 시냅스는 두 개의 뉴런이 연결되는 지점을 의미합니다. 일반적으로 우리가 어떤 사람의 머리가 좋다고 말하는 것은, 그 사람의 시냅스가 복잡하게 연결되어 있으며 뉴런끼리의 정보 전달 속도가 매우 빠르게 이루어지고 있다는 것을 의미합니다.

영아의 뇌 발달과 관련한 놀라운 사실은, 성인과 영아의 뇌의 크기는 차이가 있지만, 뇌 속에 있는 두뇌 세포(뉴런)의 수는 약 1,000-2,000억 개로 차이가 없다는 것입니다. 이미 엄마 배 속에 있는 임신 6개월경에 두뇌 세포가 다 완성되기 때문입니다. 성인과 영아의 두뇌 세포 수가 동일하다면 출생 이후 두뇌 발달은 어떻게 이루어지는 것일까요? 그것은 뉴런들끼리 얼마나 복잡하게 연결되어 있는지, 즉 시냅스가 얼마나 복잡하게 얽혀 있는지로 설명할 수 있습니다.

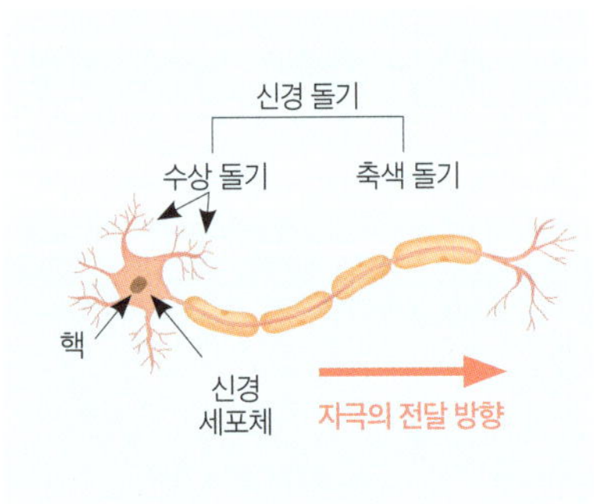

: 뉴런의 구조 :

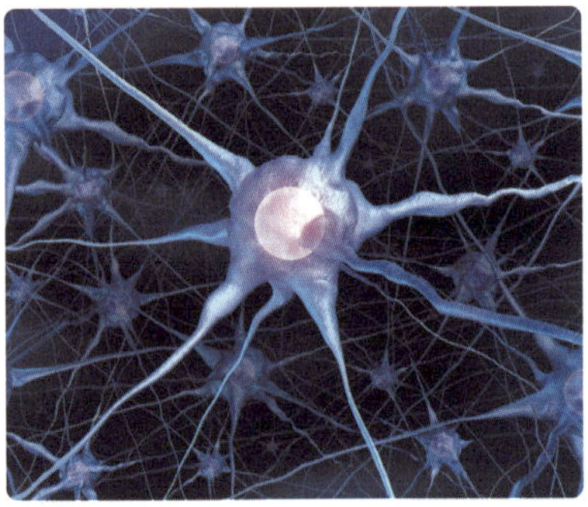

: 뉴런과 시냅스의 전자 현미경 촬영 모습 :

뉴런은 신경 세포체와 신경 돌기(수상 돌기, 축색 돌기)로 구성되어 있다.
수상 돌기는 신경 전류(자극)을 받아들인다. 축색 돌기는 길이가 1미터나 되며 뉴런을 보호하고 신경 전류의 전달 속도를 증가시킨다.

대부분의 시냅스는 출생 후에 형성됩니다. 그림에 나와 있듯이, 영아가 자라면서 시냅스도 많아지고 더욱 복잡해집니다. 시냅스가 복잡해진다는 것은 그만큼 저장 용량과 정보 처리 능력도 향상된다는 것을 의미합니다.

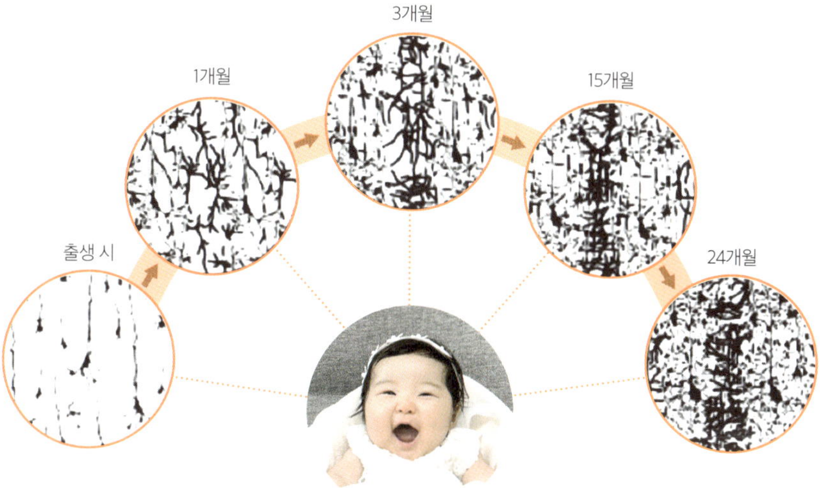

: 출생부터 2세까지 영아의 뉴런과 시냅스 발달 :

인간의 신경 세포인 뉴런과 시냅스는 출생 시에는 단순하지만, 개월 수가 증가하면서 점점 복잡하게 연결된다. **출처** Arnett(2017) p.163

2) 사용하지 않는 뇌세포는 죽어요

: 두뇌의 가지치기

앞에서 성인과 영아의 뇌는 크기에서 차이가 있을 뿐, 두뇌 세포의 개수는 차이가 없다는 사실을 언급했습니다. 그러나 이렇게 많은 두뇌 세포가 모두 잘 자라는 것은 아닙니다. 농부가 크고 좋은 과일을 얻기 위해 불필요한 가지를 쳐내듯이 사용하지 않는 뉴런을 제거하는 시냅스 가지치기(synaptic pruning)가 나타납니다. 이렇게 하는 것이 신경계의 효율성이 증대되기 때문입니다.

기억하세요. 자극을 받지 않은 뉴런은 영아기에 없어집니다. 생의 초기에 적절한 자극을 받지 않으면 뉴런의 절반 가량이 사라집니다. 하지만 많은 부모들이 오해하고 있는 사실이 하나 있습니다. 부모들은 자녀에게 다양한 자극을 주기 위해 고가의 영어 비디오와 플래시 카드를 구입하여 보여줍니다. 조기 외국어 교육을 시키기도 합니다. 그러나 **뇌를 사용하지 않으면 뇌세포가 죽는 것처럼, 너무 과도하게 사용해도 뇌세포는 죽습니다. 마치 가느다란 전선에 과도한 전류를 보내면 전선이 타들어 가는 것과 같은 원리입니다. 화려한 동영상과 반복적 기계적 자극은 오히려 아이의 뇌를 망칩니다.**

02

뇌를 기반으로 한 교육 (Brain Based Learning)

최근 심리학과 교육학에서는 '뇌를 기반으로 한 교육'이 관심을 끌고 있습니다. 인간의 학습은 뇌를 통해 이루어지기 때문에, 아이들의 효과적인 학습을 위해서는 무엇보다 아이들의 두뇌 발달을 이해해야 한다는 것입니다.

앞에서 영아기를 두뇌가 가장 빨리 자라는 '뇌 발달의 민감기(sensitive period)'라고 부른다는 것과, 주어지는 자극(환경)에 따라 뇌가 발달하거나 퇴화 또는 손상된다고 말씀드렸습니다. 예를 들어, 고양이의 경우 태어난 지 1개월 된 새끼를 3-4일 동안 어두운 곳에 두고 빛을 보여주지 않으면 고양이 두뇌의 시각 영역은 퇴화되어 정상적으로 볼 수 없게 됩니다. 만약 1달 동안 이러한 상태가 지속되면 이 고양이의 시각은 완전히 퇴화되어 장님이 됩니다(Crair, Gillespie, & Stryker, 1998). 이와 같이 뇌는 적절한 자극에 발달하지만, 반대로 잘못된 자극에는 손상됩니다. 다음은 서울대 의과대학의 서유헌 교수가 제시한 두뇌 발달에 관한 일반적인 원칙입니다.

첫째, 뇌는 적절한 자극에 발달하지만 과잉, 장기간 자극에는 손상받는다.

둘째, 뇌는 끊임없이 창조된다. 죽은 신경 세포는 살릴 수 없으나 시냅스는 새로 만들어진다.

셋째, 뇌는 평생을 통해 발달할 수 있다.

넷째, 지성(학습 등), 창의력은 정서(감정)와 밀접하게 연관되어 있다.

다섯째, 특정한 뇌 기능은 특정한 시기(기간)에 효율적으로 더 잘 습득된다.

여섯째, 환경 요인(스트레스와 풍족한 환경)은 뇌 발달과 기능(이성과 감정)에 중대한 영향을 미친다.

일곱째, 뇌는 휴식과 수면이 필수이다.

그런데 '뇌를 기반으로 한 교육'에서 가장 금기시하는 교육 방법이 있습니다. 무엇일까요? 바로 조기 교육(선행 학습)입니다. 즉, 배울 내용을 미리 공부하는 것입니다. 선행 학습은 예습과 다릅니다. 예습은 오늘이나 내일 배울 것을 미리 준비하는 것이지만, 선행 학습은 1년 후에 배울 것을 미리 배워두는 것입니다. 지금 대한민국은 잘못된 조기 교육과 선행 학습 열풍으로 많은 아이들이 공부에 치여 삽니다. 이것은 남보다 더 일찍 더 많이 공부하면, 더 공부를 잘하게 되고 높은 점수를 받아 좋은 대학에 갈 수 있을 것이라는 부모들의 잘못된 생각이 만들어 낸 모습입니다. 유치원과 어린이집에 다니는 아이들까지 학원과 집에서 학습지를 통해 초등학교 교육을 준비하고 있는 우리의 현실이 안타까울 뿐입니다.
기억하세요. 이러한 조기 교육은 오히려 아이의 두뇌를 망치기 쉽습니다. 그 이유는 아이들의 뇌는 성인의 뇌처럼 성숙되어 있지 않으며 계속 발달해 가는 과정에 있기 때문입니다. 아이들의 뇌는 가는 전선들이 연결된 회로와 같습니다. 가는 전선에 너무 강한 전류를 보내면 과부하로 인해 전선과 회로들이 모두 타버리듯이, 아직 완성되지 않은 아이들의 뇌에 너무 많은 자극을 주면 뇌에 문제가 생길 수 있습니다. 요즘 많은 아이들이 소아정신과 병원과 상담 기관을 찾는 이유도 지나친 조기 교육과 연결되어 있습니다.

특히 영·유아기의 교육은 '놀이'를 통해 이루어집니다. 영·유아기에는 공부 잘하는 아이가 아니라, 잘 노는 아이가 먼저임을 기억하십시오. 따라서 어린이집, 유치원과 같은 영·유아 교육 기관에서는 교사가 아이들에게 무엇인가를 가르치는 것보다 아이들과 재미있게 놀이하는 것이 더 중요합니다. 아이들은 놀면서 배웁니다.

03

영아기의 올바른 두뇌 성장 방법

1) 잠 잘 자기(숙면)

두뇌 발달과 수면은 매우 밀접한 관계가 있습니다. 특히 영아기는 잠을 자면서 빠른 속도로 두뇌 발달을 이루어갑니다. 그래서 아이가 잠을 잘 때에는 수면을 방해하지 않아야 합니다. 아이들도 잘 잤을 때는 기분 좋게 일어나지만, 잠이 부족하거나 잘 자지 못했을 때는 일어난 후에도 하루 종일 짜증을 내며 웁니다.

2) 눈 마주치기와 옹알이 대화

영아가 깨어 있을 때에는 다양한 경험을 할 수 있도록 자극을 주어야 합니다. 말 걸기, 눈을 보며 웃어주기, 놀아주기, 밖으로 데리고 나와 산책하기 등등. 이 모든 것은 영아에게 다양한 자극이 되고 경험이 됩니다. 반대로 뇌를 사용하지 않거나 조금만 사용할 경우 뇌는 죽게 되기에, 좀처럼 말을 하지 않는 부모를 둔 아이들은 나중에 언어 능력과 읽기에 어려움을 겪을 수도 있습니다. 따라서 언어가 풍부하지 않은 환경에서 자란 아이들은 커서 학교 수업을 제대로 따라가지 못할 수도 있습니다.

연령별 두뇌 발달

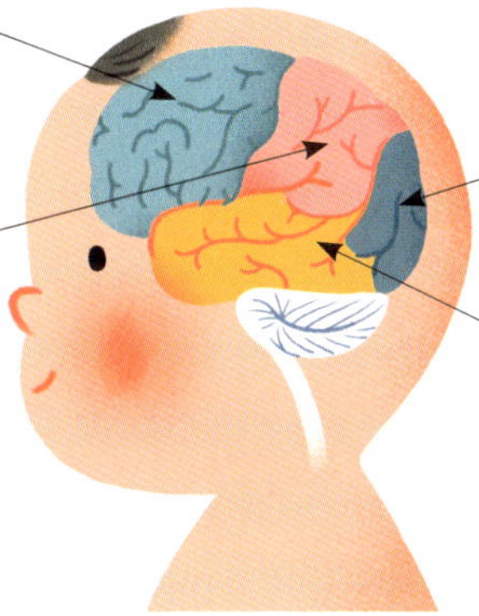

출처 Arnett, J. J., & Maynar, A. (2017) Child Development: A Cultural Approach(2nd Edition). NY: Pearson. p.137

1. 영아기: 감정을 통해 뇌가 가장 빠르게 발달해요

두뇌 발달 단계에서 영아기는 매우 특별한 시기입니다. 유아기(전두엽)나 아동기(측두엽, 두정엽), 청소년기(후두엽)에서는 각각 특정 두뇌 영역이 발달하는데, 영아기는 두뇌의 모든 영역(전두엽, 두정엽, 측두엽, 후두엽)이 골고루, 그리고 빠른 속도로 발달하는 시기이기 때문입니다. 즉, 영아기는 두뇌의 모든 기초가 형성되는 시기입니다. 따라서 영아기에는 책만 많이 읽게 하거나 카드 교육만 시키는 것과 같이, 어느 한쪽으로 편중되게 학습시키는 것은 결코 바람직하지 않습니다.

영아기 아기의 두뇌는 정서(감정)를 통해 발달합니다. 영아기 아이는 정서적으로 즐겁고 행복할 때 가장 잘 배울 수 있습니다. 반대로 아이가 슬프거나 화가 나 있다면 제대로 두뇌 발달이 이루어지지 않습니다. 평생 동안 수많은 정보를 전달하고 저장하는 뇌의 신경 회로가 튼튼하게 자리 잡기 위해서는 무엇보다 영아기에 아이가 많이 웃을 수 있도록, 아이가 즐겁고 행복할 수 있도록 해주십시오.

그런데 이 시기의 엄마, 아빠는 육아와 회사일로 지쳐 있는 경우가 많습니다. 특히 맞벌이를 하는 부모의 경우, 회사 일도 집안일도 자녀 양육도 모두 힘이 듭니다. 그러다 보니 퇴근 후 집에 오면 아이와 눈을 마주치며 미소 짓는 것보다는 빨리 먹이고 씻기고 재우는 것에 치중하게 됩니다. 절대 그렇게 하지 마세요. 퇴근 후 집에 오면 아이와 함께 손을 씻으며 아이와 눈을 마주치고 웃어주세요. 10-15분 정도는 아이와 놀이하면서 함께 웃어주세요. 집안일도 아이와 놀이처럼 할 수 있습니다. 이때 신나는 어린이 찬양이 큰 도움이 됩니다. 신나는 찬양을 들으며 아이의 손을 잡고 율동을 하고, 아이와 눈을 마주치며 활짝 웃어주는 것은 영아기의 두뇌 발달과 정서 발달에 매우 중요합니다. 엄마, 아빠와 함께 온몸으로 하나님을 찬양하는 이 시간을 통해 평생 하나님을 찬양하는 아이로 자라갈 것입니다.

"온 땅이여 하나님께 즐거운 소리를 낼지어다
그의 이름의 영광을 찬양하고 영화롭게 찬송할지어다"(시 66:1-2).

2. 유아기: 전두엽(종합적인 사고 능력)이 발달해요

전두엽은 인간의 종합적인 사고와 창의력, 판단력, 주의 집중력을 조절하는 두뇌의 사령관입니다. 또한 인간성(성품)과 도덕성, 종교성과 같은 고등 사고력을 담당합니다. 그런데 바로 유아기에 두뇌의 사령관인 전두엽이 보다 빠른 속도로 발달합니다. 이 시기에는 암기 위주로 학습을 강요하기보다 새롭고 자유로운 창의적 지식, 한 가지의 정답보다 다양한 가능성을 지닌 지식을 가르쳐주는 것이 전두엽 발달에 긍정적인 영향을 미칩니다.

또한 이 시기에는 예절 교육과 인성 교육이 이루어져야 합니다. 우리 아이가 예절 바르고 바른 성품을 지닌 아이로 자라기를 원하십니까? 그렇다면 전두엽이 빠르게 발달하는 유아기를 놓쳐서는 안 됩니다. 유아기 때 형성된 예절과 성품이 성장한 후에도 영향을 미쳐 예의 바르고 인성이 좋은 아이가 될 수 있습니다. "세 살 버릇이 여든까지 간다"라는 속담이 두뇌 과학적으로 맞다는 사실이 입증된 것입니다. 그리고 전두엽이 빠르게 발달하는 유아기는 도덕성이 발달하는 시기입니다. 따라서 체계적인 신앙 교육이 반드시 이루어져야 하는 시기가 유아기입니다.

유아의 도덕성은 부모와 교사의 언어가 아닌 행동을 통해 이루어집니다. 아침에 일어나자마자 기도하는 부모님의 모습을 보며 자란 아이는 기도하는 아이가 됩니다. 원망이나 불평의 말 대신 하나님과 주변 사람들에게 늘 감사의 말을 하는 부모님의 모습을 본 아이는 긍정적이고 감사의 성품을 지닌 아이로 자라갑니다. 하나님을 경외하며 다른 사람을 배려하는 부모님의 모습을 보며 자란 아이는 자신도 그러한 성품으로 자라갈 뿐 아니라, 진심으로 부모님을 존경하게 됩니다. 그러나 가정 밖에서와 가정 안에서의 모습이 다른 부모님을 보며 자란 아이는 부모님을 존경하기 어렵습니다. 유아기는 종합적인 사고와 성품, 도덕성, 종교성이 자라가는 최적의 시기임을 기억하세요.

"너희는 말씀을 행하는 자가 되고
듣기만 하여 자신을 속이는 자가 되지 말라"(약 1:22).

3. 아동기(초등학교 시기): 측두엽(언어 능력)과 두정엽(공간 감각 능력)이 발달해요

측두엽은 뇌에서 언어 기능과 청각 기능을 담당하는 곳입니다. 자기공명 촬영 기술, 즉 MRI를 이용해서 대뇌의 발달 과정을 살펴본 연구들에 의하면 측두엽은 8-12세 사이에 집중적으로 발달합니다. 따라서 두뇌를 연구하는 뇌 과학자들은 측두엽이 가장 빨리 발달하는 시기인 아동기에 외국어 교육을 비롯한 말하기, 듣기, 읽기, 쓰기 교육이 효과적으로 이루어질 수 있다고 설명합니다. 그래서 본격적인 언어 교육은 8세부터 시작할 것을 권합니다.

최근 대부분의 부모가 유치원과 어린이집에 다니는 아이들에게 한글과 영어를 가르치는 조기 교육을 하고 있지만, 뇌 과학적 관점에서 볼 때 이것은 비교육적이며 비효율적입니다. 측두엽이 발달하는 초등학교 시기에 언어를 배우게 하는 것이 가장 바람직합니다. 이러한 측두엽의 발달로, 아동기에는 의사 표현을 보다 적극적으로 하고 논리적으로 따지기를 좋아하는 특성을 보이기도 합니다. 또한 아동기에는 공간 입체적인 사고 기능, 즉 수학과 물리학적 사고를 담당하는 두정엽도 발달하기 때문에 조금만 자극을 주어도 수학과 과학에 대한 이해뿐 아니라 공간 개념까지 빨리 습득할 수 있습니다.

이와 같이 초등학교 시기에는 언어의 뇌(측두엽)와 공간 감각의 뇌(두정엽)가 빨리 발달하기 때문에 학습지나 학원보다는 책을 가까이하고, 블록으로 입체물을 만들고, 종이 퍼즐과 입체 퍼즐 등 다양한 퍼즐 활동을 하도록 도와주세요. 바로 이 시기의 경험이 이후 국어, 역사, 수학, 과학, 화학 등과 같은 학문 성적과 실력을 크게 좌우할 수 있습니다.

앞서 측두엽이 발달하는 아동기에는 의사 표현을 보다 적극적으로 하고 논리적으로 따지기를 좋아하는 특성을 나타낸다고 말씀드렸습니다. 이제 왜 우리 아이가 부모와 교사의 말에 자꾸 말대답을 하는지, 따지듯이 이야기하는지 이해가 되시나요? 부모를 무시하거나 불순종해서가 아닙니다. 아이의 두뇌가 자라가며 나타나는 자연스러운 발달적 특징입니다. 특히 아이들은 마음에 상처를 받았을 때 더욱 예민하게 반응합니다. 지금 아이의 두뇌는 '공사중'임을 기억해 주세요. 그리고 하나님이 우리를 따뜻하게 감싸며 인도해 주시는 것처럼, 부모인 우리는 아이가 상처받지 않도록 따뜻하게 감싸며 양육해야 합니다.

통계청 발표에 의하면 우리나라에서 초등학교 고학년은 본격적으로 공부 위주의 학원을 다니고 공부 스트레스를 받는 시기입니다. 그러다 보니 크리스천 부모들조차 시험 기간에는 자녀를 교회가 아닌 학원에 보내는 경우가 있습니다. 이것은 크리스천 부모로서 절대로 해서는 안 되는 모습입니다. 아이들은 주일날 교회 대신 학원에 보내거나 주일날 공부하도록 시키는 부모의 모습을 보며 부모님의 삶에서 하나님이 1순위가 아님을 알게 됩니다. 그리고 아이들도 당연히 하나님이 1순위인 삶을 살지 않게 됩니다. 하나님의 말씀을 듣고 행하는 부모가 되십시오. 안식일, 즉 주일을 지키는 것은 선택이 아닌 필수입니다.

"안식일을 기억하여 거룩하게 지키라"(출 20:8).

"네 하나님 여호와가 네게 명령한 대로 안식일을 지켜 거룩하게 하라"(신 5:12).

"너는 기억하라 네가 애굽 땅에서 종이 되었더니
네 하나님 여호와가 강한 손과 편 팔로 거기서 너를 인도하여 내었나니
그러므로 네 하나님 여호와가 네게 명령하여 안식일을 지키라 하느니라"(신 5:15).

4. 청소년기(중·고등학교 시기): 후두엽(시각 능력)이 발달해요

외모에 별 관심이 없던 아이들이 중학생이 되고 고등학생이 되면 갑자기 화장실에 머무는 시간이 길어집니다. 한참 동안 거울을 봐야만 학교에 가는 거울 공주, 거울 왕자가 되는 시기가 온 것이지요. 뇌 과학자들에 의하면 청소년기는 바로 시각의 뇌인 후두엽이 발달하기 때문입니다. 즉, 이 시기에는 시각 기능이 발달해서 자신의 모습을 살펴보고, 자신과 다른 사람을 차이를 뚜렷하게 알 수 있게 됩니다. 따라서 외모에 큰 관심을 갖게 되고, 다른 아이들과 비슷한 옷을 입고 외모를 꾸미려 노력하는 것입니다. 화려한 연예인이나 스포츠맨들에 빠져 열광하는 것도 시각 기능이 발달한 이 시기의 뇌 발달 특징과 관련이 깊습니다. 하지만 이 시기가 지나면 연예인에 열광하는 것도, 무조건 친구들처럼 옷을 입으려 하는 것도 점차 사라지게 됩니다. 따라서 이러한 청소년들의 특징을 꾸중하기보다는 이해하고 기다려주는 것이 바람직합니다.

요즘 한국뿐 아니라 세계의 많은 청소년이 케이팝(K-pop)이라고 불리는 한국의 대중음악에 빠져 있습니다. 케이팝의 특징 가운데 하나는 청소년의 시각을 자극하는 절도 있는 현란한 춤입니다. 청소년기는 시각의 뇌(후두엽)가 급속히 발달하는 시기이기 때문에 더욱 현란한 춤에 빠져든답니다. 청소년 시기의 자녀가 옷과 신발을 사며 외모를 꾸미고 싶어 할 때, "대학 가서 멋내라"라는 말은 하지 말아주세요. 오히려 아이의 미적 감각이 발달할 수 있도록 지지해 주세요. 교회 청소년부 찬양 시간에 절도 있고 멋진 춤과 함께 하나님을 찬양할 수 있도록 격려해 주세요. 우리 아이는 하나님이 영화와 존귀로 관을 씌우신 멋진 자녀입니다.

"그를 하나님보다 조금 못하게 하시고 영화와 존귀로 관을 씌우셨나이다"(시 8:5).

04

영아의 놀라운 능력

: 자신의 힘만으로 간호사의 손에 매달려 있는 신생아 :

영아가 말을 하지 못하기 때문에 이전에는 영아를 대상으로 한 연구들이 많지 않았습니다. 그러나 최근에는 과학 기술의 발달로 영아를 대상으로 많은 연구가 이루어졌고, 그 결과 영아가 우리가 생각했던 것보다 훨씬 뛰어난 능력의 소유자임이 밝혀지고 있습니다.

1) 시각의 발달

시각은 우리가 주변 환경을 탐색하는 데 가장 많이 의존하는 감각입니다. 감각 정보의 80퍼센트가 시각을 통해 들어옵니다. 그러나 시각은 영아의 감각들(후각, 청각, 미각, 촉각) 중 가장 늦게 발달합니다. 실제로 신생아의 시각은 아직 발달되지 않아 물체에 초점을 고정시키지 못하고 돌 무렵이 되어야 정상 시력을 갖게

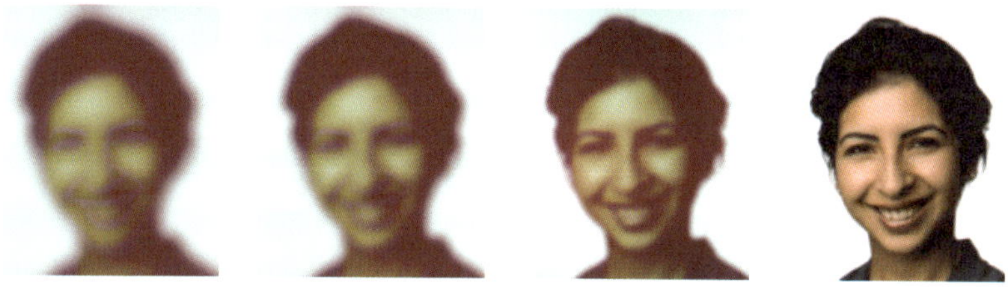

1개월 2개월 3개월 1년

: 개월 수에 따른 영아의 시각 발달 :

영아의 눈에 비친 사람의 모습이다. 영아는 사물과 사람을 흑백으로 뿌옇게 본다. 영아는 12개월이 되어야 정상적으로 볼 수 있다. **출처** Santrock, J. W. (2018). p.168

됩니다. 따라서 사물과 사람의 얼굴을 뚜렷하게 보지 못하고 심한 근시 환자처럼 뿌옇게 볼 수 있습니다. 그리고 돌이 되어야 비로소 정상적으로 볼 수 있습니다. 그러나 색깔에 대한 지각은 그 이전부터 할 수 있습니다. 브라운 박사(Brown, 1990)는 연구를 통해 영아가 생후 2개월부터 빨강, 노랑, 파랑을 구분할 수 있다고 설명하였습니다. 그래서 12개월 이전에 영아의 침대에 모빌을 달아주는 것은 영아에게 좋은 자극이 됩니다.

그런데 영아는 모빌 중에서도 어떤 모양이나 색을 가장 좋아할까요? 이에 대한 아주 유명한 실험이 있습니다. 바로 로버트 L. 팬츠(Robert Lowell Fantz, 1963)의 루킹 챔버(looking chamber) 실험입니다. 팬츠는 그림과 같은 실험 장치를 이용하여 영아에게 다양한 색깔과 명암이 있는 시각 자료와 사람의 얼굴을 보여준 후, 영아가 무엇에 가장 오랫동안 집중하는지 살펴보았습니다. 그 결과 영아는 색깔보다는 명암이 있는 그림에, 그리고 다른 어느 것보다 사람의 얼굴에 가장 많이 집중한다는 것을 발견하였습니다.

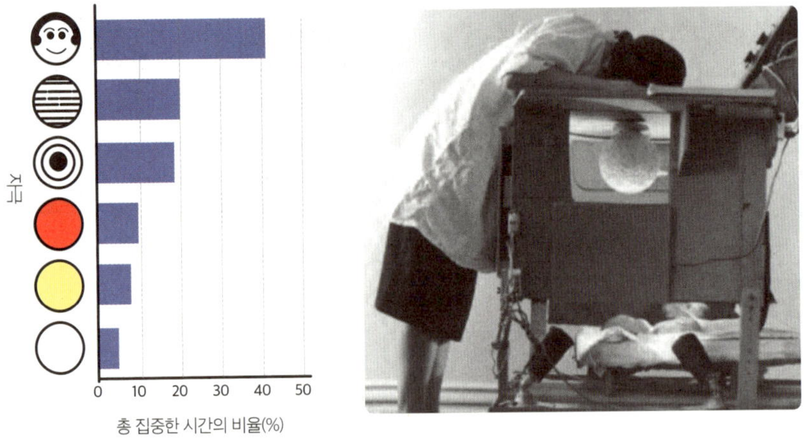

: 로버트 L. 팬츠의 루킹 챔버 실험 :

팬츠의 실험으로 인해 영아가 다른 것들보다 사람의 얼굴에 가장 많이 집중한다는 것을 발견하게 되었습니다. 즉, 영아가 가장 좋아하는 것은 모빌이나 다른 화려한 장난감이 아닌 사람의 얼굴인 것입니다. 혹시 영아가 일어나면 침대에 장난감을 주거나, 울지 않으면 그냥 두고 있지는 않으십니까? 이제부터 그렇게 하지 마세요. 영아는 사람의 얼굴을 보는 것을 가장 좋아합니다. 아이와 눈을 맞추고 축복 기도 말씀(30쪽 참고)과 찬양을 들려주세요. 특히 부모님의 얼굴은 영아에게 가장 좋은 신앙적, 교육적 교재입니다.

> "오늘 내가 네게 명하는 이 말씀을 너는 마음에 새기고 네 자녀에게 부지런히 가르치며 집에 앉았을 때에든지 길을 갈 때에든지 누워 있을 때에든지 일어날 때에든지 이 말씀을 강론할 것이며"(신 6:6-7).

2) 청각의 발달

: 태아기 때 들었던 엄마의 목소리와 동화책의 내용을 기억해요

갓 태어난 신생아는 작은 소리를 잘 듣지 못합니다. 엄마의 자궁에서 세상 밖으로 나오면서 귀에 양수가 들어갔기 때문입니다. 그러나 귀(내이도)에 들어간 양수가 사라지면서 점차 소리에 민감하게 반응합니다. 그 결과 생후 2주에는 사람의 목소리와 일반 소리를 구분하고, 생후 3주에는 친숙한 사람과 낯선 사람의 목소리를 구분할 수 있을 정도로 청각이 발달합니다.

영아는 어떤 소리를 좋아할까요? 네. 엄마의 목소리를 가장 좋아합니다. 낯선 사람이나 아빠의 목소리보다 엄마 목소리에 더 민감하게 반응한다는 연구 결과들이 있습니다. 심지어 앞에서 언급한 것처럼 영아는 엄마 배 속에 있을 때 들었던 엄마의 목소리와 엄마가 들려준 동화책의 내용을 기억합니다.

: 백색 소음 :

백색 소음은 빗소리, 청소기 돌아가는 소리, 파도 소리 등 모든 주파수를 포함하는 소리이다.

최근에는 우는 영아를 쉽게 재우는 한 방법으로 *백색 소음(White noise)에 관심을 가지는 엄마들이 있습니다. 백색 소음이란 모든 주파수를 포함한 소리로 청소

* '백색 소음' 관련 추천 영상 - SBS 스페셜 <소리가 약이다>

기 돌아가는 소리, TV 또는 라디오의 지지직거리는 소리, 에어컨 팬 돌아가는 소리, 빗소리, 파도 소리, 폭포수 소리 등 일상에서 쉽게 접할 수 있는 소리입니다. 태아는 엄마의 자궁에서 심장 박동 소리, 음식물 넘어가는 소리 등 여러 가지 소리를 겹쳐서 듣게 되는데, 이러한 소리의 주파수가 청소기 소리와 비닐봉지 바스락거리는 소리의 주파수 대역과 매우 비슷합니다. 그래서 우는 아기에게 이런 소리를 들려주면 울음을 그치고 쉽게 잠든다고 합니다. 실제로 우리도 바닷가에 앉아 파도 소리를 듣고 있으면 쉽게 졸음이 오는 것을 경험할 수 있습니다.

그러나 백색 소음은 아기의 울음을 그치는 데는 효과가 있지만, 너무 많이 사용할 경우 아기의 뇌 발달과 언어 습득을 방해한다는 연구 결과도 있기 때문에 조심해야 합니다. 아이들에게는 의미 있는 소리의 자극이 필요한데, 아무런 의미도, 내용도 없는 소리를 계속 들려주면 뇌 발달을 방해한다는 것입니다. 아무 의미 없는 백색 소음보다 하나님의 말씀과 찬양을 자주 들려주세요. 또한 자녀를 위한 부모님의 기도를 자녀에게 들려주세요. 하나님은 부모인 우리와 자녀에게 귀를 기울이십니다.

> "여호와께서 내 음성과 내 간구를 들으시므로 내가 그를 사랑하는도다
> 그의 귀를 내게 기울이셨으므로 내가 평생에 기도하리로다"(시 116:1-2).

3) 미각과 후각의 발달

: 갓 태어난 아기도 맛을 볼 줄 알아요

어린 아기들도 단맛이나 신맛, 쓴맛을 알고 이를 구별할 수 있을까요? 정답은 'Yes'입니다. 갓 태어난 신생아도 맛을 구분할 수 있습니다. 로젠스타인과 오이스터(Rosenstein & Oster, 1988)는 엄마 배 속에 있는 태아를 대상으로 실험한 결과,

태아도 맛을 구분할 수 있음을 발견하였습니다.

신생아는 시각과 청각, 미각, 후각 중 특히 후각이 정말 놀라울 정도로 발달했습니다. 후각은 태어났을 때부터 발달되어 출생 후 6일 된 영아도 엄마의 모유와 다른 여성의 모유를 구분할 수 있습니다. 성인인 우리들보다 더 뛰어난 후각을 가지고 있는 것입니다. 이렇게 놀라운 후각 능력은 나이가 들면서 점차 사라집니다.

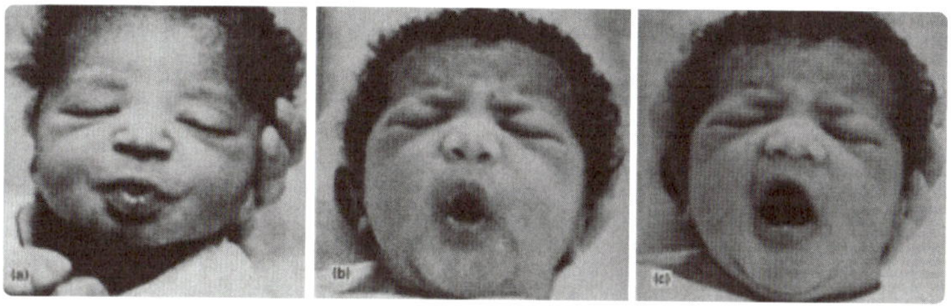

태어난 지 2시간 된 신생아가 단맛, 신맛, 쓴맛을 맛본 후 얼굴 표정으로 맛을 표현하고 있다.

출처 Santrock(2004). p.175

4) 뼈의 발달

: 뼈에도 나이가 있어요

다음의 그림은 연령이 다른 손목뼈의 엑스레이 사진입니다. 다른 점이 보이나요? A는 12개월 영아의 손목뼈 사진이고, B는 13세 남아 또는 10.5세 여아에게서 일반적으로 볼 수 있는 손목뼈 사진입니다. 어린아이와 성인의 뼈는 크기와 개수, 그리고 단단함에 있어 차이가 있습니다. 먼저 영아의 손목뼈는 개수가 적고 뼈마디 사이의 간격이 넓습니다. 즉, 성장판이 열려 있는 것입니다. 손목뼈의 경우 성인은 아홉 개지만 영아는 세 개에 불과합니다.

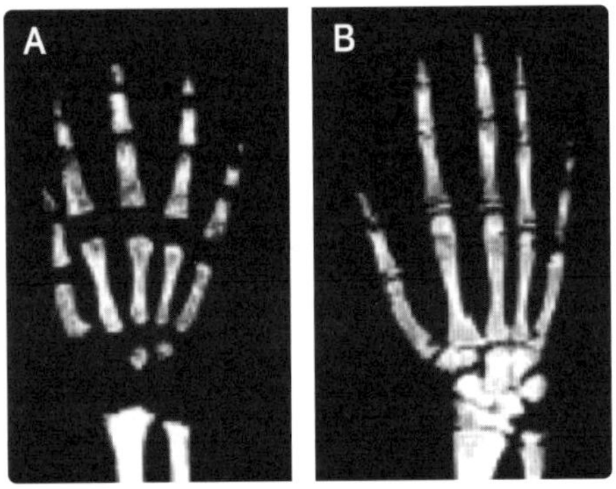

12개월 남아/여아의 손　　13세 남아의 손/10.5세 여아의 손

또한 영아의 뼈는 딱딱하지 않고 말랑말랑합니다. 영아의 뼈가 부드러운 이유는 출생 시 엄마의 좁은 산도를 지나야 하는데 뼈가 딱딱하면 도저히 산도를 지나갈 수 없기 때문입니다. 아이가 침대에서 떨어져도 팔다리가 잘 부러지지 않는 이유는 아이의 뼈가 부드럽기 때문입니다. 영아의 뼈는 시간이 지나면서 성인과 같이 딱딱해집니다. 영아의 부드러운 뼈가 점차 발달하고 단단해지는 과정을 '경화(또는 골화)'라고 부르는데, 뼈의 발달 과정은 머리에서 다리쪽으로 이루어집니다. 또한 뼈는 뼈 끝부분에 위치한 '성장점'이라고 하는 연골 부위에서 성장합니다. 인간의 뼈는 연령에 따라 다르기 때문에 의사들은 뼈를 통해 우리의 신체 나이를 측정합니다.

요새 부모들은 공부 못지않게 아이들의 키에도 많은 관심을 가지고 있습니다. 내 아이가 또래들보다 키가 작으면 운동을 시키고, 칼슘 보충제도 먹이고, 병원에 가서 주사도 맞히고 적절한 처방도 받습니다. 그런데 사람의 뼈에도 신체의 성장 정도에 따라 나이가 있습니다. 뼈의 발달 과정은 두미 발달 법칙(인간의 신체 발달은 머리 부분에서 시작하여 아래쪽으로 내려간다는 발달의 순서를 설명한 법칙)을 따라갑니다. 머리뼈(두개골)가 먼저 단단해지고, 그다음으로 손뼈가 발달하며, 다리뼈는 10대 중반까지도 계속 발달합니다. 또한 여아가 남아에 비해 2년 정도 뼈의 성숙이 빠릅니다.

뼈의 나이는 어떻게 알 수 있을까요? 우리가 나이테로 나무의 나이를 알 수 있듯이, 사람의 뼈는 엑스레이 검사를 통해 측정할 수 있습니다. 그런데 뼈 나이는 실제 연령에 영향을 받지만 절대적이지는 않습니다. 평소 운동을 하지 않고 몸 관리를 제대로 하지 않았다면 뼈 나이는 실제 나이보다 더 많이 나올 수 있습니다. 따라서 정상적인 뼈의 성장을 자극하기 위해서는 좋은 영양 공급과 적절한 운동이 필수적입니다. 그러나 지나친 운동으로 인해 뼈가 자라는 부위인 성장점이 다친다면 오히려 키가 자라지 않는 심각한 결과를 낳을 수도 있기 때문에 주의가 필요합니다. 또한 스트레스 역시 뼈의 성장에 지속적으로 나쁜 영향을 미치는 것으로 밝혀졌습니다.

영아의 신체적 성숙 정도는 뼈의 나이, 즉 골격의 발달을 측정한 '골격 연령(skeletal age)'으로 알 수 있습니다. 따라서 최근에는 영·유아의 성조숙증 여부를 판단하는 한 방법으로, 엑스레이가 사용되고 있습니다.

앞부분에서 언급한 것처럼 성조숙증은 조기에 치료하지 않으면 치료 시기를 놓쳐 치료가 어렵습니다. 따라서 아이의 체격이 또래보다 크고, 여아의 경우 가슴이 올라와 있으며 남아의 경우 고환이 다른 아이들에 비해 작다면 병원에 가서 성조숙증 검사를 받는 것이 필요합니다.

당신의 성도 연령, 신앙 연령은 몇 살입니까?

뼈에도 나이가 있음(골격 연령)을 알았습니다. 그렇다면 나의 성도 연령, 신앙 연령은 얼마일까요? 출생은 생명의 시작입니다. 거듭남은 영적 생명의 시작입니다. 예수님을 나의 구주로 영접한 지 10년이 되었다면 나의 성도 연령은 10세, 20년이 되었다면 20세라고 생각할 수 있습니다. 그러면 하나님의 자녀로서 나의 신앙 연령은 몇 살일까요? 성도 연령과 동일하게 나의 신앙 성숙이 이루어져 있나요?

내가 하나님과 자녀 사이에서 축복의 통로가 되기 위해서는 나의 신앙 성숙이 먼저 이루어져야 합니다. 자녀에게 신앙 교육을 하기 전에 내가 먼저 하나님 여호와를 나의 하나님으로 인정해야 합니다. 하나님을 나의 하나님으로 인정한다는 것은 내 마음을 다해, 내 뜻을 다해, 내 힘을 다해 하나님을 사랑하는 것입니다. 그러기 위해서는 '오늘 하나님께서 나에게 명하는 말씀'을 듣고 내 마음에 새겨야 합니다. 우리가 매일 아침 하나님의 말씀을 읽고 묵상하는 것은 선택이 아닙니다.

사랑하는 부모님! 자녀에게 부지런히 가르치기 전에

첫째, 내가 하나님을 나의 하나님으로 인정해야 합니다.
둘째, 마음과 뜻과 힘을 다해 하나님을 사랑해야 합니다.
셋째, 오늘 내게 주시는 하나님의 말씀을 묵상하고 마음에 새겨야 합니다.

자녀 양육이 힘들고 어려울수록, 내 여건이 힘들고 절망스러울수록 오늘 내게 주시는 하나님의 말씀을 묵상하세요. 그럴 때, 우리의 신앙 성숙이 제대로 이루어지며, 사랑하는 자녀에게 하나님을 제대로 가르칠 수 있게 됩니다. 신앙 교육은 교회보다 가정에서 부모를 통해 먼저 이루어져야 합니다. 그것이 바로 하나님의 명령입니다.

"○○아(야) 들으라
우리 하나님 여호와는 오직 유일한 여호와이시니
너는 마음을 다하고 뜻을 다하고 힘을 다하여 네 하나님 여호와를 사랑하라
오늘 내가 네게 명하는 이 말씀을 너는 마음에 새기고
네 자녀에게 부지런히 가르치며
집에 앉았을 때에든지 길을 갈 때에든지 누워 있을 때에든지
일어날 때에든지 이 말씀을 강론할 것이며
너는 또 그것을 네 손목에 매어 기호를 삼으며
네 미간에 붙여 표로 삼고 또 네 집 문설주와 바깥 문에 기록할지니라"(신 6:4-9).

○○에 자신의 이름을 넣어 묵상하세요.

아기에게는 놀라운 모방 능력이 있어요!

『아버지, 당신은 카피되고 있습니다』(디모데, 1998)라는 책이 있습니다. 아이들, 특히 아들은 아버지의 행동을 그대로 따라 하고 결국 아버지의 생각까지도 모방한다는 내용입니다. 그런데 이 책의 제목과 비슷한 내용을 다룬 실험이 있습니다. 앤드류 멜초프(Andrew Meltzoff) 박사가 9개월 된 영아를 대상으로 한 실험입니다. 그는 영아가 성인을 얼마나 따라 할 수 있는지, 즉 영아의 모방 능력을 관찰하였습니다. 그 결과 아래의 사진들처럼 영아가 성인의 행동을 거의 그대로 따라 한다는 것을 발견하였습니다. 놀랍지 않나요? 말을 못하고 다소 시간이 걸릴 뿐, 우리 아이들은 자기 주변에 있는 성인의 모습을 이렇게 카피하고 있습니다. 우리가 가정에서 행동하는 모습과 말 하나하나를 우리 아이들이 모방하고 있다는 사실을 기억하십시오. 우리는 자녀의 모델입니다. 성경적 자녀 양육은 말로 하는 가르침보다는 본(modeling)을 통한 가르침입니다.

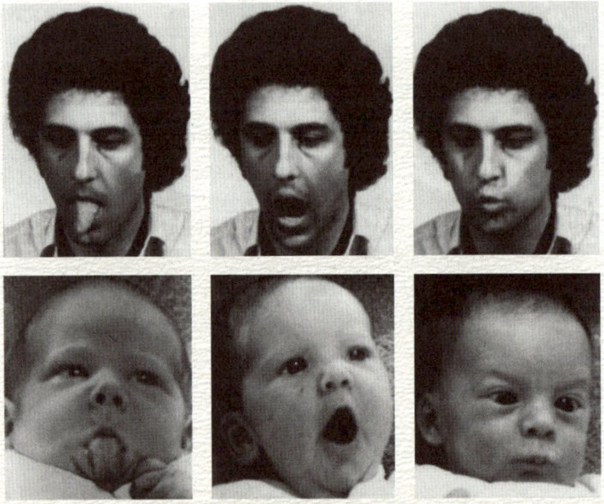

: 멜초프의 실험 :

출처 Creditos de fotografia: Meltzoff & Moore, 1977, Science

05

아이가 울어요
: 울음도 의사표현이에요

영아를 가르치는 어린이집 교사에게 가장 어려운 점이 무엇인지 물어보면, 많은 교사들이 아이가 우는 것이라고 대답합니다. 특히 학기 초나 아이가 아프면 교실에 들어오면서부터 울기 시작해 수업을 마칠 때까지 우는 아이도 있습니다. 먹을 것을 주면 잠시 울음을 그쳤다가 다 먹으면 또다시 우는 아이, 자신의 모든 욕구를 울음으로 해결하려는 아이에 이르기까지 어린이집에는 우는 아이들이 정말 많습니다. 여러분의 가정은 어떤가요? 우리 아이들은 왜 이렇게 울까요?

1) 울음도 아이들의 언어 발달 중 하나이기 때문입니다

영아기 언어 발달 단계	
1단계	울음(출생 -)
2단계	옹알이(4.5개월 -)
3단계	1단어 시기(1세 -)
4단계	2단어 시기(2세 -)

영아기 아이들의 언어 발달 단계를 살펴보면 다음의 표와 같습니다. 즉, 울음은 아이들이 자신의 의사 표현을 위해 사용하는 아이들만의 언어입니다. 아이들은 12개월이 지나면서 제법 말을 할 수 있게 되지만, 어른들처럼 익숙하지는 않습니다. 따라서 아이들은 여전히

울음을 통해 자신의 의사를 표현합니다. 아이가 울면 '재는 왜 또 울지?', '아이 울음도 못 그치게 하고, 나는 엄마(교사)로서 자질이 없는 것 같아'라고 생각하지 말고, 이제부터는 이렇게 생각하세요. '우리 아이가 지금 나에게 하고 싶은 말이 있구나.'

2) 분리 불안과 낯가림이 시작되었기 때문입니다

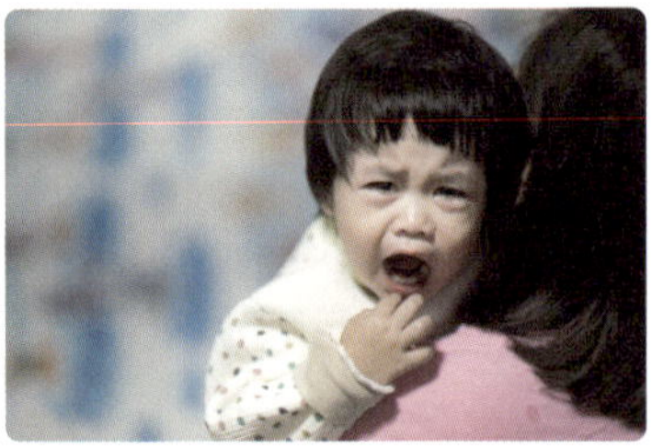

2세 이전의 아이가 엄마와 안 떨어지려 하고, 심하게 울다가도 다시 엄마에 의해 진정되는 것은 정상적인 모습이다.

아이들이 우는 두 번째 이유는 애착 때문입니다. 애착이란 영아와 주 양육자 간에 형성되는 특별한 정서적인 유대감입니다. 이 세상의 모든 아기들은 태어난 후 어느 시기까지는 다른 사람을 보며 방긋방긋 미소 짓지만, 백일이 지나 6-7개월이 되면 어느새 '엄마의 껌딱지'가 되어 잠시도 엄마와 떨어져 있으려 하지 않습니다. 엄마가 잠깐이라도 보이지 않으면 아이는 마치 세상이 무너진 것처럼 서럽게 울어댑니다. 이처럼 아이가 엄마와 절대 떨어지지 않으려는 행동을, 전문 용어로 '분리 불안'이라고 합니다.

그래서 이 시기의 엄마들은 정말 힘이 듭니다. 아이를 놔두고 외출은커녕 잠시 집 밖으로 쓰레기를 버리러 가는 것도, 심지어 화장실을 가는 것도 어렵기 때문이지요. 그리고 이전에는 엄마 외에 다른 사람을 보아도 방긋방긋 미소 짓던 천사 같던 아이가, 이제는 조금이라도 낯선 사람을 보면 마구 울어버립니다. 특히 오랜만에 시부모님이 오셨는데 아이가 할아버지, 할머니를 보며 사정없이 울며 엄마만 찾기도 합니다. 바로 낯가림이 시작된 것입니다. 낯가림은 '낯선 사람 불안'이라고도 하는데, 매일 자신을 돌봐주는 엄마 외에 다른 사람을 보면 불안감을 느끼고 울어버리는 것입니다. 이처럼 분리 불안과 낯가림이 나타나는 이유는 아이가 자기를 돌봐주는 엄마와 애착이 형성되었음을 나타내는 자연스러운 현상입니다. 기억하세요. 엄마와 애착이 형성되면 아이는 이제 엄마 외의 사람에게 웃어주지도 않고 함께 있으려고 하지도 않습니다. 오로지 엄마 바라기, 엄마 껌딱지가 되어 잠시도 떨어져 있으려 하지 않습니다.

3) 날씨 탓, 감기 탓, 졸린 탓도 있습니다

이러한 분리 불안은 아이가 만 2-3세가 되면 서서히 사라집니다. 3세 정도가 되면 아이는 엄마와 헤어져도 엄마가 다시 온다는 것을 이해할 수 있습니다. 그러나 안정 애착을 형성한 3세 아이라도 엄마와 떨어지지 않으려는 분리 불안을 다시 나타낼 수 있습니다. 특히 몸이 아플 때, 졸릴 때, 피곤하고 힘들 때 그렇습니다. 몸이 힘들고 컨디션이 안 좋을 때 아이들은 다 컸어도 엄마와 떨어지기 싫어합니다. 또한 날씨가 흐리거나 비가 올 때도 아이들의 컨디션은 좋지 않습니다. 그리고 우리가 생각하는 것보다 아이들은 날씨에 더 민감하게 반응합니다.

영·유아를 가르치는 교사들은 주일날 날씨가 흐리거나 비가 온다는 일기 예보가 있다면, 좀 더 일찍 교회에 가서 예배실 전등을 모두 켜서 밝게 하고, 아이들이 좋아하는 활기찬 찬양을 틀어놓으세요. 그리고 입구에 서서 환한 모습으로 아이들을 맞아주세요. 화려한 모자나 큰 액세서리로 아이의 관심을 끌거나, 아이가 좋아하는 작은 인형을 옷이나 앞치마에 붙여 아이의 관심을 엄마에게서 교사에게로 돌리는 것도 좋은 아이디어입니다. 아이들은 날씨가 좋지 않은 날에는 주일학교에 오지 않으려 하고, 주일학교에 와서도 투정이 좀 더 많아진다는 것을 기억하세요. 그리고 주말에 아이가 너무 심하게 놀거나 밤늦게까지 TV를 시청하여 몸이 피곤하지 않도록 부모님께 협조를 구하는 것이 좋습니다. 밤늦게까지 아이가 잠을 자지 않고 TV를 본다면 주일 아침에 아이가 힘들어하는 것은 당연합니다.

4) 교사와 안정 애착을 형성합니다

우리는 앞에서 아이가 '낯가림'과 '분리 불안'을 보이는 이유로 엄마와 애착을 형성했기 때문이라고 배웠습니다. 낯가림은 낯선 사람에 대한 공포 반응이고, 분리 불안은 엄마와 헤어지는 것에 대한 공포 반응입니다. 즉, **아이가 낯선 사람(낯가림)을 보면 몸부림치며 울고, 또 엄마와 헤어질 때 죽을 것같이 떼를 쓰면(분리 불안) 지금 아이가 애착 중이라는 표시입니다.** 이때 아이에게 낯선 사람은 아이가 처음 보는 사람일 수도 있고, 특히 학기 초에는 주일학교(어린이집 또는 유치원) 교사일 수도 있습니다. 아이와 친숙하지 않은 사람은 아이 입장에서는 모두 낯선 사람입니다. 그래서 아이가 주일학교에 처음 왔거나, 주일학교 교실이 바뀌었거나, 여행이나 병으로 인해 오랜만에 예배에 나오게 되면, 엄마와 더 떨어지지 않으려고 하는 것입니다. 이때는 억지로 엄마와 떨어뜨리면 안 됩니다. 특히 어떤 엄마는 아이랑 예배실(교실)에 함께 있다가 아이가 안 볼 때 살짝 도망을 가기도 하는데, 그러면 아이가 더 불안해할 수 있습니다.

처음 주일학교 영아부(유아부)에 아이들이 올 때, 엄마 손을 잡고 함께 들어와 예배실에 앉아 있는 시간이 필요합니다. 그래서 어린이집에서는 학기 초에 '어린이집 적응 기간'을 갖습니다. 아이가 낯선 주일학교(어린이집) 환경과 교사에게 친숙해질 수 있는 적응 기간은 아이의 안정 애착을 위해 매우 중요한 부분입니다.

아이가 빨리 주일학교 예배실에 익숙해지고 교사와 친해지도록 해주십시오. 처음 아이의 애착 대상은 주 양육자인 엄마 한 사람이었지만, 점차 아빠, 교사 등 다른 사람으로 확대됩니다. 아이는 주일학교 교사, 사역자와도 애착을 형성할 수 있습니다. 이때 중요한 것은 영아반일수록 교사가 중간에 바뀌어서는 안 된다는 것입니다. 이미 아이와 담임 교사가 애착을 형성했는데, 교사가 바뀌면 아이들은 적응이 훨씬 어렵게 되고 불안정 애착이 되기 쉽습니다.

5) 아이의 기질 체크!

'기질'이라는 말을 들어보았나요? 기질이란 무엇일까요? 쉽게 표현하면 기질이란 선천적으로 타고난 인간의 행동 특성을 의미합니다. 어떤 사람은 매우 느긋한 반면에, 또 어떤 사람은 급합니다. 어떤 사람은 일찍 자고 일찍 일어나는 규칙적인 생활 습관을 가진 반면에, 어떤 사람은 불규칙하게 생활합니다. 어떤 사람은 덜 예민하고 긍정적인 반면에, 어떤 사람은 자주 짜증을 내고 쉽게 화를 냅니다. 지금 말씀 드린 이러한 특성들은 모두 기질과 관련된 행동 특성입니다.

기질적으로 급한 엄마, 아빠는 미루거나 기다리는 것을 무척 싫어합니다. 또한 생각났을 때 바로 일을 처리해야 합니다. 교사도 마찬가지입니다. 기질적으로 급한 교사는 정해진 시간에 정확하게 모여야 하고, 계획한 대로 이루어져야 마음이 편합니다. 반면에 기질적으로 느린 교사는 미루고 미루다가 닥쳐야 일을 합니다. 교사 모임도 천천히 느긋하게 참석합니다. 이러한 기질은 모든 사람에게 있으며 태어날 때부터 선천적으로 타고납니다. 우리 남편은, 우리 자녀는 왜 그렇게 성격이 급하냐고요? 그것은 태어날 때부터 그렇게 타고났기 때문입니다.

우리 아이들도 태어날 때부터 타고난 기질이 있습니다. 그래서 똑같은 부모에게서 태어난 형제자매도, 심지어 쌍둥이도 성격이 다릅니다. 어떤 아이는 생활 리듬이 규칙적이고 순한 성격인가요? 순한 기질의 아이입니다. 어떤 아이는 매우 급하고, 쉽게 화내고 울며, 감정 표현이 격렬한가요? 까다로운 기질의 아이입니다. 또는 행동도 말도 매우 느릿느릿하다면 그 아이는 느린 기질을 지닌 아이입니다. 만약 별다른 이유 없이 울음으로 모든 것을 해결하려 한다면, 그 아이 역시 까다로운 기질의 아이일 수 있습니다. 따라서 우리 아이가 어떤 기질인지 체크해 보는 것이 필요합니다.

"체크! 기질에 따른 유아의 행동 특성"

아이의 기질을 가장 단순하게 분류한다면 세 가지로 나누어볼 수 있습니다. 바로 순한 아이, 까다로운 아이, 느린 아이입니다(Tomas & Chess, 1977).

1. 순한 아이(easy child)

- 잠에서 즐겁게 깨어난다.
- 잘 먹고 잘 잔다.
- 하루 일과가 규칙적이다.
- 낯선 사람에게도 인사를 잘하며 잘 웃는다.
- 장난감을 가지고 혼자서도 잘 논다.
- 새로운 곳에 가도 잘 논다(새로운 상황에도 쉽게 잘 적응한다).
- 잘 웃는다. 늘 행복해 보인다.

2. 까다로운 아이(difficult child)

- 울며 깨어난다(깨어나기 전부터 운다).
- 잘 먹지 않고, 잠을 재우기 힘들다.
- 하루 일과가 불규칙적이다.

- 낯선 사람과 만나면 적응하는 데 시간이 오래 걸린다.
- 새로운 곳에 가면 적응하는 데 시간이 오래 걸린다.
- 집중력이 짧아 쉽게 놀잇감을 바꾼다.
- 하고 싶은 것을 하지 못하게 하면 격렬하게 운다.
- 조그만한 좌절에도 크게 반응한다.
- 늘 인상을 찡그리고 화가 나 있는 것 같다.

3. 느린 아이(slow-to-warm-up child)

- 잠에서 일어나기를 싫어한다. 일어나도 한참 동안 꾸물거린다.
- 밥을 먹는 시간, 씻고 옷을 갈아입는 시간이 오래 걸린다.
- 낯선 사람이나 새로운 활동을 접하면 몸을 뒤로 빼며 피한다.
- 새로운 곳(또는 장난감)에 적응하는 데 시간이 무척 오래 걸린다.
- 자신의 생각이나 감정을 잘 표현하지 않는다.
- 익숙한 곳(또는 장난감)을 좋아하고 오래 집중한다.
- 매일 오는 어린이집이지만 교실 입구에서부터 들어오지 않으려 한다.
- 아이들과 어울리기보다는 엄마나 교사 옆에 붙어 앉아 있으려 한다.
- 친구들이 노는 것을 구경할 뿐, 잘 따라 하지 않는다.
- 다른 사람을 따라 해도 매우 작게 움직인다.

"좋은 기질, 나쁜 기질"

혹시 여러분은 '내 자녀들의 기질이 모두 순한 기질이면 얼마나 좋을까?'라는 생각을 해본 적이 있나요? 순한 기질의 아이는 앞에서 살펴본 것처럼 장난감을 가지고 혼자서도 잘 놀고, 늘 미소 지으며, 다른 사람과도 잘 지냅니다. 이런 천사 같은 아이들만 있으면 얼마나 좋을까요?

하지만 '순한 기질'은 '좋은 기질'이나 '착한 기질'이 아닙니다. 영어 그대로 'easy child' 즉, 다른 기질보다 돌보기 쉬운 아이들입니다. 오히려 여러 기질 중 '순한 기질'의 아이들은 아이 입장에서 볼 때 손해를 많이 봅니다. 워낙 순해서 손이 안 가다보니, 자꾸 부모와 교사들이 혼자 놀도록 방치하기 때문입니다. 부모와 교사가 신경 쓰고 돌보는 아이는 주로 까다로운 기질이나 느린 기질의 아이가 많습니다. 아이들이 예민하여 잘 울고 쉽게 적응하지 못하기 때문에 교사들이 우선 까다로운 기질과 느린 기질의 아이들에게 집중하기 때문입니다.

기억하세요. 기질에는 좋은 기질과 나쁜 기질이 없습니다. 다만 다른 아이보다 돌보기 조금 쉬운 아이(순한 기질)와, 돌보기 어려운 아이(까다로운 기질), 그리고 반응이 느린 아이(느린 기질)들이 있을 뿐입니다. 그리고 기질은 바뀌지 않습니다. 다만 아이의 기질에 맞춰 어떻게 양육하는가에 따라 같은 기질의 아이들도 다른 성격으로 자라갑니다.

기질이 다른 아이들, 어떻게 양육해야 할까요?

아이들은 모두 다르게 태어났습니다. 모든 사람의 손가락 지문과 눈의 홍채가 다르듯이, 하나님은 모든 사람을 서로 다르게 창조하셨습니다. 어떤 아이는 느린 기질의 성향이 좀 더 많을 수 있고, 또 어떤 아이는 느린 기질과 까다로운 기질이 섞여 있을 수도 있습니다. 기억하세요. 아이들의 얼굴이 모두 다르듯이 기질도 모두 다르다는 것을요. 그리고 그것은 하나님이 우리에게 주신 선물입니다. 그렇다면 우리는 기질이 다른 아이들을 어떻게 성경적으로 양육할 수 있을까요?
먼저 아이의 기질을 이해하고, 무엇보다 아이와 나의 기질이 서로 다르다는 것을 인정해야 합니다. 또한 기질적 특성으로 인해 다른 사람들보다 더 자주 화나고 속상한 아이의 마음을 알아주는 것입니다.

만약 아이가 사소한 일에도 자주 발버둥 치며 운다면 이 아이는 까다로운 기질이 좀 더 많은 아이일 수 있습니다. 매사에 화와 짜증이 많은 까다로운 기질의 아이는 아이의 속상한 마음을 좀 더 많이 읽어주어야 합니다. "○○(이)가 지금 속상하구나", "○○(이)가 화가 났구나", "○○(이)가 슬프구나"라고 말하며 아이의 속상하고 화난 감정을 읽어주세요. 화난 감정을 읽어주는 것은 아이의 감정을 인정해 주는 것입니다. 아이의 감정에는 좋은 감정과 나쁜 감정이 없습니다. 행복한 것은 좋은 감정, 화나고 속상한 것은 나쁜 감정이 아닙니다. 따라서 아이가 화낸다고 혼내는 것은 잘못된 훈육 방법입니다. 성인인 우리도 누군가가 나의 속상한 감정을 읽고 인정해 주기만 해도 격했던 감정이 많이 진정되는 것을 느낍니다. 그러나 속상하거나 화나 있는 내 감정을 인정해 주지 않고 옆에서 잔소리를 한다면 더 속상하고 화가 나지요. 기억하세요. 까다로운 아이일수록 아이의 속상한 감정을 자주 읽어주어야 합니다.

만약 양치질하고 세수하고 밥 먹는 등의 일상생활을 꾸물거리며 천천히 하는 아이가 있다면 이 아이는 느린 기질의 아이일 수 있습니다. 느린 기질의 아이는 꾸물거린다고 절대로 꾸중하거나 아이를 재촉해서는 안 됩니다. 그러면 더 주눅이 들기 때문입니다. 아이가 준비될 때까지 기다려주어야 합니다.

마지막으로 순한 기질의 아이는 양육하는 데 있어 어려움이 가장 적은 아이입니다. 잠에서 깰 때, 부모와 눈이 마주칠 때 방긋 미소 짓는 사랑스러운 아이입니다. 그러나 혼자서도 잘 놀고 짜증 내는 일이 적기 때문에 방치되는 경우가 많습니다. 주일학교나 어린이집에서도 혼자서 잘 놀고 밝은 아이이기에 교사들이 순한 기질의 아이를 돌보지 않고 방치할 수 있습니다.

성경에 나오는 사람들 중에 전혀 다른 기질을 지닌 두 형제, 에서와 야곱이 있습니다. 두 사람은 쌍둥이 형제였습니다. 형 에서는 굉장히 활동적이며 사냥을 좋아했고, 동생 야곱은 얌전하고 집에 머물며 요리하는 것을 좋아했습니다. 문제는 부모인 이삭과 리브가가 에서와 야곱의 기질을 이해하며 두 사람을 모두 사랑하지 않았다는 것입니다. 아빠 이삭은 에서를, 엄마 리브가는 야곱을 더 좋아했고 결국에는 심한 편애로 이어졌습니다. 그리고 우리가 아는 것처럼 야곱이 엄마와 함께 아빠와 형을 속였고, 결국 형을 피해 외삼촌 라반의 집에서 오랫동안 숨어 살아야 했습니다.
왜 이삭은 야곱보다 에서를 더 좋아했을까요? 사실 이삭의 성격은 야곱과 더 비슷합니다. 사색을 좋아하고 다툼이 있을 때는 맞서 싸우는 대신 피하는 성격이었습니다. 그래서 자신과 다른 활동적인 에서를 더 좋아했을 수도 있습니다. 부모도 마찬가지입니다. 부모 상담을 하다보면 자녀들 중 유독 더 편한 자녀가 있고 좀 불편한 자녀가 있다고 말하는 부모들을 만납니다. 그리고 자녀가 커갈수록 자신과 맞지 않는 부분이 더 크게 다가옵니다.
어떻게 해야 할까요? 기억하세요. 부모님과 선생님, 우리는 아이들의 기질을 바꿀 수 없습니다. 하지만 아이의 기질에 맞추어 아이를 이해할 수는 있습니다. '왜 저 아이는 저런 성격일까?', '왜 저렇게 행동하지?'이런 생각을 하면 안 됩니다. 기질은 하나님이 내 자녀를 이 세상에 보내실 때 주신 아이의 성향입니다. 아이의 기질을 바꾸려 하지 마십시오. 아이의 기질을 인정하고 사랑으로 기다려주십시오. 그렇게 할 때 우리 아이들은 좀 더 좋은 성품의 아이들로 자라갈 수 있습니다.

06

애착, 모든 관계의 시작

이 세상의 모든 사람은 어렸을 때 자신을 돌보아주는 주 양육자와 애착을 형성합니다. 여기에서 주 양육자란 아이와 가장 많은 시간을 보내며 아이를 돌보는 사람을 말합니다. 주로 엄마가 주 양육자가 되지만, 만약 엄마의 직장 생활로 인해 아이가 할머니와 지낸다면 할머니가 주 양육자가 됩니다.

애착의 비극은 모든 사람이 어렸을 때 애착 관계를 형성하지만, 안타깝게도 모든 아이들이 주 양육자와 편안한 관계(안정 애착)를 형성하지 못한다는 것입니다. 어떤 아이는 엄마와의 관계가 힘들고 오히려 엄마에게 상처를 받기도 합니다(불안정 애착). 이처럼 애착에는 엄마와의 관계가 좋은 안정 애착과, 엄마와의 관계가 불편한 불안정 애착이 있습니다. 그리고 불안정 애착에는 회피 애착과 저항 애착, 혼란 애착이 있습니다.

<애착 유형>

① 안정 애착

② 불안정 애착: 회피 애착, 저항 애착, 혼란 애착

애착이 중요한 이유는 엄마와 안정 애착을 형성한 아이는 커서도 다른 사람과 편안하고 좋은 관계를 맺지만, 엄마와 불안정 애착을 형성한 아이는 다른 사람과 관계 맺기를 불편해하고 어려워하기 때문입니다. 연구 결과, 엄마와 불안정 애착을 가진 아이는 초등학교에 가서도 친구들과 잘 어울리지 못해 왕따가 되기 쉽고, 커서도 사회성에 어려움을 가지고 있었습니다. 이처럼 모든 관계는 어렸을 때 아이가 엄마와 형성한 애착 관계에서 출발합니다.

1) 애착에도 발달 단계가 있어요

발달심리학자인 에인즈워스(Ainsworth)는 영아가 주 양육자인 어머니와 형성하는 애착 발달 단계를 크게 4단계로 나누었습니다.

① 전 애착 단계(출생 - 6주)

이 단계에서는 영아가 아직 애착이 형성되지 않아 모든 사람에게 미소를 띠며 모든 사람을 반깁니다.

② 애착 형성 단계(6주 - 6.7개월)

이제 영아는 자기와 친숙한 사람과 친숙하지 않은 처음 보는 사람을 구분하고 다르게 반응합니다. 예를 들어, 영아는 엄마와의 상호 작용에서는 더 많이 미소 짓고 옹알이를 하지만, 낯선 사람에게는 약간 어색하게 대합니다. 그러나 아직 엄마가 자기를 혼자 남겨놓고 나가도 심하게 우는 분리 불안 행동을 보이지는 않습니다.

③ 애착 단계(6.7개월 - 18개월)

이 단계에서 영아는 주 양육자와 애착을 형성하여, 엄마가 자리를 떠나면 울며 크게 불안해합니다. 어떤 사람들은 아이가 유별나서 그렇다고, 또 아이가 떼쓰기 때문에 저렇게 운다고 말하지만 절대 그렇지 않습니다. 이 시기 아이들은 엄마가 지금 눈에 보이지 않으면 다시 돌아온다는 생각을 하지 못합니다. 그렇기 때문에 엄마가 보이지 않는 것은 아이에게 죽을 것 같은 매우 큰 공포입니다. 오히려 이 시기에 엄마가 보이지 않아도 아무렇지 않은 아이들이 애착 문제를 가지고 있을지 모릅니다.

④ 상호관계 형성 단계(18개월 - 만 2세)

이 단계에서 영아는 언어와 인지가 많이 자라서 엄마가 보이지 않아도 언제쯤 다시 돌아올지 예측할 수 있습니다. 이제 엄마가 직장에 가도 저녁에는 다시 돌아온다는 것을 이해할 수 있습니다. 그러나 엄마와 떨어지는 것은 아이에게 여전히 힘든 일입니다.

2) 아이가 지금 애착 중이라는 것을 어떻게 알 수 있나요?

아이가 지금 애착 중이라는 것은 낯가림과 분리 불안을 통해 알 수 있습니다. 즉, 아이가 낯선 사람을 보면 몸부림치며 울고(낯가림), 또 엄마와 헤어질 때 불안해하며 죽을 것같이 떼를 쓰면(분리 불안) '지금 아이가 애착이 시작됐구나'라고 생각하세요. 이때 아이에게 낯선 사람은 아이가 처음 보는 사람일 수도 있지만, 오랜만에 만나는 친척이나 교사일 수도 있습니다. 즉, 아이에게 친숙하지 않은 사람은 모두 낯선 사람입니다.

그래서 아이가 오랜만에 주일학교나 어린이집에 오게 되면, 어린아이일수록 엄마와 떨어지지 않으려 하는 것입니다. 이때는 억지로 엄마와 떼어놓지 말고, 엄마 손을 잡고 예배실(교실)을 한 바퀴 돌아보게 하세요. 예배실, 친구들, 선생님과 친숙해지도록 도와주세요. 아이들은 환경과 사람에 익숙해지면 편안함과 안정감을 느낍니다.

3) 우리 아이는 어떤 애착일까요?

: 영아 애착의 측정

에인즈워스는 영아의 애착 유형을 알아보고 싶었습니다. 그러나 성인과 달리 말도 제대로 하지 못하는 영아의 애착 유형을 어떻게 측정할 수 있을까요? 에인즈워스는 고심하다 '낯선 상황 절차(strange stiuation procedure)'라는 좋은 방법을 생각해 냈습니다.

이 방법은 먼저 아이를 엄마와 함께 장난감이 있는 낯선 방에 있게 한 후 아이가 노는 모습을 관찰합니다. 그리고 낯선 사람이 들어왔을 때 놀이하는 모습, 엄마가 방에서 나간 후의 반응(우는가, 아무렇지 않게 놀이하는가 등), 다시 엄마가 방에 들어왔을 때의 반응 등을 관찰하여 아이의 애착 유형을 분류하였습니다. 다음은 아이의 애착 유형입니다.

: 에인즈워스의 낯선 상황 절차 실험 :

① 안정 애착 영아

엄마와 함께 있을 때, 주위 장난감을 탐색하기 위해 엄마에게 쉽게 떨어지고, 낯선 사람과도 비교적 잘 지냅니다. 그러나 낯선 사람보다는 엄마에게 더 관심을 나타냅니다. 또한 엄마가 떠났을 때 놀이를 중단하고 엄마를 찾지만, 엄마와의 재결합 시 엄마를 반갑게 맞이하고 엄마가 안아주면 울지 않고 다시 진정됩니다.

② 회피 애착 영아 - 불안정 애착

엄마와 함께 있을 때에도 엄마에게 관심을 나타내지 않고 주변을 둘러보거나 혼자 놀이에 몰두합니다. 심지어 엄마가 방을 떠나도 울지 않아 엄마가 나가는 것에 스트레스를 받지 않는 것처럼 보입니다. 그리고 엄마가 방에 다시 들어와도 엄마에게 무관심하거나 엄마를 모르는 척합니다. 마치 낯선 사람을 대하듯이 엄마를 대합니다. 엄마와의 관계에서 친밀감을 추구하지 않고 엄마와의 접촉을 회피합니다.

③ 저항 애착 영아 - 불안정 애착

엄마와 함께 있을 때에도 불안해하며 엄마 옆에 계속 붙어 있으려 하고 놀이에 몰두하지 못합니다. 엄마와 함께 있을 때에도 낯선 사람을 경계하고, 엄마가 방을 나가면 큰 소리로 울고 심한 분리 불안을 보입니다. 그러나 엄마와의 재결합 시, 엄마에게 안정감을 받기보다는 더 크게 울며 분노를 나타내거나 엄마를 거부하는 양면적인 모습을 나타냅니다.

④ 혼란 애착 영아 - 불안정 애착

엄마와 재결합 시 어쩔 줄 몰라 당황하는 반응을 보이며, 마치 온몸이 얼어붙은 듯이 행동합니다. 엄마에게 가까이 다가가다 가도 엄마가 다가오면 몸을 피하고, 엄마가 안아주어도 멍하니 먼 곳을 응시합니다. 회피 애착과 저항 애착의 모습이 모두 나타납니다.

4) 엄마는 아이의 안전 기지입니다

안정 애착 아이의 특징은 엄마를 안전 기지(secure basement) 삼아 낯선 환경에서도 호기심을 가지고 환경을 탐색하며 즐거움과 자신감을 가지고 놀이에 몰두한다는 것입니다. 엄마가 아이의 안전 기지, 즉 '믿고 신뢰할 수 있는 사람'이 되어주는지 아닌지가 안정 애착과 불안정 애착을 구분하는 핵심 요소입니다. 엄마가 아이의 안전 기지가 되어주면, 아이는 어떤 곳에 가도 마음이 든든합니다. 엄마가 있기 때문입니다. 따라서 엄마가 안전 기지인 아이들은 낯선 곳에 가서도 엄마가 옆에 있으면 놀이에 몰두할 수 있습니다. 물론 엄마가 보이지 않으면 아이들은 무섭고 두려워 울음을 터뜨립니다. 하지만 엄마가 다시 오면 언제 울었냐는 듯이 쉽게 진정되고 다시 놀이에 몰두합니다. 바로 이것이 안정 애착 아이가 보여주는 일반적인 모습입니다.

그러나 불안정 애착 아이들은 엄마를 안전 기지로 삼지 못합니다. 평소 아이가 울며 엄마를 찾아도 엄마가 잘 돌보아주지 않았기 때문에 아이는 엄마를 믿을 수 없습니다. 따라서 엄마가 있든지 없든지 별로 신경을 쓰지 않거나(회피 애착), 엄마랑 함께 있어도 엄마가 혹시라도 자기를 버리고 나갈까 봐 계속 불안해하며 엄마의 눈치를 봅니다(저항 애착). 따라서 회피 애착 아이들은 엄마가 있든지 없든지 신경 쓰지 않는 것처럼 보이고, 반대로 저항 애착 아이들은 놀이나 새로운 활동에 몰두하지 못하고 계속 엄마의 다리만 붙잡고 있는 경우가 많습니다.

6.7개월에서 18개월 아이가 엄마와 떨어져도 울지 않고 혼자 잘 놀 때, 많은 사람이 아이가 순하다고 생각하지만 이것은 큰 오해입니다. 지금 이 시기에는 아이가 우는 것이 정상이며, 이것은 안정 애착의 특징입니다.

07

아이가 고집이 너무 세요
: 자율성이 시작되었어요

12개월 전후 아이들의 또 다른 특징은 고집이 세진다는 것입니다. 그리고 아이의 고집을 꺾으려 하면 땅바닥에 누워 온몸으로 시위하거나 교실이 떠나가도록 웁니다. 어떻게 해야 할까요? 먼저 아이들이 고집을 피우는 것은 이 시기 아이들의 자연스러운 발달적 특징임을 기억하세요.

학자들에 의하면 아이는 12개월을 전후로 혼자 걷기 시작하면서 혼자 하고자 하는 자율성과 독립심이 생깁니다. 이전에는 부모가 해주는 대로 받기만 했다면, 이제는 서툴러도 나 혼자 하고 싶어 하는 시기가 된 것입니다. 에릭 에릭슨(Erik Erikson)은 이 시기를 '자율성 대 수치심'이라고 명명하였습니다.

<에릭슨의 발달 단계>

① 1단계: 신뢰감 대 불신감(0 - 1세)

② 2단계: 자율성 대 수치심(1 - 3세)

③ 3단계: 주도성 대 죄책감(3 - 6세)

④ 4단계: 근면성 대 열등감(초등학생 시기)

⑤ 5단계: 자아 정체성 대 역할 혼란(중·고등학생 시기)

⑥ 6단계: 친밀감 대 고립감(청년기)

⑦ 7단계: 생산성 대 침체성(성인기, 중년기)

⑧ 8단계: 자아 통합 대 절망(노년기)

이제 아이는 사방으로 음식물을 흘려도 혼자서 간식을 먹으려 하고, 단추 하나 채우는 데 10분이 걸려도 혼자 옷을 입으려 합니다. 이러한 **자율성과 독립심은 아이의 거의 모든 일상생활에 나타나며, 무언가가 잘 안 될 때는 짜증 내기와 울기, 때로는 완강한 고집과 떼쓰기로 표현합니다.**

이러한 아이의 독립심을 부모와 교사가 이해하고 아이가 서툴러도 혼자 할 수 있도록 적절하게 도와준다면 영아는 자율성을 기를 수 있지만, 아이의 독립심을 고집으로 오해하여 아이를 혼내고 억누른다면 영아는 자율성이 아닌 수치심을 형성하게 됩니다. 또한 이 시기에 형성된 자율성과 수치심은 아이의 일생 동안 영향을 미칩니다. 이제는 아이가 고집을 피우면 '쟤는 누굴 닮아 저렇게 고집이 세지!'라고 생각하는 대신, '아! 자율성이 시작되었구나!'라고 생각하세요.

1) 아이가 고집이 센데, 아이의 고집을 다 받아주어야 하나요?

그렇지 않습니다. 많은 부모들이 오해하고 있는 부분이 여기에 있습니다. 일부 부모들은 아이의 자율성과 독립심을 키워주기 위해 아이가 어떤 행동을 하든 그냥 놔두는 경향이 있습니다. 식당, 지하철과 같은 공공장소에서 아이가 떠들고 돌아다녀도 제지하지 않습니다. 아이가 식당에서 음식을 먹지 않고 손으로 짓이기고 장난을 쳐도 놔두거나, 어른에게 버릇없이 굴어도 모르는 척합니다. 아이의 기를 꺾을 수 있다는 염려 때문입니다. 그러나 이것은 절대로 아이의 자율성과 독립심을 키우는 방법이 아닙니다.

바움린드(Baumrind)는 수많은 부모의 양육 태도를 조사해 애정(love)과 훈육

(control)이라는 축을 기준으로, 다음과 같은 네 가지 자녀 양육 유형을 발견하였습니다. '권위적 양육'은 부모의 애정과 훈육이 모두 많지만, '권위주의적 양육'은 애정은 적고 훈육은 많습니다. 반면에 '민주적·허용적 양육'은 부모의 애정은 많지만 훈육은 별로 없습니다. 마지막으로 '무관심'은 부모가 아이에 대한 애정도 훈육도 없는 유형입니다. 바움린드는 각각의 양육 태도를 가진 부모의 자녀들이 어떻게 자라가는지를 조사하였습니다.

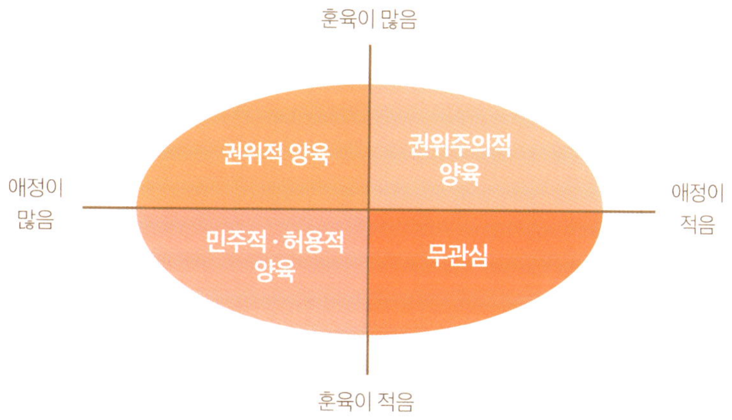

: 바움린드의 부모 양육 유형 :

어떤 유형의 양육 태도를 가진 부모의 자녀들이 가장 잘 자랐을까요? 학생들에게 이 질문을 했을 때 대부분의 학생들은 민주적·허용적 양육을 하는 부모의 자녀들이라고 대답하였습니다. 그러나 그 결과는 다르게 나타났습니다.

먼저 훈육 없이 애정으로만 키우는 부모(민주적·허용적)의 자녀는 인지적으로는 우수했지만 버릇없고 의존적이며 고집이 셌습니다. 또한 쉽게 좌절하고 그 좌절을 극복하지 못하는 경향이 많았습니다.

엄격하기만 한 권위주의적 부모의 자녀는 예절이 바른 반면에 지나치게 복종적,

순종적이었습니다. 걱정이 많아 항상 긴장하며 불안해하거나 우울한 경향이 높았습니다. 또한 부정적 자아 이미지가 높고 죄책감과 자기 비하가 많았습니다.

애정도 훈육도 없는 무관심한 부모의 자녀는 부모가 칭찬도 벌도 주지 않고 관심 자체가 없기 때문에 부모, 가족에 대한 결속이 없었습니다. 이로 인해 반사회적 성격으로 자라 세상과 타인에 대한 불신이 높은 경우가 많았습니다.

마지막으로 애정과 훈육이 모두 높은 권위적 부모의 자녀는 자신감과 성취 동기가 높았으며 인간관계에서도 긍정적인 모습을 보여주었습니다. 권위적인 부모들은 자녀가 일으키는 문제를 정상적인 발달의 단계로 인식하고 적절하게 자녀에게 좌절을 경험케 하여 자기 훈련의 기회를 제공하였습니다. 또한 자녀의 잘못을 벌할 때에도 자녀가 지닌 잠재력을 인정해 주었습니다.

'애정'과 '훈육' 모두 필요합니다

오늘날 많은 부모들은 친구 같은 부모를 이상형으로 생각합니다. 그리고 부모는 자녀에게 '민주적'이고 '허용적'이어야 한다고 여깁니다. 실제로 성경적 자녀 양육을 고민하는 많은 크리스천 부모들이 어려워하는 부분이 바로 이 부분입니다. 책에서는 아이에게 잘 대해주는 친구 같은 부모가 좋은 부모라고 하는데, 성경에서는 오히려 자녀를 엄하게 가르치고 잘못했을 때는 매질하는 것을 어려워하지 말라는 구절들이 있기 때문입니다.

그러나 바움린드의 연구 결과에서도 나타났듯이 민주적·허용적 부모의 자녀는 인지적으로는 우수했지만, 사회 관계에서 문제가 나타났습니다. 오히려 애정과 적절한 훈육이 모두 있는 권위적 부모의 자녀가 가장 바람직한 모습으로 자라갔습니다. 그런데 어떤 크리스천 부모들은 권위가 아닌 권위주의적으로 자녀를 양육하고, 이것을 성경적인 것으로 생각합니다.

아닙니다! '권위'와 '권위주의'는 다릅니다. 하나님은 부모에게 순종하라고 자녀들에게 명하셨습니다. 권위 있는 부모는 자녀가 부모에게 자발적으로 순종하도록 양육하지만, 권위주의적 부모는 자녀의 마음과 의지를 꺾어 부모에게 순종하게 합니다. 그리고 자녀에게 순종을 가르치기 위해 자녀를 심하게 혼나고 심지어는 때리기까지 하며 자녀의 몸과 마음에 상처를 줍니다. 그러나 권위 있는 부모는 훈육할 때 자녀에게 상처를 주지 않습니다. 권위 있는 부모에게 훈육받은 자녀는 자신이 잘못해 꾸중을 들었을 때, 자신이 무엇을 잘못했는지 알고 이를 뉘우치기에 마음이 오히려 편안해집니다.

권위주의적 부모에게 훈육받은 자녀는 자신의 잘못을 진심으로 뉘우치기보다 부모가 주는 벌이 무서워 뉘우치는 척할 뿐입니다. 그리고 오히려 심한 부모의 질책에 부모에 대한 분노가 앞서는 경우가 많습니다.
우리가 훈육 없이 애정만을 주며 아이에게 친근하게 다가가는 것이 전부가 되어서도 안

되지만, 반대로 잘못했을 때 혼내기만 하는 훈육만 해서도 안 됩니다. 따뜻한 애정과 훈육, 모두를 줄 수 있는 부모와 교사가 되기를 소망합니다.

"또 아비들아 너희 자녀를 노엽게 하지 말고 오직 주의 교훈과 훈계로 양육하라"(엡 6:4).

"아비들아 너희 자녀를 노엽게 하지 말지니 낙심할까 함이라"(골 3:21).

2) 아이가 고집 피울 때는 부드러우면서도 엄격하게

앞에서 식당이나 지하철과 같은 공공장소에서 떠들고 돌아다니는 자녀를 그냥 놔두는 것이, 자녀를 자율적이고 독립적인 아이로 키우는 방법은 아니라고 말씀드렸습니다. 그러나 이러한 상황에서 항상 아이를 엄하게 혼내기만 하는 것도 좋은 방법은 아닙니다. 왜냐하면 이 시기의 아이들은 어른처럼 아무것도 하지 않은 채 가만히 앉아 있는 것이 너무 어렵기 때문입니다. 아이들은 발달 특성상 계속 몸이나 손을 움직이거나 활동에 몰두해야 합니다.

따라서 공공장소에 아이를 데리고 갈 때에는 아이들은 집중하고 활동할 수 있는 무언가(장난감, 색연필과 종이 등)를 준비해 가는 것이 필요합니다. 가지고 놀 수 있는 장난감을 하나도 주지 않은 채 식당과 지하철에 앉아 있게 하면, 아이는 당연히 넓은 공간과 통로를 활용해서 놀이를 합니다. 어떻게 놀까요? 바로 뛰어다닐 것입니다. 오랜 시간 동안 그냥 가만히 앉아 있는 일은 아이에게 고문입니다. 실제로 일부 패밀리 레스토랑에서는 아이들이 놀면서 식사를 기다릴 수 있도록 색연필과 색칠 종이, 장난감 등을 주거나, 아이들이 마음 놓고 놀 수 있는 볼풀과 같은 놀이 시설을 제공하기도 합니다. 아이가 뛰어다니면 버릇없다고 다른 사람들 앞에서 무섭게 혼내는 것은 권위적 훈육이 아닙니다. 오히려 권위주의적 훈육입니다.

인간은 사회적 존재입니다. 즉, 내가 잘못했어도 다른 사람들 앞에서 꾸중 듣는 것을 매우 싫어합니다. 어린아이들도 마찬가지입니다. 아이가 잘못해서 훈육을 해야 한다면 다른 사람이 없는 조용한 곳으로 데리고 가세요. 그리고 부드럽지만 단호하게 이야기해 주세요. 이때 높은 톤의 목소리는 절대로 부드럽고 단호한 말이 아닙니다. 오히려 신경질적인 잔소리가 됩니다. 따라서 아이에게 낮은 톤으로 이야기해 주세요.

3) 아이가 고집 피울 때
: '자연적 결과'와 '제한적 선택'

어떻게 하면 고집 피우는 아이를 큰소리로 혼내지 않으면서도, 아이의 자율성을 높일 수 있을까요? 그 해답은 '자연적 결과'와 '제한적 선택'에 있습니다.
예를 들어, 아이가 밖에 나가야 할 때 신발을 신고 가지 않겠다고 고집을 피운다면 어떻게 해서든지 신발을 신게 하기 위해 아이를 혼내거나 말로 설득하려 하지 말고 그냥 놔두세요. 아이의 신발은 부모(교사)가 손에 든 채 아이 뜻대로 맨발로 나가게 하세요. 신발 없이 맨발로 운동장에 나가면 누구의 발이 아플까요? 당연히 아이 발입니다. 즉, 맨발로 밖에 나가면 발이 아프고 불편하다는 것을 아이 스스로 깨닫게 하는 훈육 방법입니다. 아이가 발이 따가워 울상을 지으면 그때 신발을 주세요. 아이는 스스로 신발을 신게 됩니다. 이처럼 '자연적 결과'는 유아가 자신의 행동에 대한 책임을 지게 함으로써 스스로 자신의 잘못된 행동을 고치도록 하는 방법입니다. 단, 자연적 결과는 아이가 위험하지 않은 상황에서 사용하여야 합니다. 유리가 깨져 있는 위험한 길이라면 아이가 원한다고 맨발로 나가게 해서는 안 됩니다. 또한 영아기와 유아기는 선택의 결과에 대한 책임을 배워가기 위한 시작 단계이지, 완전히 책임을 질 수 있는 시기는 아닙니다. 따라서 제한적인 선택권을 유아에게 제공하여 유아의 자율성을 존중하면서도 유아가 너무 무리한 책임을 지지 않도록 해야 합니다. 예를 들어 유아가 신발을 신지 않으려 한다면 앞서 자연적 결과에서처럼 유아의 의지대로 신발을 신지 않고 나가게 할 수도 있지만, 유아에게 "노란 운동화를 신을까? 아니면 검은색 구두를 신을까?"라고 물으며 2-3개 중에 선택하게 하는 것도 좋은 방법입니다. 유아가 신발을 신는 것은 정해진 것이고, 다만 아이는 자신이 어떤 신발을 신을지 선택할 수 있기 때문에 이러한 방법을 '제한적 선택권'이라고 부릅니다.

이처럼 영아기와 초기 유아기는 제한적인 범위 내에서 아이가 직접 선택을 하게 함으로써, 선택에 따른 책임보다는 아이의 자율적인 선택에 보다 강조점을 둡니다. 그리고 연령이 올라가면서 선택과 함께 그에 따른 책임감을 강조하여 후기 유아기와 아동기에는 선택의 결과에 따른 책임을 점차적으로 부여합니다.

"자녀 훈육에 도움이 되는 책을 소개합니다"

전직 미국 기자인 파멜라 드러커맨(Pamela Druckerman)은 프랑스에 살면서 미국과 너무 다른 프랑스 아이들의 모습에 충격을 받았습니다. 파멜라는 프랑스의 놀이터나 가정에서 악을 지르며 떼를 쓰는 아이를 한 번도 본 적이 없었다고 합니다. 미국에서는 떼를 쓰고 돌아다니는 아이들 때문에 레스토랑에서 식사할 때마다 힘들었지만 프랑스 아이들은 어른처럼 점잖게 식사를 했습니다. 그리고 미국 아이들은 채소는 입에도 대지 않고 아이용으로 준비된 식사를 했는데, 프랑스 아이들은 생선이나 채소를 포함해 거의 모든 것을 가리지 않고 먹었습니다. 프랑스 친구들은 통화 중에 아이가 칭얼대거나 운다는 이유로 전화를 끊고 달려가지 않았고, 집안의 거실은 아이들 장난감이나 육아 용품으로 점거당하지 않았습니다. 심지어 프랑스에서는 갓난아이가 새벽에 깨어 새벽 수유를 하는 일이 거의 없었습니다. 아이들은 저녁에 잠들면 아침까지 깨지 않고 푹 잠을 잤습니다. 파멜라는 왜 미국과 프랑스의 아이들이 이렇게 다른지 궁금했습니다. 그래서 프랑스의 육아법을 관찰하여 『프랑스 아이처럼』(북하이브, 2013)이라는 책을 썼습니다. 파멜라가 이야기하는 프랑스 엄마의 육아 방법은 다음과 같습니다.

첫째, 잠깐 멈추기입니다.

프랑스 엄마는 아기가 태어난 후, 몇 주 후부터 잠깐 멈추기를 합니다. 생후 6개월 이전 아기의 수면은 50-60퍼센트가 흥분한 상태의 수면입니다. 그래서 아기는 자다가 일어나 기지개를 켜고 하품을 하며 눈을 뜹니다. 그러나 이때 곧바로 달려가 아이를 안아준다면, 아이는 완전히 잠이 깨고 울게 된다는 것입니다. 그래서 프랑스 엄마는 새벽에 아이가 일어나 칭얼대도 바로 달려가는 대신 잠깐 멈추고 아이가 스스로 다시 잠이 들도록 기다립니다.

둘째, 부모가 결정권자입니다.
프랑스 부모들은 아이에게 귀를 기울이지만, 결정은 부모가 합니다. 그렇기 때문에 점심으로 초콜릿 빵을 먹겠다고 하면 절대 허락하지 않습니다.

셋째, 약간의 좌절과 다른 사람에 대한 배려를 배우게 합니다.
프랑스 엄마는 아이를 행복하게 하는 가장 좋은 방법은 적절한 좌절을 주는 것이라고 생각합니다. 무조건 아이를 놀지 못하게 하거나 안아주지 말라는 뜻이 아닙니다. 아이의 취향, 리듬, 개성은 당연히 존중해 줍니다. 그러나 아이는 아주 어릴 때부터 이 세상은 혼자 살아가는 곳이 아니며 모두를 위한 시간과 공간이 있다는 것을 배워야 한다는 것입니다. 그래서 식당에서 예의 없이 행동하면 아이는 다음에 식당에 갈 때 함께 갈 수 없습니다.

기억하세요. 프랑스에서는 아이라 할지라도 자신을 통제하고 규칙과 예절을 지켜야 함께 즐길 자격이 있다고 생각합니다.

08

따뜻한 접촉, 죽은 아이도 살릴 수 있어요

신생아는 촉각에 의존하여 주변 환경을 탐색합니다. 따라서 접촉은 영아의 인지와 신체 발달에 정말 중요합니다. 또한 피부 접촉을 통한 자극은 신생아의 생존에 필수적입니다. 부모와 아이 사이의 접촉이 우리 아이들에게 미치는 영향은 상상을 초월할 정도로 막강합니다. 여기 접촉의 엄청난 힘을 알려주는 두 이야기를 소개합니다.

1) 접촉의 힘 ❶
: 카이리와 브리엘(Kyrie & Brielle) 이야기

첫 번째는 하이디와 폴 잭슨(Heidi & Paul Jackson) 부부의 쌍둥이 딸인 카이리와 브리엘의 이야기입니다. 이 아이들은 1995년 10월 17일 미숙아로 태어났습니다. 쌍둥이 중 동생 브리엘은 미숙아인데다 심각한 심장 질환으로 인해 더 이상 생명을 유지하기 어려워 보였습니다. 의사는 아이의 부모를 불러 마지막을 지키도록 하였습니다. 그때 한 간호사가 브리엘의 마지막을 쌍둥이 언니와 함께 보낼 수 있게 하자고 제안했고, 의사는 카이리를 인큐베이터 안에 함께 넣었습니다.

그런데 얼마쯤 시간이 지나자 자기 자신도 미숙아여서 산소 호흡기를 달고 있던 쌍둥이 언니가 자신의 팔을 동생에게 뻗어 동생을 감싸 안았습니다. 그러자 브리엘의 맥박과 호흡이 점차 되살아났고, 결국 아이는 살아나 지금도 건강하게 살고 있습니다. 의료진도 도저히 믿을 수 없는 기적이 일어난 것입니다.

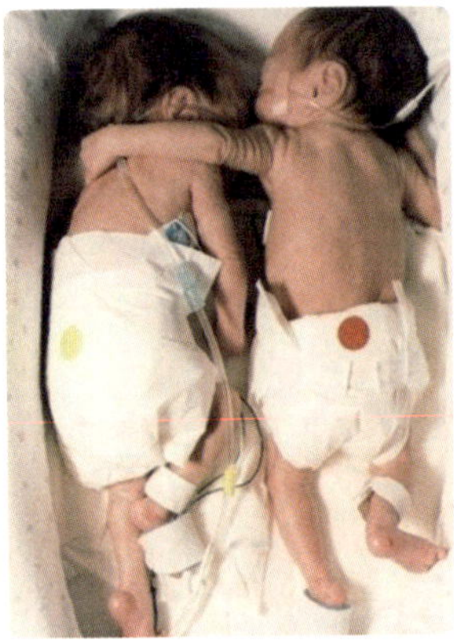

: 브리엘을 안아주는 카이리 :

출처 www.bethedreamyouseek.blogspot.com

2) 접촉의 힘 ❷
: 케이트 오그(Kate Ogg)와 그녀의 아들 제이미(Jamie) 이야기

두 번째 이야기는 호주의 한 산모, 케이트 오그와 그녀의 아이 이야기입니다. 케이트 오그는 2010년 3월 말 시드니의 한 병원에서 임신 27주 만에 남녀 쌍둥이를 조산했습니다. 딸 에밀리는 비교적 건강했지만, 아들 제이미는 제대로 숨을 쉬지 못했고 상태가 심각했습니다. 의료진이 응급 처지를 했지만 호흡이 돌아오지 않았고, 사망 선고가 내려졌습니다. 제이미의 부모는 의사에게 제이미와 마지막으로 대화할 기회를 달라고 부탁했습니다. 엄마는 숨이 멈춘 아기를 가슴에 안았습니다. 그리고 볼을 맞대며 "제이미, 너를 사랑해. 너희 쌍둥이와 함께 행복하게 살고 싶어"라고 계속 속삭였습니다. 그러자 잠시 후 기적이 일어났습니다. 제이미는 엄마 품에 안긴 지 얼마 후에 움직이기 시작했고, 두 시간 뒤에는 눈을 떴습니다. 미국의 CBS 방송은 제이미가 엄마의 접촉(포옹)에 의해 기적적으로 살아났다고 보도했으며, 국내에서도 여러 방송 매체에 소개되었습니다.

우리 아이들은 접촉을 갈망하는 존재입니다. 엄마, 아빠 그리고 교사가 아이와 갖는 따뜻한 접촉은 그 어떤 교육보다 중요합니다. **아이와 눈이 마주치면 웃어주고 옹알이를 받아주며 따뜻하게 안아주는 것은 영아기 교육의 핵심입니다. 기억하세요! 접촉은 죽은 아이도 살릴 수 있는 힘을 가졌습니다!**

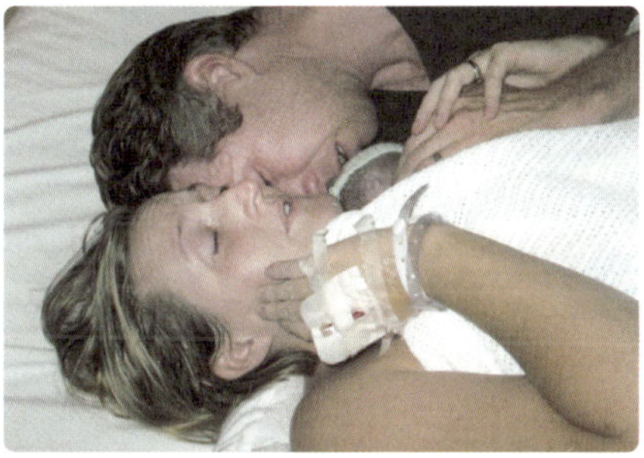

: 숨은 거둔 제이미를 안고 슬퍼하는 모습 :

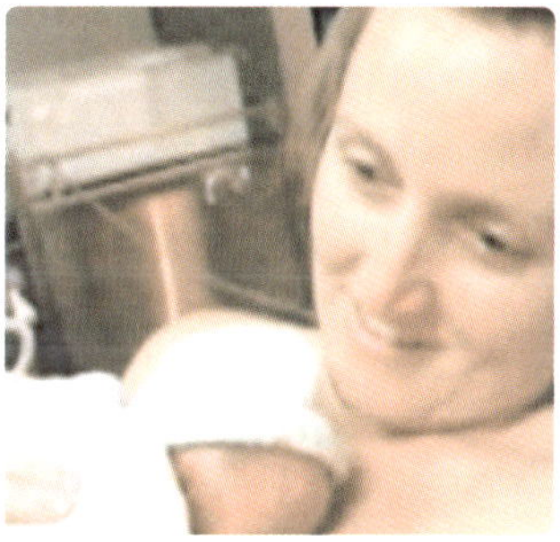

: 다시 살아난 제이미를 안고 있는 모습 :

출처 조선일보(2010. 8. 27)

09

안전하게 돌보아요

1) 영아기 안전사고

출생 후 초기에는 영아가 누워서 생활하는 시기로, 하루의 대부분을 먹고 잠을 자며 지냅니다. 따라서 이 시기에는 영아가 잠자던 베개나 이불에 질식하거나, 먹은 젖을 토하여 질식하는 사고가 많이 일어납니다. 특히 영아를 돌보는 부모나 교사의 부주의로 인한 사고가 많이 발생합니다. 그리고 4개월이 되면 영아가 자신의 몸을 스스로 뒤집으려 합니다. 이때는 침대에서 굴러떨어지는 사고가 많이 발생합니다.

영아기는 프로이트(Freud)가 주장한 발달 단계 중 1단계인 구강기로, 손에 잡히는 것은 무엇이든지 입으로 가져가는 발달적 특징을 나타냅니다. 프로이트는 자신의 정신 분석 이론에서 성적 쾌감을 느끼는 리비도(libido)가 움직이는 위치에 따라 인간의 발달 단계를 '구강기 → 항문기 → 남근기 → 잠복기 → 생식기'의 5단계로 나누었습니다. 영아기는 1단계인 구강기로 리비도가 입에 집중되어 있어서 '빨기'와 같은 구강 활동으로 쾌감을 느낀다는 것입니다. 실제로 영아는 구강(입)을 통해 주변을 탐색하기 때문에, 손에 잡히는 대로 모두 입으로 가져가 빱니다.

그리고 좀 더 큰 아이는 자신의 손가락을 빨기도 합니다. 따라서 영아기는 안전과 청결한 환경이 매우 중요한 시기입니다.

구강기라는 발달적 특성으로 인해 동전이나 작은 물건을 입에 넣는 영아 질식 사고도 많이 발생합니다. 따라서 부모와 교사는 영아의 손에 닿는 장난감이나 물건은 직경 3.5센티미터 이상의 것으로 준비해야 합니다. 특히 단추, 구슬, 동전 등은 모두 치워놓아야 합니다.

또한 영아는 12개월을 전후로 혼자 서서 걷게 됩니다. 이제는 영아 스스로 자신이 원하는 장소로 언제든지 갈 수 있습니다. 질식 사고와 함께 약물, 세제 등의 흡입 사고가 자주 일어나고 칼, 가위, 전기밥솥, 가습기 등과 같은 가정 내의 위험한 물건들로 인한 사고가 자주 발생하기에 보호자의 세심한 주의가 필요합니다. 아이가 무언가를 삼켰다면 그것은 보호자의 잘못입니다. 구강기인 아이는 무엇이든지 입으로 가져가는 발달적 특징이 있음을 기억하세요. 다음은 영아기에 실제로 발생한 '영아기 안전사고 사례'와 '안전한 놀잇감 선정 기준'을 정리한 것입니다.

<영아기 안전사고 사례>

1-3개월

- 영아가 엎드려 자다가 베개에 의해 질식하여 사망함.
- 남아가 방에서 자다가 질식하여 사망함.
- 2개월 여아가 전기장판에서 자다가 화상으로 사망함.
- 3개월 여아가 먹은 젖을 토하고 질식하여 사망함.

4-6개월

- 여아가 침대에서 떨어져 팔이 부러짐.
- 남아가 집에서 달구어진 다리미에 화상을 입음.
- 남아가 방 안에서 놀다가 가구 모서리에 부딪혀 눈가가 찢어짐.

7-9개월

- 남아가 부모가 자리를 비운 사이, 욕조에서 미끄러져 물에 빠짐. 병원 치료를 받음.
- 남아가 클립을 삼켜 질식함.
- 남아가 거실에서 동전을 삼켜 구토 및 소화기 장애를 일으킴.

10-12개월

- 남아가 바닥에 떨어진 진통제 두 알을 먹고 약물 중독으로 병원에 입원함.
- 남아가 화장실에서 락스를 마시고 위세척을 함.
- 남아가 드럼세탁기용 세제를 삼켜 위세척을 함.
- 남아가 방에서 아세톤을 입으로 빨아 약물 중독으로 입원함.
- 남아가 화장실에 들어가는 엄마를 따라가다가 손이 문에 끼어 검지가 골절됨.

<안전한 놀잇감 선정 기준>

- 조각으로 분리되는 조립식 놀잇감, 인형 눈이나 단추와 같은 장식물이 달린 놀잇감은 주지 않는다.
- 3.5센티미터 이하의 장난감이나 물건은 삼켰을 때 질식의 위험이 있으므로 주지 않는다.
- 손에 잡히는 물건은 입으로 가져가는 특성이 있으므로, 독성이 없는 재료로 만든 것인지 확인하다.
- 천으로 된 장난감은 세탁이 가능한 것으로 제공한다.
- 플라스틱 재질의 장난감은 물로 자주 세척한다. 소독 시 끓는 물에 넣으면 플라스틱 장난감에서 다량의 환경 호르몬이 검출될 수 있기 때문에 주의한다.
- 장난감뿐 아니라 장난감을 담는 통도 잊지 않고 세척한다.
- 수은 건전지로 작동하는 장난감은 가급적 사용하지 않으며, 필요한 경우 잠금 장치가 튼튼한 제품을 선택한다.

수은 건전지(단추형 건전지)는 작고 반짝거려 영·유아의 눈에 매우 매력적이다. 그런데 수은은 삼켰을 때, 대변을 통해 몸 밖으로 배출되는 대신 몸의 기관을 녹이기 때문에 특별한 주의가 필요하다. 최근 가정에서도 수은 건전지를 많이 사용하게 되면서 영·유아 아이들에게도 수은 건전지 중독 사고가 빈번히 발생하고 있다. 수은 건전지는 동전과 달리 장기를 녹이기 때문에 유아의 생명을 앗아갈 수 있는 매우 위험한 물건이다. OECD에서는 전 세계 13개 국가 및 기관과 협력하여 수은 건전지의 삼킴 사고에 대한 경각심을 높이고 안전한 사용을 촉진하기 위한 안전 캠페인을 벌였다.

2) 영아 돌연사 증후군(SIDS, Sudden Infant Death Syndrome)

또한 영아기에는 영아 돌연사 증후군이 발생합니다. 영아 돌연사 증후군이란 건강한 아기가 잠을 자다가 특별한 원인 없이 갑작스럽게 사망하는 것을 말하며, 전 세계적으로 500명당 1명의 아이가 영아 돌연사로 사망합니다. 아직까지 영아 돌연사 증후군의 원인은 밝혀지지 않았습니다. 다만 미숙아, 저체중아, 산모의 흡연, 영아를 엎드려 재우는 것, 푹신한 침구의 사용과 관련이 있다는 것 정도만 알려졌습니다. 영아 돌연사는 생후 2-3주 사이의 신생아부터 2-4개월 사이의 영아에게 가장 많이 발생하고, 생후 1년 이후에는 거의 나타나지 않습니다. 우리나라에서 발생한 영아 돌연사 증후군의 사례는 다음과 같습니다.

<사례 1: 3개월 여아>

① 9시 30분경 영아가 어린이집에 등원. 분유 100밀리미터를 먹고 트림을 한 후

9시 40분쯤 잠이 듦.

② 10시 30분쯤 한 시간을 채 못 자고 칭얼대다가 다시 곤하게 잠이 듦.

③ 12시 30분경 주방 조리사가 영아 얼굴이 하얗고 손이 차가운 것을 발견하여 인공호흡과 심폐 소생술을 시행함.

④ 119 구급차가 병원으로 이동하였으나 사망함.

<사례 2: 4개월 여아>

① 평소에 기침과 열이 잦아 인근 소아과에 다니던 아기가 있었음. 사건 전날은 특별한 일이 없이 지내다가 엄마가 오후 9시 30분경에 재움.

② 오후 11시 30분경 엄마가 자기 전에 아기를 한 번 살펴보려고 가니 아기가 아무 반응이 없음.

③ 엄마는 아빠를 불러 확인하게 하였으나 허둥대다가 결국 15분이 지나서야 아기를 안고 택시를 타고 의료 기관으로 직접 방문함.

④ 심폐소생술을 시행하였으나 아무 반응 없이 사망함.

영아 돌연사 증후군은 특별한 이상 징후가 없기에 예방하는 데 어려움이 있습니다. 영아 돌연사 증후군을 예방하기 위한 방법으로는 첫째, 아기를 엎드려 재우지 않고 똑바로 눕히거나 옆으로 재워야 합니다. 둘째, 침대 매트리스는 딱딱한 것을 사용하고 푹신한 베개는 사용하지 않아야 합니다. 셋째, 기도를 막을 수 있는 장난감은 치워두어야 합니다. 넷째, 임신 시 담배를 피우지 말아야 하며, 아울러 담배를 피우는 사람 주변에 있지 말아야 합니다.

기도하는 엄마가 되십시오

영아기 안전사고 사례들을 보고 있으면 정말 불안합니다. 잠시 다른 데를 보고 있어도 심하게 다치고, 침대에서 놀다가 떨어져 팔이 부러지고, 심지어 자다가 죽기까지 하는(영아 돌연사) 연약한 아이들을 어떻게 키워야 할까요? 그 답은 여기에 있습니다. 기도하는 엄마가 되십시오.

"여호와께서 내 음성과 내 간구를 들으시므로 내가 그를 사랑하는도다
그의 귀를 내게 기울이셨으므로 내가 평생에 기도하리로다"(시 116:1-2).

이 세상에 위험하지 않은 곳은 하나도 없습니다. 그리고 이 세상에 문제가 없는 자녀도 없습니다. 여러분이 자녀의 보호자가 되어 자녀를 책임지려 하지 마세요. 자녀는 내가 키우는 것이 아니라 하나님이 키우시는 것입니다. 자녀를 잘 양육하기 위해서는 기도하는 엄마가 되어야 합니다. 기도가 필요하지 않은 자녀는 없습니다.

첫째, 기도는 부모가 할 수 없는 일을 전능하신 하나님께 맡기는 유일한 방법입니다.
둘째, 기도는 내가 자녀의 보호자가 되는 것이 아니라, 하나님이 자녀의 보호자가 되시도록 위탁하는 것입니다.
셋째, 기도는 자녀를 위한 최고의 양육 방법이며, 결코 중간에 포기해서는 안 됩니다.

크리스천
부모의
아이 마음
알아가기

성경적 자녀 양육과 아이의 발달 이해하기

Part 2.
유아기로의 여행

1장

성경적 자녀 양육

크리스천 부모의
아이 마음 알아가기

성경적 자녀 양육과 아이의 발달 이해하기

01

존귀한 우리 아이를 존귀케

1) 존귀한 자녀를 꿈꾸는 부모

매스컴을 떠들썩하게 장식하며 사람들의 존경과 관심을 받는 이 시대의 젊은 지도자들은 부모들에게 선망의 대상이 됩니다. '어떻게 그처럼 잘 자랐을까?', '저 사람들의 부모는 얼마나 자랑스러울까?' 하며 부러워합니다. 비록 드러내놓고 말하지는 못하지만, 부모 된 우리 모두에게는 이러한 마음의 소원이 있습니다.

'우리 아이가 이런 사람들처럼 존귀하게 자라주길….'
'부디 꼬리가 아닌 머리가 되어주길….'
'최소한 나보다는 큰 사람이 되어주길….'

우리 아이가 존귀한 사람이 되기를 원하는 바람은 당연한 것이며, 또한 성경과 대립되는 생각도 아닙니다.

"이것은 아담의 계보를 적은 책이니라 하나님이 사람을 창조하실 때에
하나님의 모양대로 지으시되 남자와 여자를 창조하셨고 그들이 창조되던 날에

하나님이 그들에게 복을 주시고 그들의 이름을 사람이라 일컬으셨더라
아담은 백삼십 세에 자기의 모양 곧 자기의 형상과 같은 아들을 낳아
이름을 셋이라 하였고"(창 5:1-3).

이 구절에서 '하나님', '창조', '사람', '모양(형상)'이 여러 번 반복되는 것을 볼 수 있는데, 다음과 같은 의미로 정리할 수 있습니다.

"하나님이 사람을 자신의 모양(형상)으로 창조하셨다."

그렇습니다. 우리 아이들은 나의 형상을 닮은 존재이기 이전에, 하나님의 형상으로 지음받은 존귀한 존재들입니다. 따라서 우리의 자녀들이 뛰어난 지도자가 되고 존귀한 사람이 되기를 바라는 마음 자체는 성경적인 것이 분명합니다.

2) 목표에 집착하는 부모

하지만 오늘날의 부모들은 '존귀한 사람'이라는 목표에만 집중할 뿐, 어떻게 자녀를 양육해야 진정한 의미의 존귀한 사람이 될 수 있는지에 대해서는 거의 관심을 갖지 않습니다. 부모들은 자녀를 존귀한 사람으로 양육하기 위해, 일반적으로 조기 교육이나 사교육에 대해 먼저 생각합니다. 교육이란 빠를수록, 많을수록, 비쌀수록 좋다는 신념이 많은 부모들 사이에 팽배해 있습니다. 이름을 날리고 존경받는 사람들의 삶의 이면이나 태도와 가치 등에는 관심이 없고, 오직 그들이 가진 드러나는 스펙에만 초점을 맞추는 까닭입니다. 그들을 모방하기 위해서는 해외 유수 대학이나 국내 상위 대학에 자녀를 입학시켜야 하고, 그러한 부모들의 갈망이 초등학생 때부터 우리 아이들을 끝없이 학원으로 내몰고 있습니다.

예전에는 어려서부터 사교육을 받는 아이들이 그리 흔하지 않았지만, 지금은 거의 모든 아이들이 사교육을 받고 있는 현실입니다. '사교육 광풍'이라는 표현이 틀린 말은 아닙니다. 일부 지역에서는 엄마들끼리의 경쟁도 치열해져서, 아이가 어떻게 공부하고 어느 학원에 다니는지를 물어보는 것은 예의 없고 몰염치한 행동이 되어버렸습니다. 다리품을 팔며 애써 얻어낸 귀한 정보를 노력도 없이 거저 얻어가려 한다는 생각에서입니다. 내 아이를 잘 키워보겠다는 부모의 열망은 '내 아이만 잘 키우겠다'라는 이기적인 열심이 되었습니다. '존귀한 자녀'라는 꿈을 실었던 배는 사교육의 바다에서 길을 잃었고, 더불어 우리 아이들 역시 언제 침몰할지 모르는 배를 탄 채 표류하고 있습니다.

3) 벼랑 끝에 내몰린 아이들

해마다 수능 시험이 끝나면 수험생들이 스스로 목숨을 끊는 일이 반복되고 있습니다. 몇 해 전에 발생한 끔찍하고 상상할 수 없는 존속 살해 사건 하나가 우리 모두를 충격으로 몰아넣었습니다. 고3 아들이 공부만 닦달하던 어머니를 살해하고 그 시신을 8개월간 방에 둔 채 학교를 다닌 것입니다. 이 아이는 사건이 드러난 후 이렇게 말했습니다. "어머니가 '전국 1등을 해야 하는데 의지가 약하다'며 밥을 안 주거나 잠을 못 자게 했고, 사건 당일에는 밤부터 아침까지 엎드려뻗친 채 야구 방망이와 골프채로 수백 대 맞았습니다." 아이는 이렇게 공부에 집착하는 어머니가 두려워 모의고사 성적표를 위조했고, 어머니가 학교에 오면 성적을 위조한 것이 들통날까 봐 결국 어머니를 죽인 것입니다.

수능 직후 자살을 선택한 한 아이도 죽기 전 자신의 동생에게 "너는 나처럼 살지 말고, 잘해라. 미안하다"라는 내용의 유서를 남겼다고 합니다. 너무나 가슴 아프고 안타까운 일입니다.

제가 고려대학교에서 가르쳤던 한 여학생은 식탐이 너무 많았습니다. 이 학생은 음식이 나오면 정신없이 음식을 먹어치웠고, 그 모습을 본 친구들은 그러지 말라고 한마디씩 하곤 했습니다. 그런데 알고 보니 이 학생이 중·고등학교 시절에 시험 성적이 떨어지면, 엄마가 이 학생을 방에 가둔 채 밥도 주지 않고 공부만 시켰다고 합니다.

분명 극단적인 사례들이지만, 이러한 이야기들 속에는 우리 아이들의 현실과 정서가 곳곳에 산재되어 있습니다. 아이들의 학급에는 진심으로 사랑하며 아껴주는 친구가 없습니다. 학업에 관한 정보를 나눈다든지, 노트를 빌려주는 일 따위는 사라진 지 오래입니다. 소소하게는 시험 기간에 공부 잘하는 아이를 방해하려고 책을 훔쳐가는 웃지 못할 일들도 일어나는가 하면, 늘 1등을 하는 친구의 그늘에서 괴로워하며 그 친구가 죽어 없어지길 바란다는 섬뜩한 고백을 하는 만년 2등 아이도 있습니다. 또래 집단의 관계 속에서 우정과 신의, 희생과 배려, 도전과 성장 등의 가치를 배워가야 할 우리 아이들이 무분별한 경쟁에 내몰린 채 타인을 짓밟아야만 이길 수 있는 잔인한 현실의 논리를 먼저 체득하고 있습니다. 그래야만 존귀한 사람이 될 수 있다고 부모에게 배웠기 때문입니다. 성적과 일류대 입학이라는 중압감 아래서 우리 아이들의 정신과 영혼은 압사 직전인데도 부모들은 여전히 시험 점수에만 관심을 둘 뿐입니다. 그러나 과연 성적이 뛰어나고 수능 점수만 높게 따내면, 부모들이 원하는 존귀한 사람, 시대의 지도자가 될 수 있을까요?

4) 21세기 지도자들의 생각

오늘날, 우리 시대를 대표하는 지도자들의 생각은 사뭇 다릅니다. 그들은 21세기 리더가 되기 위해 갖추어야 할 조건으로 창의성과 리더십(포용력), 열정과 끈기라는 네 가지 자질에 대해 이야기하였습니다.
즉, 다른 사람들과 다르게 생각하고 스스로 목표를 세우며, 다른 사람들과 함께 그 목표를 위해 나아갈 수 있는 사람, 자신이 해야 할 일은 밤을 새워서라도 해내고, 어떤 좌절과 실패가 와도 다시 일어나는 열정과 끈기를 지닌 사람이야말로 21세기 지도자가 될 수 있다는 것입니다. 이러한 것들은 다른 사람보다 빨리 공부를 시작하고, 더 비싼 과외를 받으며, 더 많이 공부한다고 해서 얻을 수 있는 것이 결코 아닙니다. 지식을 습득하는 것처럼 단시간 내에 속성으로 익힐 수 있는 것도 아닙니다. 그것은 달리 말해 인성에 관한 것이며 됨됨이에 관한 것입니다. 오랜 시간과 수많은 경험, 그리고 관계 속에서 형성되는 것입니다.

그렇기 때문에 틀에 박힌 암기식 지식에 길들여진 아이는 결코 창의적으로 사고할 수 없습니다. 주어진 계획표 아래서 다람쥐 쳇바퀴 돌 듯 학교와 학원과 집을 전전하는 아이들에게 열정은 참으로 낯선 말일 것입니다. 스스로 인생을 계획하고 도전해 보지 못하는 것은 물론, 그저 남보다 더 나은 성적이 목표였던 아이들이 어디서 리더십과 포용력을 배울 수 있을까요? 더욱이 인내란 미래의 즐거움을 위해 지금을 양보하는 것인데, 자신이 원하지 않았던 목표를 향해 떠밀려 가는 일이 아이들에게 즐거울 리 없습니다. 따라서 인내할 이유도 없습니다. 그렇다면 유아기에 이 창의성과 리더십, 열정과 끈기를 자연스럽게 익힐 수 있는 가장 좋은 방법은 무엇일까요? 바로 '놀이'와 '책 읽기'입니다.

어릴 때 다양한 활동을 통해 여러 가지를 경험하는 것은 창의성 발달에 중요하다.

5) 놀이와 독서

: 즐거움이 배움이다

강의 시간에 학생들에게 '놀이는 ____다'라는 주제로 짧은 글짓기를 해보도록 한 적이 있습니다. 많은 학생들이 낸 의견을 종합해 보면 대략 이런 것들입니다.

"놀이는 창의적이다." "놀이는 기발하다."
"놀이는 새롭다." "놀이는 무궁무진하다."
"놀이는 함께 놀면 더 재밌다."
"놀이는 아무리 놀아도 지치지 않는다."

아이들의 답변에서 우리는 중요한 사실을 발견할 수 있습니다. 바로 놀이 안에는 창의성과 리더십, 열정과 끈기가 모두 내포되어 있다는 사실입니다. 부모들이 경계했던 '논다'라는 행위에는 새롭고 자발적이며 공동체적인 즐거움이 어우러져 있습니다. 아이들은 놀이를 하며 자신을 스스로 개성화하고 발견해 갑니다. 그뿐인가요? 잘 노는 아이는 체력까지 좋습니다! 놀이의 가치는 유아 교육과 아동학을 전공한 모든 전문가들이 동의하고 있는 사실입니다.

교회 주일학교에서 하는 캠프와 공동체 놀이는 우리 아이들의 리더십을 키울 수 있는 최고의 방법이다.

여기에 한 가지 방법을 더 추가한다면, 그것은 단연 책 읽기입니다. 오늘날 독서가 아이들에게 강요되는 또 하나의 숙제로 전락한 면이 없지 않지만, 사실 독서는 본래 놀이에 가까운 것입니다. 무언가를 배우고 안다는 것은 바로 즐거움을 동반하는 일이기 때문입니다.

석지영 교수가 이야기한 책 읽기의 즐거움

아시아 여성 최초로 하버드 법대 종신 교수가 된 석지영 교수는 오늘날의 자신을 만든 원동력을 독서라고 고백하였습니다. 지금도 독서광인 석 교수는 어렸을 때 경험한 독서의 즐거움을 이렇게 회상합니다.

"책을 읽는 것이 즐겁다는 것을 어릴 적에 깨달았고, 나에게 독서는 비밀스러운 세계를 찾아가는 과정이었다… 엄마가 매일 동네 도서관에 데리고 다니셨다. 스스로 책을 찾고 발견하는 즐거움을 그때 알았다. 엄마는 자기 전에도 늘 책을 읽어주셨다. 지금 생각하면 책 자체보다는 엄마의 사랑을 느낄 수 있는 그 시간을 좋아했던 것 같다. 엄마와 눈을 마주치고 엄마의 나긋한 목소리를 들으면서 내가 보호받고 있다는 편안함을 느끼는 것이다. 아늑함 속에서 책 속 모험까지 경험하게 되니 책에 빠져들 수밖에 없었다. 나 역시 우리 아이들에게 똑같이 한다."

석지영 교수는 어린 시절 잠자리에 들기 전 엄마가 들려준 책 읽기 시간이 애정과 창조적 즐거움이 가득한 놀이의 연장이었음을 고백하고 있습니다. 여러분은 저녁을 먹은 후 잠자리에 들기 전 자녀와 어떤 시간을 보내고 있나요? 혹시 TV를 보다가 더 놀겠다는 아이를 억지로 잠자리에 보내지는 않나요?

아이가 잠자기 전의 시간은 매우 중요합니다. TV나 스마트폰으로 본 영상이 아이의 뇌를 과잉 자극하면 아이는 밤에 푹 잠들기 어렵습니다. 아이와 함께 씻고 잠자리에 누워 책을 읽어주고, 자녀에게 축복 기도를 해주세요. 아이가 정말 원하는 것은 TV나 스마트폰이 아닙니다. 엄마, 아빠와의 애정 어린 시간입니다. 이 과정이 매일의 습관(루틴)이 될 때, 아이는 가장 아늑하게 깊은 꿈나라로 갈 수 있습니다.

6) 잃어버린 존귀함을 찾아서

우리 부모들이 그토록 자녀에게 원하는 공부는 사실 장기전입니다. 초등학교 6년, 중·고등학교 6년, 대학교 2-4년, 석사 2년 이상, 박사는 3년 이상이 걸리는 장거리 마라톤입니다. 짧게는 12년에서 길게는 20년이 넘게 걸리는 이 긴 과정을, 부모들은 아이들로 하여금 100미터 달리기 경주를 하듯 하게 합니다. 초반에 모든 힘을 쏟아부어 이내 금방 지쳐버리게 만드는 것입니다. 지금 수능 시험이 끝난 아이들에게 대학 가서 어떻게 공부할 것인지, 하고 싶은 공부가 무엇인지 물어보십시오. 대부분의 아이들은 고개를 저을 것입니다. "쉬고 싶은 것, 놀고 싶은 것, 하고 싶은 모든 것을 꾹 참고 '대학 가서' 하려고 했는데 무슨 공부를 더 하라는 말인가요?"라며 오히려 반문할 것입니다.

"궁금한 것이 없어요."

대학에서 학생들을 가르치며 참 안타까운 점 하나는, 학생들이 무언가를 궁금해하지 않는다는 것입니다. 공부에 너무 질려서 아무것도 궁금해하지 않고, 아무것도 알고 싶어 하지 않습니다. 호기심이 배움의 동기부여가 되어야 하는데 그냥 아무것도 안 하고 쉬고 싶다고 말합니다. 아이들 표현대로 '그냥 멍 때리고 싶을 뿐'입니다. 더 안타까운 것은, 아이들이 공부도 하지 않으면서 제대로 놀지도 못한다는 사실입니다. 모처럼 시간이 주어지면 잠을 자거나 스마트폰으로 인터넷 서핑이나 게임을 하고, 아니면 그냥 TV나 넷플릭스를 봅니다. 곁에 친구를 두고도 자기 핸드폰을 만지작거릴 뿐, 정말 가까운 사이가 아니면 친구들과 이야기하지 않습니다. 친구와도 직접 만나는 것보다 문자로 대화하는 것이 더 편하다고 말하는 아이도 있습니다. 어렸을 때부터 진정한 의미에서 '놀아본 경험'이 없기 때문에 어떻게 놀아야 하는지 모르는 것입니다.

특히 코로나 시기를 지나며 이제는 밖에 나가는 것도, 친구와 노는 것도 어색한 시대가 되었습니다. 3월이 되면 대학교에서는 엠티(MT, Membership Training)를 갑니다. 그런데 코로나를 지나며 집에서 혼자 공부하고 혼자 지내는 것에 익숙해진 학생들은 다른 사람들과 함께 지내야 하는 엠티를 무척 힘들어합니다. 결국 제가 몸담고 있는 학과에서는 엠티를 가려했던 계획을 포기했습니다. 그 대신 선후배가 만나 잠깐 서로를 소개하는 시간을 갖는 것으로 대체했습니다. 그런데 이마저도 부담스러워하는 학생들이 많았습니다.

배움이 즐거움이 아닌 스트레스인 아이들, 놀 시간이 있어도 놀 줄 모르는 아이들, 사람들과의 만남을 너무 부담스러워하는 아이들. 이 아이들의 모습에서는 세계를 창조하고 다스리시는 하나님, 다른 사람들을 구원하기시 위한 헌신과 인내를 지니신 하나님의 형상을 찾을 수 없습니다. 경쟁과 성적에 짓눌려 있고 진정한 자기 자신과 영혼을 잃어가고 있는 우리 아이들에게 이제는 하나님의 형상과 존귀함을 다시 되돌려 주어야 할 때입니다.

02

아이들이 가장 듣기 싫어하는 말

"우리나라 아이들이 부모와 교사에게
가장 듣기 싫어하는 말은 ______이다!"

여러분은 빈칸에 어떤 말을 넣고 싶으신가요? 사실 우리 모두는 이미 알고 있습니다. 바로 '공부해라'입니다. 아이들은 공부하라는 말을 가장 싫어하지만, 학교에 다니는 자녀에게 부모가 가장 바라는 것은 '공부 (잘)하는 것'입니다. 아이가 착하고 건강하고 바른 성품으로 자라가는 것은 좋지만 이러한 일들은 당연한 것 같고, 내 아이가 전교 1등을 하면 세상을 다 가진 것처럼 너무너무 행복한 것이 부모들의 솔직한 마음입니다. 그래서 우리는 자녀가 "1등 하게 해주세요"라는 기도는 왠지 속 보이는 것 같아, 대신 아이가 "꼬리가 되지 말고 머리가 되게 해주세요"라고 간절히 기도합니다.

한 리서치 회사에서 30대 이상의 성인들에게 '10대로 다시 돌아간다면 가장 하고 싶은 것이 무엇입니까?'라는 질문을 했습니다. 그들이 답한 1위는 '공부를 더 열심히 하는 것(66.9%)'이었습니다. 30대 이상의 성인들이 이미 자녀를 둔 부모이거나 앞으로 부모가 될 사람들임을 감안할 때, 대한민국은 앞으로도 '공부 공화국'이 될 확률이 높은 것 같습니다.

전국교직원노조가 초등학교 5-6학년 학생 1,955명을 대상으로 실시한 설문 조사에서 아이들의 42.8퍼센트가 가장 많은 시간을 보내는 곳은 '학원'이라고 응답했습니다. 반면 가장 스트레스받는 일 또한 '학원 다니기(52.1%)', '학업 성적(48.4%)'이라고 응답했습니다. '따돌림(19.8%)'이나 '외모(15.8%)'보다 공부로 인한 스트레스가 압도적으로 높았습니다. 반면 아이들이 가장 즐겁다고 응답한 활동은 '친구와 놀거나 운동할 때(42.8%)'로 나타났습니다.
다음은 EBS에서 제작한 프로그램, <대한민국에서 초딩으로 산다는 것은>의 일부 내용입니다. 방송국에서 초등학생들에게 다음과 같은 질문을 했습니다.

"내가 잊고 싶은 두려움은 (   )"
"우리 가족은 나에 대해서 (   )"
"나의 가장 큰 결점은 (   )"
"언젠가 나는 (   )"

이러한 질문에 아이들은 어떻게 대답했을까요? 아이들은 다음과 같이 대답했습니다.

"내가 잊고 싶은 두려움은 (이번에 친 시험 점수다.)"
"우리 가족은 나에 대해서 (공부 잘하는 것만 밝힌다.)"
"나의 가장 큰 결점은 (공부를 못한다는 것이다.)"
"언젠가 나는 (공부 제일 잘하는 ◯◯◯를 이기고 싶다.)"

출처 EBS 지식채널 2007, <대한민국에서 초딩으로 산다는 것은>

고등학생이 되면 주일날 교회에 가지 않는 것을 당연하게 여기는 크리스천 부모들의 모습이 더 이상 낯설지 않습니다.

저는 세 자녀를 키웠습니다. 저는 자녀들이 고등학교에 다닐 때, 학교 담임 선생님께 주일은 교회에 가야 하기 때문에 학교에서 자습을 하지 않겠다고 말씀드렸습니다. 그러자 선생님은 저를 이상하게 바라보았습니다. 그러고는 모든 아이들, 심지어 목사님 자녀조차 주일날 학교에 나온다고 말하며 아이가 주일날 학교에 나오도록 저를 설득하려 했습니다. 저는 선생님의 그 모습이 아직도 기억에 남아 있습니다. 저는 신실한 크리스천 부모조차도 자녀가 고등학생이 되면 주일에 하는 학교의 자습과 학원 수업을 포기하지 못하는 모습이 정말 안타깝습니다. 교회는 대학교 가서 가는 곳이 절대 아닙니다. 우리 아이들의 삶에서 1순위는 언제 어디서나 하나님이어야 합니다. 기억하세요. **아이 삶의 우선순위가 하나님이 아닌 공부가 되는 순간, 우리는 우상 숭배를 하는 것입니다.**

중년의 엄마가 딸의 행복을 바라며 사랑하는 딸에게 해주는 이야기를 담은 <엄마가 딸에게>라는 대중가요가 있습니다. 저는 이 노래의 가사를 들으며 전율했습니다. 엄마가 자신의 삶을 되돌아보며 딸에게 하는 첫 번째 가사가 바로 "공부해라"이기 때문입니다. 정말 대한민국은 공부에 한이 맺힌 나라인 것 같습니다. 그리고 우리 아이들에게 너무 가혹한 나라입니다.

"엄마가 딸에게"

엄마의 노래

난 잠시 눈을 붙인 줄만 알았는데 벌써 늙어 있었고
넌 항상 어린아이일 줄만 알았는데 벌써 어른이 다 되었고
난 삶에 대해 아직도 잘 모르기에 너에게 해줄 말이 없지만
네가 좀 더 행복해지기를 원하는 마음에 내 가슴 속을 뒤져 할 말을 찾지

공부해라 (아냐 그건 너무 교과서야)

성실해라 (나도 그러지 못했잖아)

사랑해라 (아냐 그건 너무 어려워)

너의 삶을 살아라!

딸의 노래

난 아직 어린 줄만 알았는데 벌써 어른이 되었고

난 삶에 대해 아직도 잘 모르기에 알고픈 일들 정말 많지만

엄만 또 늘 같은 말만 되풀이하며 내 마음의 문을 더 굳게 닫지

공부해라 (그게 중요한 건 나도 알아)

성실해라 (나도 애쓰고 있잖아요)

사랑해라 (더는 상처받고 싶지 않아)

나의 삶을 살게 해줘!

엄마의 노래

내가 좀 더 좋은 엄마가 되지 못했던 걸 용서해 줄 수 있겠니

넌 나보다는 좋은 엄마가 되겠다고 약속해 주겠니

출처 양희은, <엄마가 딸에게>

03

성경적인 자녀 축복의 방법

노아의 아버지 라멕은 성경에 있는 많은 부모들 가운데 자녀를 말로 축복한 첫 번째 아버지입니다. 우리는 라멕처럼 올바른 자녀 축복을 통해 하나님 아버지의 사랑과 기대를 자녀에게 전달해야 합니다.

기독교 심리학자 게리 콜린스(Gary R. Collins)는 성경적인 자녀 축복의 방법으로 의미를 담은 접촉, 말로 표현하는 메시지, 기대감 이 세 가지를 제시하였는데, 저는 이것을 우리의 신체와 연결하여 정리해 보았습니다.

1) 손을 통한 축복
: 의미를 담은 접촉

앞서 '영아기로의 여행'에서 살펴본 것과 같이 모든 아이들은 한 살을 전후로 자신을 돌보아주는 엄마(주 양육자)와 애착을 형성합니다. 하나님은 이 세상의 모든 사람이 태어난 후 엄마와 애착 관계를 형성하며 사랑, 따뜻함, 보호받음, 용납됨 등과 같은 긍정적인 경험에 첫발을 내딛도록 하셨습니다. 그러나 안타깝게도 애

자녀를 축복한 아버지 라멕

성경에는 아담부터 노아까지 많은 아버지들이 있었지만, 노아의 아버지 라멕을 제외하고는 아무도 자녀를 축복하지 않았습니다. 아담과 하와는 아이를 낳은 후 이렇게 말했을 뿐입니다.

"내가 여호와로 말미암아 득남하였다"(창 4:1).
"하나님이 내게 가인이 죽인 아벨 대신에 다른 씨를 주셨다"(창 4:25).

그러나 라멕은 달랐습니다. 세상이 모두 부패하고 타락했어도 노아가 그런 세상에 물들지 않고 의인으로, 당대에 완전하며 하나님과 동행하는 사람으로 자랄 수 있었던 이유는, 바로 노아를 하나님의 마음으로 기대한 아버지 라멕의 축복이 있었기 때문입니다.

그러므로 부모들이여, 여러분의 자녀를 축복하시길 바랍니다. 손으로, 말로, 그리고 눈(기대감)으로 축복해 주십시오. 아이가 어리다면 아이를 꼭 안거나 머리에 손을 얹고 축복 기도를 해주십시오. 다음과 같은 수용과 애정, 그리고 지지의 말들은 자녀들을 축복할 수 있는 구체적인 표현입니다.

- 수용: 너는 내 자녀란다(나는 너를 내 마음에 품고 있단다, 나는 너를 존중한단다).
- 애정: 나는 너를 사랑한단다(나는 너를 무조건 사랑한단다, 내가 너를 지켜줄게).
- 지지: 나는 너로 인해 기쁘단다(나는 네가 자랑스러워, 너를 믿어, 너는 할 수 있어, 네게 힘을 실어줄게).

출처 프레드 A. 하틀리 3세(Fred A. Hartley III), 『자녀의 마음에 주어야 할 가장 중요한 3가지』(디모데, 2006)

착이 항상 바람직하게 이루어지는 것은 아닙니다. 좋은 애착(안정 애착)이 있는 반면 나쁜 애착(불안정 애착)도 있습니다(103쪽 '애착, 모든 관계의 시작' 참고).

유아기 때 엄마와 안정 애착을 형성한 아이는 커서도 다른 사람과 편안하고 좋은 관계를 가질 수 있습니다. 그러나 엄마와 불안정 애착을 형성한 아이는 다른 사람과 관계 맺기를 불편해하고 어려워합니다. 이처럼 아이가 엄마와 형성한 애착 관계는 아이가 이루어가는 모든 관계의 시작이며, 영향력을 행사하는 중요한 바탕이 됩니다.

그런데 아이와 안정 애착을 형성하기 위한 가장 좋은 방법은 무엇일까요? 위스콘신 대학의 해리 할로우(Harry Harlow) 교수가 했던 실험은 그에 대한 해답을 제공해 줍니다.

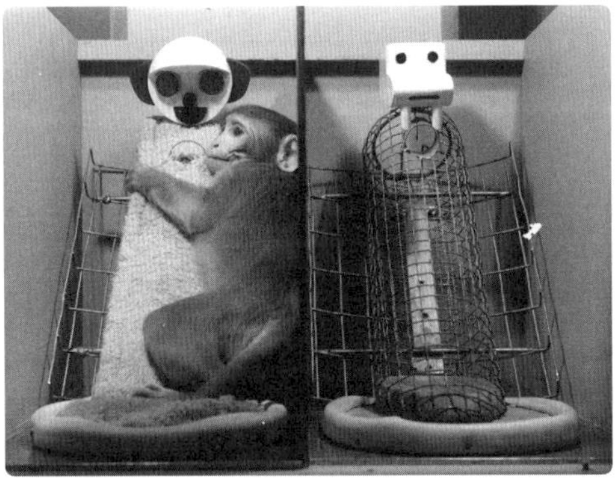

: 해리 할로우의 가짜 원숭이 실험 :

할로우 교수는 어린 새끼 원숭이를 엄마 원숭이와 떨어뜨린 후, 두 종류의 가짜 엄마를 주었습니다. 한 엄마는 우유병을 장착한 철사로 만들어진 엄마였고(철사 엄마), 또 다른 엄마는 먹을 것은 없지만 부드러운 접촉을 줄 수 있는 천으로 제작된 엄마였습니다(천 엄마). 즉, 철사 엄마는 먹을 것을, 천 엄마는 부드러운 접촉을 제공한 것입니다. 할로우 교수는 이렇게 두 엄마를 만들어 놓고 새끼 원숭이에게 직접 엄마를 선택하도록 했습니다. 그 결과 새끼 원숭이는 대부분의 시간을 천 엄마에게서 지냈으며, 심지어 우유를 먹을 때도 천 엄마에게 매달려 철사 엄마의 우유를 빨아먹을 정도로 천 엄마와 잠시도 떨어지려 하지 않았습니다. 새끼 원숭이가 가짜 천 엄마와 애착을 형성한 것입니다.

이 연구를 통해 사람들은 아이가 엄마, 아빠와 형성하는 애착이 먹을 것이 아닌 부드러운 접촉을 통해 이루어진다는 사실을 발견했습니다.

> "보호받고 용납되고 있다는 안정된 정서, 사랑의 감정은
> 바로 일차적으로 살과 살이 맞닿는 접촉을 통해 이루어집니다."

그것이 바로 우리 아이들을 무조건적으로 안아주고 쓰다듬어주어야 하는 중요한 이유입니다. 아이들은 뺨을 만져주고 손을 잡고 머리를 쓰다듬고 안아주는 것을 통해 부모가 주는 축복의 메시지, 사랑의 메시지를 가장 인상 깊고 강렬하게 읽습니다. 접촉의 힘은 이뿐만이 아닙니다. 접촉이 우리 아이들에게 미치는 영향은 우리의 생각 이상으로 실로 엄청납니다. 접촉의 힘을 보여주는 사례에 대해서는 이미 앞에서 언급한 바 있습니다(119쪽 '따뜻한 접촉, 죽은 아이도 살릴 수 있어요' 참고).

손(접촉)을 통한 축복

우리 아이들은 엄마, 아빠와 손잡는 것을 좋아하고 아빠가 업어주면 너무 신이 납니다. 이처럼 아이들은 부모와의 접촉을 갈망합니다. 손은 우리가 아이들을 축복하는 가장 멋진 도구입니다. 하나님은 우리에게 자녀를 만져주고 축복하도록 손을 주셨습니다. 예수님도 아이들을 축복하실 때에는 손으로 직접 아이를 만져주셨습니다. 여러분은 하나님이 주신 축복의 도구인 나의 손으로 자녀를 축복하고 있나요? 접촉은 죽은 아이도 살릴 수 있는 힘을 가지고 있습니다. 따라서 자녀 축복의 첫 번째는 바로 손을 통한 축복입니다.

"사람들이 예수께서 만져 주심을 바라고 자기 어린 아기를 데리고 오매
제자들이 보고 꾸짖거늘 예수께서 그 어린 아이들을 불러 가까이 하시고
이르시되 어린 아이들이 내게 오는 것을 용납하고 금하지 말라
하나님의 나라가 이런 자의 것이니라"(눅 18:15-16).

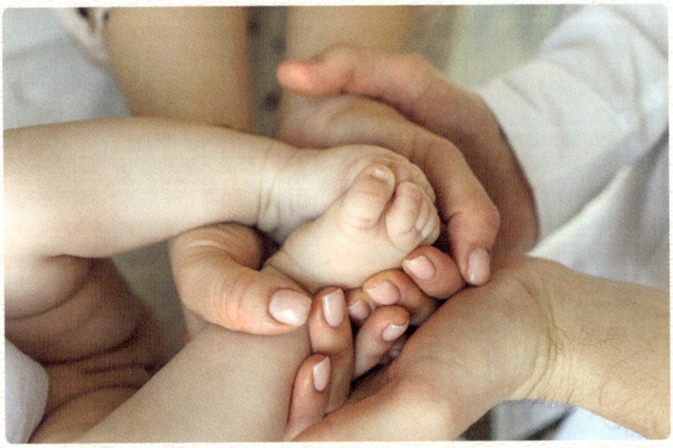

2) 입을 통한 축복

: 말로 표현하는 메시지

입을 통한 축복, 즉 말로 표현하는 메시지에 대해 이야기하면, 우리는 단순히 이것을 아이를 말로 많이 칭찬해 주는 것으로 생각하는 경향이 있습니다. 그런데 칭찬에 대해서는 아직도 논란이 많습니다. 과거에는 "칭찬은 아이를 세우는 약이다!"라고 생각했습니다. 그러나 최근에는 "칭찬은 아이를 망치는 독이다!"라고 말하며, 의견이 분분해지고 있습니다.

"칭찬은 아이를 격려하는 약이다/ 칭찬은 아이를 막치는 독이다."

여러분은 어떻게 생각하시나요? 두 가지 모두 맞는 말입니다. 칭찬은 잘못 사용하면 독이 됩니다. 칭찬을 제대로 사용될 때 비로소 약이 됩니다. 약이 되는 효과적인 칭찬의 방법은 다음과 같습니다.

첫째, 아이의 인격이나 성격을 칭찬하지 말고 아이가 노력한 행동에 맞게 칭찬해야 합니다.

과거에는 아이를 칭찬하는 것이 무조건 좋은 일이라고 생각했습니다. 그러나 오늘날 학자들은 아동에게 칭찬이나 강화를 남발해서는 안 된다고 이야기합니다. "예쁘다", "착하다", "멋지다"와 같은 막연한 칭찬은 아동에게 바람직하지 않다는 것입니다. 막연한 칭찬은 아이에게 불안감을 줄 수도 있습니다. 예를 들어, "착하다"라는 칭찬을 들은 아이는 '나는 친구에게 나쁜 말도 했는데… 어제는 선생님께 거짓말도 하고…'라는 생각을 하게 되고 마음이 불안해집니다. 그러면서 사람들의 기분과 기대에 맞추려는 행동을 하기 때문에 오히려 아이의 자신감과 자립심을 기르는 데 도움을 주지 못한다는 것입니다.

미국의 교육학자 하임 기너트(Haim G. Ginott)는 그의 저서 『부모와 아이 사이』(양철북, 2003)에서 "칭찬이란 페니실린 주사처럼 함부로 놓아서는 안 된다. 잘 듣는 약이 모두 그렇듯이 약을 쓸 때는 법칙과 주의가 필요하다"라고 말했습니다. 아이의 인격이나 성격을 칭찬하지 말고 아이가 노력한 행동에 맞게 칭찬해 주십시오.

"너는 정말 천사같이 착하구나." (X)
→ "너는 정말 좋은 일을 하려고 노력하는구나." (0)
"너는 정말 멋진 아이야." (X)
→ "네가 동생을 돌보아 주니까 엄마가 힘이 덜 드는구나." (0)

둘째, 칭찬할 땐 사실만을, 꾸밈없이 이야기해야 합니다.
"이분은 우리 교회의 기둥입니다. 정말 얼마나 훌륭한 집사님이신지… 요즘 이런 분은 정말 보기 드물지요. 정말, 진짜 좋은 분이 우리 교회에 계십니다." 교회 공동체에서 많이 들을 수 있는 칭찬입니다. 하지만 이러한 칭찬을 들으면 과연 기분이 날아갈 듯이 기쁘기만 할까요? 아마 대부분 지나친 칭찬을 받았을 때 불편함을 느껴본 경험이 있을 것입니다. 우선 내가 항상 그런 칭찬을 들을 만큼 잘한 것 같지도 않고, 또 상대방이 나를 제대로 알고 칭찬한다기보다 인사치레를 위한 선의의 거짓말을 한 것 같은 느낌도 들기 때문입니다. 그렇다면 어떻게 해야 진실한 칭찬이 될 수 있을까요? 다음의 예를 보겠습니다.

존이라는 선수가 안타를 쳤다. 그러자 감독이 이렇게 말한다.
"존, 자네는 정말 천재야!"
그렇지만 존의 표정에는 변화가 없다. 그저 담담히 "고맙습니다, 감독님." 하고 대꾸할 뿐이다. 아차, 이건 아니다 싶어 감독은 고심했다. 얼마 후, 다시 존이 안타를 쳤다. 이번에는 감독이 다른 표현을 시도한다.

"존, 낮게 들어오는 공을 잘 올려 치는군."

존이 어렴풋이 미소를 흘리자 감독은 생각한다. '이거다'라고.

출처 스즈키 요시유키(Yoshiyuki Suzuki), 『칭찬의 기술』(아주좋은날, 2012)

칭찬을 할 때, 우리는 듣기 좋은 말을 퍼붓는 경향이 있습니다. "멋지다", "최고야", "훌륭해." 어린아이들은 이런 말을 들을 때 좋아하지만, 아이가 점점 커가면서는 칭찬을 들어도 시큰둥해집니다. 이제 이렇게 칭찬해 보시기 바랍니다.

예 아이가 늘 지각하다가, 오늘 일찍 일어나 학교에 간 경우

"정말 멋지구나!", "정말 착한 아이구나!", "최고! 최고!" (X)

→ "일찍 일어나 지각을 안 하니까 좋다." (O)

"엄마가 깨우지 않아도 일찍 일어났구나!" (O)

칭찬은 좋은 말을 아이에게 퍼붓는 것이 결코 아닙니다. 이제 아이는 뻔한 칭찬과 그냥 하는 칭찬, 진심으로 하는 칭찬을 구분할 수 있습니다. 그리고 뻔한 칭찬에는 전혀 기뻐하지 않습니다. 칭찬을 잘하고 싶다면 아이가 한 것을 있는 그대로 말로 표현해 주세요. 그래서 칭찬은 무엇보다 사실대로, 그리고 진심으로 해야 합니다. 과한 칭찬보다는 꾸밈없는 칭찬이 아이에게 훨씬 도움이 됩니다.

칭찬 실험

칭찬 실험 1 - '커닝'

짧은 시간 동안 단어를 얼마나 많이 외우는지 알아보는 테스트를 하며, 집단 1과 집단 2의 초등학교 아이들에게 서로 다른 칭찬을 합니다. 그리고 교사가 정답이 쓰인 단어 카드를 책상에 놓고 나갑니다. 교사가 나간 후 아이들은 어떤 행동을 했을까요?

- 집단 1 무조건적인 칭찬

  "너 대단하다", "정말 똑똑하네, 머리 좋구나", "안 보고도 계속 생각하는 거야? 너 천재구나" 등.

- 집단 2 노력과 과정에 대한 인정

  "짧은 시간에도 노력을 많이 했구나", "잠깐 동안이지만 열심히 했구나" 등.

실험 결과

교사가 나간 후, 똑똑하다는 칭찬을 받은 집단 1의 아이들은 대부분 커닝을 했지만, 노력과 과정을 칭찬받은 집단 2의 아이들은 커닝을 하지 않고 정직하게 테스트를 받았습니다.

칭찬 실험 2 - '더 어려운 문제 VS 더 쉬운 문제'

아이들에게 수학 문제를 풀게 하고 옆에서 교사가 집단 1에는 무조건적인 칭찬(똑똑하다, 잘한다, 머리 좋다 등)을, 집단 2에는 노력과 과정에 대한 인정(열심히 노력했구나, 노력하더니 다 맞았네 등)을 해주었습니다. 그러고 나서 아이에게 '더 어려운 문제'와 '더 쉬운 문제' 중 하나를 고르게 하였습니다. 아이들은 어떤 문제를 선택했을까요?

실험 결과

무조건적인 칭찬을 들은 집단 1의 아이들은 대부분 '더 쉬운 문제'를 선택하였고, 노력과 과정에 대한 인정을 들은 집단 2의 아이들은 '더 어려운 문제'를 선택하였습니다.

칭찬 실험 3 - '칭찬 스티커와 독서'

아이들에게 도서관에서 마음대로 책을 골라 읽게 하였습니다. 그리고 책을 한 권 읽을 때마다 칭찬 스티커를 주었습니다. 칭찬 스티커를 받은 아이들은 어떻게 했을까요?

실험 결과

칭찬 스티커를 받은 아이들은 더 많은 칭찬 스티커를 받기 위해 글은 적고 그림이 많은 쉬운 동화책만을 골라 읽었습니다. 심지어 책을 읽는 둥 마는 둥 책장만 넘기고, 다른 친구보다 더 많은 칭찬 스티커를 받기 위해 조바심을 냈습니다. 그러나 이 실험에 참가한 아이들 중 한 형제는 칭찬 스티커를 전혀 신경 쓰지 않고, 자신들이 좋아하는 책을 골라 집중하여 읽었습니다. 실험이 끝난 후, 그 형제의 어머니와 인터뷰를 진행했습니다. 인터뷰에서 형제의 어머니는 아이들을 키우며 칭찬 스티커를 한 번도 사용해 본 적이 없다고 대답했습니다.

출처 EBS 다큐 <학교란 무엇인가 - 6부 칭찬의 역효과>

가정에서도 교회에서도 아이들은 많은 칭찬의 말을 듣습니다. 그러나 이제부터 칭찬을 하기 전에 신중하게 생각해 보기 바랍니다. 앞에서 살펴본 칭찬과 관련된 세 가지 실험은 지금까지 무분별하게 칭찬을 해온 우리들에게 경종을 울립니다. 지금 내가 아이에게 하는 칭찬은 아이를 망치는 '독'일까요, 아니면 아이를 살리는 '약'일까요? 지금 우리들의 문제는 칭찬을 너무 남발한다는 것입니다. 칭찬을 잘하기 위한 가장 좋은 방법은 아이가 노력한 과정과 행동에 집중하는 것입니다.

기억하세요. 아이가 성경 말씀을 다 외운 것을 칭찬하기보다는, 놀고 싶은 마음을 참고 말씀을 외웠다는 것을 칭찬해 주세요. 무엇보다 진정성 있게 아이에게 말해주세요. 성경을 보면 예수님께서도 칭찬을 많이 하지 않으셨습니다. 꼭 필요한 경우에 하셨고, 무엇보다 칭찬을 하실 때에는 "잘했다", "멋지다", "최고다"가 아닌 진실된 마음으로 하셨습니다.

"예수께서 빌립보 가이사랴 지방에 이르러 제자들에게 물어 이르시되
사람들이 인자를 누구라 하느냐 이르되 더러는 세례 요한, 더러는 엘리야,
어떤 이는 예레미야나 선지자 중의 하나라 하나이다 이르시되
너희는 나를 누구라 하느냐 시몬 베드로가 대답하여 이르되
주는 그리스도시요 살아 계신 하나님의 아들이시니이다
예수께서 대답하여 이르시되 바요나 시몬아 네가 복이 있도다
이를 네게 알게 한 이는 혈육이 아니요
하늘에 계신 내 아버지시니라"(마 16:13-17).

3) 눈을 통한 축복

: 자녀를 향한 높은 기대감

크리스천 부모들은 아이가 어렸을 때는 자녀에 대한 꿈이 높고 원대합니다. 그래서 자녀를 위한 기도를 할 때에도 복의 통로가 되고 머리가 되게 해달라고 열심히 기도합니다. 그런데 아이가 학교에 들어가고 학교 성적을 받아오면서 자녀에 대한 부모의 기대감과 꿈은 평준화되어 갑니다. 특히 아이가 고등학생이 되면 자녀에 대한 기대감은 점점 줄어들고, 대학교를 마칠 때쯤 되면 남들 하는 만큼만 하면 소원이 없겠다고 말하는 모습을 보게 됩니다. 다시 말해, 직장만 어떻게든 들어가서 제 앞가림이나 하면 좋겠다고 여기는 것입니다. 이렇게 되는 이유는 무엇일까요? 그것은 자녀를 향한 기대감이 내 자녀의 성취와 성적의 고하에 따라 결정되기 때문입니다. 하지만 자녀를 향한 기대감은 자녀의 어떠함이 아닌, 바로 우리 하나님의 은혜와 약속에서 기인한다는 사실을 기억하시기 바랍니다. 지금 내 자녀의 성적이 좋지 않아도, 그래서 좋은 학교에 가지 못해도, 이 아이를 향한 하나님의 손길과 주권을 인정할 때 우리는 자녀를 향한 높은 기대감을 세울 수 있습니다.

"빵점 자녀 이야기"

저에게는 자녀가 셋 있습니다. 그런데 그중 한 아이가 초등학교에 들어갈 때까지 한글을 깨우치지 못했습니다. 다른 자녀 역시 한글을 다 깨우치지 못하고 학교에 들어갔지만 이내 무리 없이 곧잘 따라갔었기 때문에 그 일에 그다지 마음을 쓰지 않았습니다. 그런데 2학년, 3학년이 되어도 받아쓰기 성적은 항상 50점 미만에서 헤어날 줄을 모르더니, 급기야 4학년 때는 받아쓰기 시험에서 빵점을 받아오기에 이르렀습니다. 아이가 막상 빵점을 받아오자 기분이 참 묘했습니다. 어떻게 해야 할 지 주님께 지혜를 구하는 기도를 했고, 저는 빵점을 받은 아이를 데리고 나와 기념(?)으로 빵집에서 빵을 사주었습니다. 맛있는 빵 먹고 힘내서 잘하자고요.
그런데 저보다 주변의 걱정이 더 컸습니다. '엄마가 되어 너무 무심하다', '애를 도대체 어떻게 키우는 거냐?', '이 아이가 앞으로 어떻게 대학에 가고 어떻게 살겠느냐?' 등의 염려가 교회 집사님들에게서 쏟아졌습니다. 하지만 저는 별로 걱정되지 않았습니다. 일단 남편이 본인도 3, 4학년 때까지 글을 다 몰랐다고 이야기해 주어서 '아이가 아빠의 유전자를 가졌구나' 하고 생각했습니다. 저는 하나님께 이렇게 기도했습니다.

"하나님, 사람들이 아이가 지금까지 글을 몰라 앞으로 큰일 났다고 걱정합니다. 그런데 사람들이 걱정할수록, 아이가 부족할수록, 하나님이 이 아이를 어떻게 사용하실지 저는 기대하겠습니다."

물론 하나님은 준비된 자를 사용하십니다. 그런데 그 준비는 훌륭한 학교 성적이나 좋은 학교에 가는 것만으로 이루어지는 것이 아닙니다. 어쩌면 아이가 부족할수록 하나님이 사용하실 부분이 더 많을지도 모릅니다. 그래서 이 부족한 아이를 주님이 어떻게 사용하실지 진심으로 기대하며 기도하였습니다. 그리고 이 아이는 잘 자라서 대학교를 졸업하고 하나님의 은혜로 얼마 전에 취업을 했습니다. 지금도 가끔 빵점을 받은 후 빵 먹은 이야기를 웃으며 나눕니다. 이제는 우리 가족에게 즐거운 추억이 되었습니다.

솔직히 밤마다 아이들이 잠자리에 들 때 축복 기도를 해주는 것은 쉬운 일이 아닙니다. 설거지도 해야 하고, 또 그 시간이면 TV에서 꼭 재미있는 방송을 합니다. 또 어떤 때는 아이나 배우자로 인해 화가 나서 축복 기도를 할 마음이 전혀 생기지 않는 경우도 있습니다. 하지만 이것은 자녀를 축복하지 못하도록 하는 악한 세력의 방해입니다. 우리는 "다 준행하였더라"(창 6:22, 7:5)라는 하나님에 대한 노아의 온전한 순종의 태도를 배워야 합니다. 자녀를 위한 축복의 말과 기도는 하나님이 우리 부모들에게 원하시는 하나님의 뜻이자 명령입니다. 이 일을 노아처럼 다 준행해야 합니다. 우리의 환경과 감정에 상관없이 말이지요. 하나님의 은혜가 모든 자녀에게 공평하게 주어졌을지라도 그것을 얼마나 자녀에게 전달하는가는 부모인 당신의 몫임을 잊지 마시기 바랍니다.

"자녀를 노엽게 하지 말고"의 세 가지 원칙

에베소서 6장 4절에는 우리가 자녀를 하나님의 방법으로 양육하기 위한 원칙이 잘 나와 있습니다.

"자녀를 노엽게 하지 말고 오직 주의 교훈과 훈계로 양육하라."

"자녀를 노엽게 하지 말고"의 첫 번째 원칙은
아이들에게 주고 있는 가장 큰 스트레스, 즉 공부 스트레스를 주지 않는 것입니다.
학원은 꼭 필요한 것만 보내시기 바랍니다. 이런 말을 하면 많은 부모들이 한결같이 이렇게 말합니다. "내가 보내는 게 아니고 우리 아이가 원해서 보내는 거예요", "같이 놀 친구가 없어요. 학원에라도 가야 친구를 만나요."
그러나 어렸을 때부터 영어, 수학, 논술 학원에 가는 것이 진정으로 아이가 원하는 것일까요? 공부 학원보다는 체육 활동을 통해 친구를 사귀는 것이 더 좋지 않을까요?

요즘은 초등학교와 중학교부터 특목고 입시 준비를 위해 학원에 다니는 아이들이 있습니다. 그런데 특목고 입시 학원을 다니는 모든 아이들이 특목고에 가지 못합니다. 문제는 학원을 다녔지만 특목고에 못 가는 아이들이 자신을 삶의 패배자로 여긴다는 것입니다. 또한 비싼 비용을 내고 학원을 다니면 시험 기간에 주일 예배에 빠지는 것을 점점 당연하게 생각하게 됩니다. 심지어 어떤 학생은 주일날 학교에서 하는 방과 후 수업을 빠지고 학원에 가기 위해 교회를 이용하기도 합니다. 교회에 가야 하기 때문에 학교 수업을 할 수 없다는 거짓말을 하고, 대신 부모가 교회 주보를 받아 학교에 제출하는 모습을 보았습니다. 공부에 도움이 된다면, 좋은 대학을 가기 위해 필요하다면, 속임수와 거짓말도 괜찮다는 부모님의 모습을 보며 우리 아이들이 무엇을 배울까요? 하나님을 아버지로 모시고 있다면서 크리스천 부모님이 이런 거짓말을 하는 모습을 볼 때 우리 아이들은 어떤 생각이 들까요? 창세기에서 하와가 처음 죄를 지었을 때, 죄의 시작은 먹음직했고 보암직했으며 지혜롭게 할 만큼 탐스러웠습니다.

"여자가 그 나무를 본즉 먹음직도 하고 보암직도 하고
지혜롭게 할 만큼 탐스럽기도 한 나무인지라"(창 3:6).

죄는 무섭거나 두려운 모습이 아니라 도움이 되는 유익한 것처럼 보이며 우리를 유혹합니다. 사랑하는 부모님, 자녀의 공부와 대학이 하나님보다 우선시 되지 않기를, 자녀에게 위선적인 부모가 아닌 하나님을 사랑하는 참 크리스천의 모습으로 보이는 우리가 되기를 소원합니다.

"자녀를 노엽게 하지 말고"의 두 번째 원칙은 행복한 부부 관계입니다.

아이들은 언제 행복하고 언제 불행하다고 느낄까요? 우리나라 초등학생들의 행복감은 매우 낮습니다. 통계청 자료에 의하면, 해마다 적게는 20명에서 많게는 70명에 이르는 초등학생들이 자살을 하고 있습니다. 자살을 시도하는 아이들은 자살 사망자보다 10-40배 많습니다. 특히 나이가 어릴수록 우울감을 느낄 때 자신의 감정을 제어하기가 어렵기 때문에 초등학생일수록 충동적인 자살 시도가 많았습니다.

청소년상담지원 센터가 1,500여 명의 청소년을 대상으로 살펴본 결과 아이들은 가정이 화목할 때 가장 큰 행복을 느꼈습니다(49.7%). 또한 부모의 불화에 가장 큰 불행을 느낀다고 하였습니다. 부모의 이혼으로 힘들어하던 한 초등학생이 가족들에게 미안하다는 내용의 유서를 남기고 자살하였습니다. 부모의 불화는 자녀들에게 공부 스트레스 못지않은 우울감의 원인이 됩니다. 아이들은 부모님이 서로 사랑하는 화목한 가정에서 행복해하고, 부모님이 서로 싸우고 비난하는 가정에서 불행해하고 우울해하며 분노합니다.

만약 우리 가정의 부부 관계에 어려움이 있다면, 지금 바로 주님 앞에 엎드려 주님의 도우심을 간절히 구하십시오. 그리고 지금까지 배우자에 대한 감사 대신, 불평불만 속에서 내가 원하는 모습으로 배우자를 바꾸려 했던 나의 죄를 고백하십시오. 내가 배우자에 대한 불평불만을 그치고 배우자를 존중하며 있는 그대로 받아들이고자 할 때, 주님이 우리 가정을 도우십니다.

"아담이 그의 아내의 이름을 하와라 불렀으니 그는 모든 산 자의 어머니가 됨이더라 여호와 하나님이 아담과 그의 아내를 위하여 가죽옷을 지어 입히시니라"(창 3:20-21).

아내의 잘못으로 시작되었지만 이로 인해 아담은 함께 죄를 지었고, 하나님 앞에서 자신의 죄를 뉘우치는 대신 배우자를 비난했습니다. 그러나 하나님께 벌을 받은 후, 아담은 더 이상 아내를 비난하거나 불평하지 않았습니다. 그리고 아내의 이름을 하와(모든 산 자의 어미)라고 부릅니다. 이제 아내를 있는 그대로 받아들이며 모든 산 자의 어머니로 존중합니다. 아담이 이렇게 한 후에 하나님은 아담과 그의 아내를 위하여 가죽옷을 지어 입히십니다. 주님의 도움의 손길이 비로소 아담의 가정에 함께하셨습니다.

"자녀를 노엽게 하지 말고"의 세 번째 원칙은 부모가 과잉보호를 하지 않는 것입니다.

어린 자녀를 둔 엄마의 모습은 흡사 아이의 비서나 매니저와 같다는 생각이 들곤 합니다. 늦잠 자는 아이를 깨워 옷을 입히고, 밥을 먹이고, 가방과 준비물을 챙겨주고, 그래도 학교에 늦으면 선생님에게 아이가 아파서 늦는다고 살짝 거짓말 문자를 보내고 차로 학교에 바래다줍니다. 이러한 모습은 요즘 엄마들에게서 흔히 볼 수 있습니다. 학교가 끝나면 학원에 제대로 갔는지 확인하고, 짬을 내어 친구와 잠깐 놀아도 어떤 친구와 노는지, 그 아이가 사는 집은 어디인지, 아이 성적은 어떤지 확인합니다. 자녀의 모든 것을 도와주고, 자녀의 문제에 발 벗고 나서며, 아이의 친구 관계와 학교, 학원 등 모든 영역에 개입하는 엄마의 모습이 너무나 당연시되고 있는 현실입니다. 혹여 아이가 학교에서 친구와 싸워 맞고 오기라도 하면 바로 선생님에게 전화해 따지고, 때린 아이 부모에게 전화해 애를 어떻게 키웠냐고 소리 지르는 부모도 있습니다. 그래도 분이 풀리지 않으면 직접 학교에 가서 아이의 친구건 선생님이건 가리지 않고 항의합니다. 큰소리로 항의하지 않으면 손해본다는 잘못된 인식이 우리 사회 전반에 깔려 있는 것 같습니다.
이런 부모의 모습을 보고 자라다보니, 화가 나면 부모님이건, 선생님이건 상관없이 대드는 반항적인 성격을 가진 아이들이 늘고 있습니다. 바로 부모인 우리의 영향 때문입니다. 훈육이 없는 무조건적인 애정은 과잉보호가 됩니다. 그리고 과잉보호는 자녀에게 자신의 감정을 통제하는 법을 가르치지 못합니다. 작은 일에도 쉽게 분노하고 노엽게 만듭니다. 아버지의 일방적인 사랑을 받으며 자란 에서는 동생 야곱이 자신을 속였다는 것을 알았을 때 분노에 사로잡혀 야곱을 죽이려고 했습니다. 하나님께 기도하지 않고 자신의 감정에만 치우쳤습니다.

"… 에서가 야곱을 미워하여 심중에 이르기를 아버지를 곡할 때가 가까웠은즉 내가 내 아우 야곱을 죽이리라 하였더니"(창 27:41).

자녀를 하나님의 말씀으로 올바르게 훈육하기 위해서는 먼저 자녀를 노엽게 하지 않아야 합니다. 자녀에 대한 과잉보호와 무조건적인 애정 역시 자녀가 스스로를 통제할 수 없게 만드는 잘못된 양육입니다. 우리 모두 주의 교양과 훈계, 즉 하나님의 말씀으로 지혜롭게 자녀를 양육하는 부모가 되어가길 간절히 소망합니다.

2장

유아기로의 여행

크리스천 부모의
아이 마음 알아가기

성경적 자녀 양육과 아이의 발달 이해하기

"예수는 지혜와 키가 자라가며 하나님과 사람에게 더욱 사랑스러워 가시더라" (눅 2:52).

유아기 부모의 고민

"말을 안 들어요."

"저를 무시하는 것 같아 화가 나요."

"밥을 먹지 않아요. 식사 때마다 너무 힘들어요."

"울면서 말해요(징징거려요)."

"떼를 심하게 써요."

"친구들을 때려요."

"위험한 행동을 해요."

"공격적이에요."

"스마트폰에 너무 빠져 있어요."

01

자기중심적 시기

유치원과 어린이집에 실습을 나갔다가 돌아온 학생들이 하는 말이 있습니다. “영아반 아기들은 너무 귀여워요. 그런데 영아반을 보다가 유아반을 보면 너무 커서 처녀, 총각을 보는 것 같아요.” 맞습니다. 영아와 유아는 발달적으로 정말 다릅니다. 무엇보다 영아와 비교했을 때 유아는 키가 쑥 자라 있습니다. 통통하던 모습 대신 날씬해지고 말도 엄청 조리 있게 잘합니다. 그런데 문제는 부모의 말을 잘 듣지 않고 문제 행동을 많이 한다는 것입니다. 그리고 너무 위험한 행동을 서슴없이 하여 부모의 심장을 철렁하게 만듭니다. 먹기 싫은 음식은 죽어도 먹지 않으려 하고 억지로라도 먹이면 토해버리고, 어떤 아이는 아무리 말려도 말썽만 피우고… 이 아이들을 어떻게 지도해야 할까요?

> “하나님은 유아기의 아이들이
> 자기중심적으로 생각하고 행동하도록 만드셨습니다.”

즉, 유아기의 자기중심성은 내 아이만의 문제가 아닌 이 세상 모든 아이들의 공통적인 특징입니다. 유아기의 자기중심성은 크게 두 가지 특징이 있습니다.

첫 번째, 유아기에는 다른 사람의 관점에서 생각하기 어렵습니다.

아이에게 다른 사람의 선물을 고르게 하면 아이는 자신이 좋아하는 것을 고릅니다. 그것은 내가 좋아하는 것, 내가 갖고 싶어 하는 것을 상대방도 좋아할 것이라고 생각하기 때문입니다. 이처럼 모든 사람이 자신처럼 생각한다고 믿기에, 이 시기의 유아는 도로에서 길을 건널 때 자신이 손을 들면 모든 차가 멈출 것이라고 생각합니다.

두 번째, 유아기에는 자신이 지각한 한 가지에만 주의를 기울이고 다른 요소는 전혀 생각하지 못합니다.

아이가 골목에서 공놀이를 하다가 공을 쫓아 무작정 도로로 뛰어나갈 때가 있습니다. 이때 아이들은 공을 주워야 한다는 사실 한 가지에만 집중한 나머지 자동차에 치일 수 있다는 것을 생각하지 못합니다. 또한 주차된 자동차 뒤에서 놀이에 몰두하고 있다면 자동차가 시동을 걸고 움직여도 알아차리지 못합니다. 마찬가지로 물놀이를 할 때도 자신이 위험한 상황에 처할 수 있다는 사실을 인지하지 못합니다.

이처럼 유아기 아이가 위험한 행동을 하는 것은 바로 유아기의 자기중심성으로 인한 발달적 특징입니다. 따라서 무조건 화내며 혼내는 것은 좋지 않습니다. 이 상황이 왜 위험한지에 대해 설명해 주고 아예 위험한 상황을 만들지 않는 것이 가장 좋습니다. 즉, 공놀이는 골목이 아닌 운동장에서, 친구와의 놀이는 주차된 차가 없는 놀이터에서 하게 하는 것입니다. 또한 사람들이 많은 대형 마트나 놀이 시설에 갈 때는 아이에게 더욱 집중해야 합니다.

크리스천 부모의 자기중심성

"세월이 지난 후에 가인은 땅의 소산으로 제물을 삼아 여호와께 드렸고 아벨은 자기도 양의 첫 새끼와 그 기름으로 드렸더니 여호와께서 아벨과 그의 제물은 받으셨으나 가인과 그의 제물은 받지 아니하신지라 가인이 몹시 분하여 안색이 변하니 여호와께서 가인에게 이르시되 네가 분하여 함은 어찌 됨이며 안색이 변함은 어찌 됨이냐 네가 선을 행하면 어찌 낯을 들지 못하겠느냐 선을 행하지 아니하면 죄가 문에 엎드려 있느니라 죄가 너를 원하나 너는 죄를 다스릴지니라 가인이 그의 아우 아벨에게 말하고 그들이 들에 있을 때에 가인이 그의 아우 아벨을 쳐죽이니라 여호와께서 가인에게 이르시되 네 아우 아벨이 어디 있느냐 그가 이르되 내가 알지 못하나이다 내가 내 아우를 지키는 자니이까"(창 4:3-9).

앞서 유아기는 자기중심적으로 생각하고 행동하는 시기라고 말씀드렸습니다. 그런데 우리는 어른이 되어서도 여전히 자기중심성을 갖고 살아가는 것 같습니다. 특히 하나님과의 관계에서 말이지요. 아담과 하와의 범죄 후, 그들은 비록 에덴동산에서 쫓겨났지만 하나님의 도우심으로 이 세상에 적응하며 살아갈 수 있게 되었습니다. 그리고 가인은 땅의 소산으로, 아벨은 자신이 키우던 양의 첫 새끼로 하나님께 제사를 드립니다. 그런데 하나님은 가인의 제물은 받지 않으시고 아벨의 제물만 받으셨습니다. 이 상황에서 하나님의 뜻을 생각하지 않고, 왜 하나님이 나의 제물은 받지 않으셨는지 분노하는 것은 철저히 자기중심적 사고입니다.

자녀를 키우다보면, 자꾸 옆집 아이와 내 아이를 비교합니다. 그리고 내 아이보다 다른 아이가 더 잘되는 모습을 보면 왠지 속상하고, 내가 아이를 잘못 키우고 있는 것 같은 생각이 듭니다.

왜 우리 아이는 성탄절 주일학교 발표회에 못 들어갔는지….

왜 우리 아이는 수줍음이 많아 앞에 나서지 못하는지….

왜 우리 아이는 공부를 못하는지….

왜 우리 아이는 키가 작고 뚱뚱한지….

하나님이 우리 아이는 다른 아이보다 축복해 주시지 않는 것 같아 하나님이 원망스럽고 속상하지는 않으신가요? 비교는 우리에게 감사를 빼앗아 갑니다. 감사가 없는 삶에는 원망과 분노가 들어옵니다. 기억하세요. 모든 자녀는 하나님이 우리에게 주신 특별한 선물입니다. 그리고 내 자녀이기에 앞서 하나님의 자녀입니다. 또한 하나님이 자녀에게 주시는 축복의 모양과 방법, 시기는 모두 다릅니다. 우리가 자녀를 향한 하나님의 선한 뜻을 기대하고 기도하며 하나님과 동행할 때, 자녀는 이 세상을 향한 주님의 특별한 축복의 통로로 사용됩니다. 자기중심적 사고에서 벗어나, 하나님 중심으로 생각하고 자녀를 위해 기도하는 축복의 부모가 되기를 소원합니다.

02

발달 속도의 감소와 꾸준한 신체 성장

하나님은 아이가 세상에 태어난 첫 1년은 가장 빠른 성장이 이루어지도록 하셨습니다. 즉, 출생 후 1년 동안 급속도의 성장 발달이 이루어집니다. 태어났을 때와 비교하여 키는 1년 만에 1.5배, 몸무게는 무려 3배까지 자랍니다. 그런데 유아기 아이들은 영아기처럼 급속도로 자라지 않는 대신 꾸준히 자랍니다. 키는 1년에 7센티미터, 몸무게는 2.5킬로그램씩 증가합니다. 그러다보니 포동포동한 젖살(baby fat)도 빠져 예전의 통통한 모습은 사라지고 날씬해집니다. **꾸준히 성장하지만 영아기처럼 급속도로 자라지 않기 때문에 유아기에는 식욕이 줄고 편식이 증가합니다.** 따라서 아이가 예전처럼 잘 먹지 않는다고 너무 걱정하지 마세요. 자연스러운 이 시기의 발달적 특징입니다. 아이가 밥을 잘 먹지 않는다고 지나치게 걱정한다면 다음과 같은 문제점이 생길 수 있습니다.

첫째, 아이에게는 먹는 것이 즐거운 과정이 아니라 힘든 숙제가 됩니다.
둘째, 먹는 것으로 부모와 교사를 조정하려 합니다. 먹는 것으로 부모(교사)의 관심을 받을 수 있기 때문입니다.

: 영아기 :

잘 먹고 빠르게 쑥쑥 자란다.

: 유아기 :

천천히 자라고 식욕이 줄어든다.
영아기 때의 동글동글한 얼굴 살이 빠지고 몸이 날씬해진다.

부모는 아이가 밥을 잘 먹지 않으려 하면 "밥 먹으면 ○○ 줄게", "밥 한 숟가락만 먹으면 TV 보게 해줄게"라는 식으로 협상을 합니다. 그러나 이렇게 되면 아이는 식사 후에 부모에게 간식이나 장난감, TV, 게임 등을 당당하게 요구하며, 밥 먹는 것을 부모를 위한 일처럼 여기게 됩니다.

냉장고에서 단 음료수와 간식을 미리 치워둔다.

하나님은 유아의 위를 성인의 2분의 1 정도의 크기로 만드셨습니다. 그래서 아이는 한 번에 많이 먹기 어렵습니다. 이러한 특성을 지닌 유아에게 간식을 너무 자주 주거나, 달고 자극적인 음식을 주게 되면 간식으로 과잉 열량을 공급받아 정작 식사를 해야 할 때 별로 배가 고프지 않게 됩니다. 또한 달고 자극적인 음식은 계속 먹고 싶은 중독성이 있습니다.
그러면 잘 먹지 않는 아이를 위해 어떻게 해야 할까요? 먼저 아이의 식사량에 너무 신경 쓰지 마십시오. 안 먹겠다고 하면 "그래. 먹지 마", "배고프면 이야기하렴"이라고 간단하게 이야기해 주세요. 단, 냉장고에 있는 단 음료수와 간식들은 미리 치워놓아야 합니다.

1) 비만이 시작되어요

유아기에는 신체 성장과 식습관의 개인차가 더 두드러지게 나타나며 비만이 시작되는 시기입니다. 브리펠(Briefel)과 동료들은 4-24개월의 자녀를 둔 미국 부모들을 대상으로 아이들에게 주는 음식을 살펴보았습니다. 그 결과는 다소 충격적이었습니다. 많은 부모들이 자녀에게 정기적으로 감자튀김, 피자, 사탕, 청량음료, 설탕이 많이 들어 있는 과일 음료를 먹이고 있었으며, 연구 대상의 3분의 1 정도의 영아는 과일이나 야채를 전혀 먹지 않고 있었기 때문입니다.
우리나라는 어떤가요? 우리나라도 미국과 그리 다르지 않습니다. 교육과학기술부에서 우리나라 아동의 식생활을 살펴본 결과, 주 1회 이상 패스트푸드를 먹는 아동은 53.44퍼센트로 절반이 넘은 반면에, '권장 운동량(주 3회 이상 격렬한 운동)' 실천율은 45.79퍼센트로 절반에도 미치지 못하였습니다. 학년이 올라갈수록 운동량은 급격히 떨어져 중학생은 27.62퍼센트, 고등학생은 18.7퍼센트만이 권장 운동량을 실천하고 있는 것으로 밝혀졌습니다. 아동 비만의 심각성은 비만 아동의 25퍼센트, 그리고 비만 청소년의 75퍼센트가 성인이 된 후에도 비만이 되는 데에 있습니다. 또한 비만 아동은 지방간 증가, 콜레스테롤 증가와 같은 성인병에 걸릴 확률이 높으며, 자신의 신체에 대한 부정적인 생각으로 우울증과 낮은 자아 존중감을 갖기 쉽습니다. 따라서 비만을 예방하기 위한 지속적인 운동과 올바른 식습관 교육이 필요합니다. 유아기는 운동과 올바른 식습관 교육을 하기 위한 가장 좋은 시기입니다.

2) 숨은 설탕을 아시나요?

많은 아이들이 간식으로 주스나 사탕, 과자, 아이스크림을 먹습니다. 식품의약품안전처 자료에 따르면 아이스크림 700그램 한 통에는 144.6그램, 비스킷 한 조각에는 21.8그램의 당이 들어 있습니다. 그리고 사탕이나 아이스크림, 과자, 케이크, 콜라, 사이다는 그야말로 설탕 덩어리였습니다. 또한 치킨, 피자와 같은 식품에는 겉으로 드러나 있지 않은 '숨은 설탕'이 감추어져 있습니다. 다음의 그림에 나와 있는 것처럼, 우리가 아이의 건강을 위해 또는 식사 대용으로 자주 사는 떠

먹는 요구르트 한 개에 각설탕이 열한 개나 들어 있었습니다.
과도한 설탕 섭취는 우리 몸에 여러 가지 문제를 일으키는데, 가장 큰 문제 가운데 하나는 면역력의 저하입니다. 몸속에 남은 설탕(당)의 잔여물이 몸을 산성화하고 이로 인해, 면역력이 떨어지고 쉽게 피곤해집니다. 또한 과도한 설탕으로 인해 혈당이 갑자기 올라갔다가 내려가기를 반복하면서 갑상선 이상과 만성 피로가 나타나고 시력이 저하됩니다. 우리 몸속의 혈액뿐 아니라 눈의 수정체 안에 있는 삼투압을 낮추기 때문입니다. 성인의 경우에는 피부의 유분을 조절하는 기능을 망가뜨려 피지와 여드름이 생깁니다. 뿐만 아니라 당과 지방을 많이 섭취한 사람일수록 전체 수면 시간에서 숙면하는 시간이 짧다는 연구 결과도 있습니다.

설탕이 아이들에게 더 해로운 이유는 아이들은 설탕에 더 쉽게 중독되고, 설탕을 섭취했을 때 몸속의 화학 반응 구조가 훨씬 더 급격하게 바뀌기 때문입니다. 몸속의 화학 반응 구조가 급변하면 면역력 저하와 알레르기, 천식뿐 아니라 과잉 행동, 공격성과 같은 급격한 신체적, 정서적 변화가 일어날 수 있습니다. 따라서 전문가들은 아이가 공격적이고 집중력이 떨어지거나, 감기에 자주 걸리고 쉽게 피로를 느끼면, 열흘 정도 설탕을 뺀 식단을 유지하며 아이의 상태를 관찰해 볼 것을 권하기도 합니다.
식품의약품안전처가 조사한 자료를 보면, 우리나라 사람들의 가공식품 당류 섭취량은 해마다 증가하고 있으며, 그 속도가 점점 더 빨라지고 있습니다. 특히 어린 세대의 단맛 선호도가 높아 유아부터 아동, 청소년에 이르기까지 모두 세계보건기구의 기준을 넘어섰습니다. 당에 대한 의존도와 중독성은 어른보다 아이가 더 높아서 장래 건강 문제의 주요 원인이 됩니다. 특히 3-5세 유아의 당류 섭취량이 10.2퍼센트나 되어 문제의 심각성을 보여주고 있습니다. 우리나라 사람들이 당류를 섭취하는 주된 음식은 음료류였는데, 음료로 하루 평균 13.9그램의 당류를 섭취했으며, 이어 빵, 과자, 떡류, 설탕 및 기타 당류 등의 순서였습니다. 최근 설탕에 대한 문제가 심각해지면서, 세계 각 국의 정부를 중심으로 설탕을 줄이기 위한 노력이 진행되고 있습니다. 영국의 경우 설탕 소비를 줄이기 위해 당류를 많이 함유한 식품과 음료에 '설탕세'를 도입했고, 미국은 모든 식품에 당 함유량을 표시하도록 하고 있습니다. 우리가 쉽게 마시는 음료 한 잔, 커피 한 잔, 요구르트 한 병에 당의 하루 섭취량이 모두 포함되어 있는 경우도 있기에 앞으로는 음료 선택에 세심한 주의가 필요합니다.

그렇다면 가장 좋은 음료는 무엇일까요? 바로 '물'입니다! 하나님은 우리 몸에 가장 좋은 음료를 이미 선물로 주셨습니다. 기억하세요. 아이들과 우리 모두에게 가장 좋은 음료는 물입니다.

"물은
하나님이 우리에게 주신
가장 좋은 음료입니다."

3) 이 간식은 피해주세요 ❶

: 합성 감미료

간식을 고를 때 설탕이 안 들어 있다고 무조건 선택하면 안 됩니다. 아이들이 좋아하는 사탕, 과자, 껌, 음료수에는 설탕 대신 합성 감미료가 첨가되어 있습니다. 그런데 이 합성 감미료는 단맛이 설탕의 200-600배나 높은 합성 첨가물입니다.

사카린 나트륨 : 뻥튀기, 오이 피클, 어묵 등

아스파탐: 캔디, 껌, 과자 등

아세설팜칼륨: 껌, 혼합 음료, 캔디 등

수크랄로스: 혼합 음료, 캔디, 발효유 등

: 합성 감미료가 사용되는 식품 :

이제 간식을 고를 때에는 식품 뒷면에 있는 식품 정보를 꼼꼼히 읽어보는 습관을 가져야 합니다. 요즈음 슈퍼나 마트에서 판매하는 거의 모든 음식에 식품 감미료가 들어 있기 때문에 무작정 기피할 수는 없습니다. 하지만 유아기는 평생의 식습관이 형성되는 중요한 시기이기에, 합성 감미료와 식품 첨가물이 들어 있는 식품보다는 자연식품을 주는 것이 필요하지 않을까요?

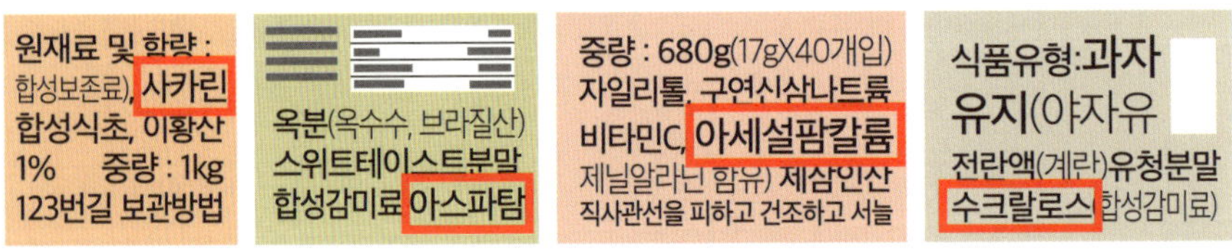

: 아이들이 좋아하는 간식들의 식품 정보 :

바른 습관을 길러주세요

최근 아동 건강과 관련된 두 가지 이슈는 편식과 비만입니다. 이 가운데 아동 비만의 증가는 무엇보다 패스트푸드와 같은 잘못된 식습관과 인터넷 사용 증가에 따른 운동 부족이 주요 요인으로 꼽힙니다. 그런데 아동 비만은 아이가 아주 어렸을 때의 이유 습관과 관련되어 있습니다. 다음은 전문가들이 이야기하는 아동 비만 예방법입니다.

1. 영아기

1) 아기가 배고파할 때만 우유를 줍니다. 울 때마다 우유병을 물려서 달래면 안 됩니다.
2) 6개월이 되면 밤에 먹지 않고 잘 수 있습니다. 서서히 밤에 먹이는 우유의 양을 줄이고 밤에 보채더라도 물을 주세요.
3) 이유식은 반드시 숟가락으로 줍니다. 간혹 우유병에 과즙이나 주스를 주는데, 이것은 비만과 충치를 만드는 지름길입니다.
4) 이유식 시기에 단맛에 익숙해지지 않도록 주의합니다. 당이 많이 든 과자나 빵을 주지 않습니다.
5) 이유식 시기에 감자, 고구마 등을 주어 아이가 채소와 친숙해지도록 합니다.

영아기 때 채소에 친숙하지 않은 아이는 커서도 채소에 친숙해지기 어렵습니다. 마찬가지로 어렸을 때 교회와 예배, 하나님의 말씀과 친해지지 않은 아이는 커서 교회에 나오기 어렵습니다. 어렸을 때 경험한 것들은 무의식에 남기에, 우리 아이들이 하나님께 드리는 예배에 가까워지기 위해서는 무엇보다 일찍 교회와 주일학교에 나와야 합니다. 자녀가 엄마의 배 속에 있을 때, 즉 태아기부터 교회와 주중에 모이는 다락방 모임에 나와 예배를 드리세요.

2. 유아기

1) TV를 보면서 식사하지 않습니다. 실제 연구 결과, TV를 보면서 음식이나 간식을 먹으

면 화면에 정신이 팔려 배가 부른 것도 모르고 계속 먹게 되어 살이 찌기 쉽습니다.

2) 핸드폰을 못 만지게 합니다. 대신 아이를 데리고 밖으로 나가세요. 적당한 운동은 건강을 위해 매우 중요합니다. 매일 한두 시간 정도 밖에서 뛰어놀게 해야 합니다.

3) 유아기에는 우유를 먹을 때 저지방 우유(1%)나 무지방 우유를 먹이는 것이 매우 중요합니다. 그러나 영아기 때는 지방이 매우 필요한 시기이므로 저지방이나 무지방 우유를 주어서는 안 됩니다.

4) 유아가 음식을 남겼을 때 꾸중하지 마십시오. 먹는 거 자체를 싫어하게 됩니다. 특히 어린이집과 유치원에서 급식을 하는 경우 모든 아이들에게 똑같은 양의 식사를 주고 남기지 못하게 하는 것은 안 됩니다. 스스로 자신이 먹을 양만큼 덜어 먹게 하고, 양이 많다고 느끼는 아이는 덜어서 적게 먹을 수 있도록 해주세요.

5) 패스트푸드와 탄산음료, 단 요구르트, 주스는 가능하면 주지 않습니다.

6) 간식을 너무 많이 주지 마십시오. 간식으로 배가 부르면 식사를 하지 않습니다.

7) 흰 쌀밥 대신 현미나 통곡물을 섞어서 먹습니다. 그러나 통곡물은 소화가 잘 안 되기 때문에 꼭꼭 씹어 먹도록 합니다.

아이가 영아기에서 유아기로 자라갈 때, 이유식에서 밥을 주고 쌀밥에서 점차 통곡물을 넣은 식사를 해야 합니다. 그래야 올바른 영양 공급을 할 수 있습니다. 그런데 부모님의 영적 양식은 어떤가요? 아직도 목사님과 전도사님이 들려주는 주일 예배의 말씀에만 의존하여 영적 생활을 하고 있지는 않은지요? 목사님의 설교를 듣는 것도 중요하지만, 내가 직접 하나님의 말씀을 매일 묵상하여 주님이 내게 주시는 말씀을 씹어 먹어야 합니다. 그래야 건강한 영적 생활을 유지할 수 있습니다. 우리 자녀도 마찬가지입니다. 처음에는 짧은 성경 만화와 동화로 아이에게 하나님의 말씀을 들려주지만, 이제 가정 예배와 큐티를 통해 아이가 직접 하나님의 말씀을 대면할 수 있도록 해주세요. 아이가 자라가며 젖에서 밥으로, 점점 스스로 영적 양식을 씹어 먹을 수 있도록 도와주세요.

"갓난 아기들 같이 순전하고 신령한 젖을 사모하라 이는 그로 말미암아 너희로 구원에 이르도록 자라게 하려 함이라"(벧전 2:2).

"내가 너희를 젖으로 먹이고 밥으로 아니하였노니"(고전 3:2).

4) 이 간식은 피해주세요 ❷

: 트랜스 지방

트랜스 지방이란 식물성 액체 기름(불포화 지방산)에 수소를 첨가해 액체 기름을 고체 상태로 변형시킨 지방입니다. 마가린과 쇼트닝이 여기에 포함됩니다. 그런데 20세기 이전에는 트랜스 지방이 존재하지 않았습니다. 그러다 과학과 기술의 발달로 우리가 '식용유'라고 부르는 액체 기름을 변형시켜, 보관과 사용이 편리한 고체 지방으로 바꾼 것입니다. 트랜스 지방이 개발된 후 외식 업체는 놀라운 발전을 거듭하였습니다. 트랜스 지방은 가격도 매우 저렴할 뿐 아니라, 이것으로 만든 튀김이나 과자는 눅눅하지도 않으며 바삭한 식감까지 갖추었기 때문입니다. 또한 트랜스 지방은 여러 번 사용해도 잘 타지 않고 맛도 좋아 지금 우리가 먹는 피자, 치킨, 빵, 도넛, 튀김, 과자 등 거의 모든 외식 제품에 사용되고 있습니다.

그러나 트랜스 지방은 고지혈증, 인슐린 저항, 심혈관 질환의 원인이 됩니다. 무엇보다 트랜스 지방이 포함된 음식은 강한 중독성을 지녔기에 비만과 밀접한 연관이 있는 것으로 밝혀졌습니다. 또한 트랜스 지방 섭취는 불안 및 공격성과도 연관이 있었습니다. 미국 샌디에이고 의대 연구 팀에서 성인 남녀 945명을 대상으로 식사 습관과 행동 성향을 분석한 결과, 트랜스 지방을 많이 섭취하는 사람일수록 공격적이고 과민성 행동 성향이 강한 것으로 나타났습니다.

그렇다면 트랜스 지방을 어느 정도 섭취하는 것이 좋을까요? 전문가들은 '0(zero)', 즉 트랜스 지방이 들어 있는 음식을 먹지 않는 것이 가장 좋다고 합니다. 그러나 현실적으로 너무 많은 음식에 트랜스 지방이 포함되어 있기에 전혀 섭취하지 않는 것은 불가능해 보입니다. 따라서 세계보건기구(WHO)에서는 가급적 트랜스 지방을 먹지 않도록 하되, 어쩔 수 없이 먹어야 한다면 성인은 최소한 하루 섭취 칼로리의 1퍼센트인 2.2그램, 아동은 1-2그램만 섭취하도록 권장하고 있습니다.

빵의 트랜스 지방 함량(1개 기준)	
A사 페스츄리	10.3g
C사 도넛	27.5g
D사 케이크	2.1g
세계보건기구 기준 1일 제한량 2g	

왼쪽의 표는 우리가 즐겨 먹는 간식에 들어 있는 트랜스 지방 함유량입니다. 이처럼 우리 아이들이 무심코 먹은 피자 한 조각의 트랜스 지방 함량이 하루 권장량을 훌쩍 뛰어넘고, 심지어 일부 빵이나 도넛의 경우 한 개만 먹어도 하루 권장량의 10-27배에 달하는 트랜스 지방을 먹게 됩니다. 과자도 마찬가지입니다. 놀라운 사실은 똑같은 튀김이나 빵이라 할지라도 제조 방법에 따라 트랜스 지방 함량이 수십 배씩 차이가 난다는 것입니다. 트랜스 지방을 사용한 튀김과 빵은 당연히 트랜스 지방 함량이 높게 나타납니다. 따라서 제품을 구입하기 전에 트랜스 지방 함량을 꼭 확인하고 구입하여야 합니다.

네덜란드와 하버드 의대 보건대학원에서는 트랜스 지방에 대한 역학 연구를 오랫동안 실시하였습니다. 연구진들은 특히 임신 중에 트랜스 지방이 들어간 음식을 많이 먹게 되면 태반을 통해 아기가 트랜스 지방에 중독되어 태어난 이후에 더욱 트랜스 지방이 들어간 음식을 찾게 된다고 발표하였습니다. 우리는 트랜스 지방이 들어간 음식이 맛있고 부드럽기 때문에, 어느새 트랜스 지방에 길들여지게 됩니다. 몸에 나쁜 것을 알면서 자꾸 먹고 싶고 생각나 끊기가 어렵다면, 이미 트랜스 지방에 중독된 것입니다. 이처럼 트랜스 지방의 대표적인 특징 가운데 하나는 설탕과 마찬가지로 중독성이 매우 강하다는 것입니다.

왜 유독 미국에 고도 비만 환자들이 많을까요? 그것은 유명 햄버거와 치킨 체인점 대부분이 미국에서 생겨난 것과 연관이 있습니다. 대부분의 미국인들은 패스트푸드가 몸에 좋지 않다는 것을 알지만 끊지 못합니다. 이미 트랜스 지방에 익숙해져 있고, 트랜스 지방이 들어 있는 음식을 맛있다고 느끼기 때문입니다.

건강을 위해 가장 이상적인 것은 트랜스 지방을 0퍼센트로 만드는 것임을 기억하세요. 트랜스 지방이 들어간 음식은 어렸을 때부터 입에 대지 않는 것이 최선입니다. 따라서 이제 가정과 교회에서 간식을 줄 때, 아이들은 좋아하고 구입하기 편하고 저렴하다는 이유로 사탕이나 과자, 요구르트를 구입하는 것은 지양해야 합니다.

트랜스 지방은 정서와 신앙에도 영향을 미쳐요

아이의 간식과 관련해 부모들이 자주 하는 오해를 살펴보겠습니다.

첫 번째, 슈퍼에서 파는 것보다 제과점에서 파는 빵과 과자가 아이들의 건강에 좋다?!

제과점에서 판매한다고 모두 좋은 빵이 절대 아닙니다. 특히 페스츄리는 아이에게 사주지 말아야 합니다. 그 이유는 페스츄리를 만들 때 다량의 마가린을 넣기 때문입니다. 페스츄리의 40퍼센트 이상이 트랜스 지방입니다. 만약 페스츄리를 만들 때 마가린과 쇼트닝 대신 버터를 넣었다면 괜찮습니다. 그러나 페스츄리의 절반이 지방으로 이루어져 있기 때문에, 현실적으로 값비싼 버터를 넣어 페스츄리를 만드는 제과점은 거의 없습니다. 따라서 일반적으로 페스츄리는 트랜스 지방 덩어리입니다.

두 번째, 빵과 과자는 모두 나쁘다?!

그렇지 않습니다. 제과점에는 정제된 하얀 밀가루 대신 통곡물로 만든 건강 빵도 있습니다. 또한 빵과 과자에 마가린과 쇼트닝 대신 버터를 넣었다면 트랜스 지방은 없습니다. 문제는 우리 아이들이 어렸을 때부터 부드럽고 고소한 트랜스 지방에 길들여져 트랜스 지방이 들어간 빵과 과자를 건강 빵보다 더 맛있다고 느낀다는 점입니다. 제과점에서 구입한 빵과 과자가 좋은 간식 아니라, 마가린과 쇼트닝 같은 트랜스 지방이 들어가지 않은 것이 좋은 간식입니다. 이제는 아이들의 간식을 구입할 때, 공부하고 고민하고 한 번 더 생각해 보아야 합니다.

요즘 우리는 아이들이 예전과 비교하여 산만하고 공격적이며 자신의 감정을 조절하지 못한다고 걱정합니다. 그런데 이러한 아이들의 불안한 정서는 아이들의 먹거리와도 관련이 깊습니다. 하나님이 만드신 세상에는 트랜스 지방이 없었습니다. 그런데 인간의 기술로 자연식품에는 존재하지 않던 인공적인 지방, 즉 트랜스 지방이 만들어진 것입니다.

앞서 살펴보았듯이 트랜스 지방은 우리의 신체 건강뿐 아니라 정서에도 매우 안 좋은 영향을 미칩니다. 아이들의 발달, 즉 신체 발달, 정서 발달, 사회성 발달, 도덕성(신앙)발달은 모두 연결되어 있습니다. 트랜스 지방처럼 몸에 좋지 않은 것을 먹으면 정서가 불안해지고, 불안한 정서로 인해 친구와 다른 사람들과의 관계가 나빠지며, 신앙 발달에도 악영향을 미칩니다. 우리가 아이의 신앙 발달을 위해 관심을 기울이는 것처럼, 나 자신과 아이들의 간식에 좀 더 관심을 가져야 하는 이유가 바로 여기에 있습니다.

5) 이 간식만은 피해주세요 ❸
: 냉동 피자, 전자레인지 팝콘

앞에서 페스츄리에는 트랜스 지방이 많이 들어 있다는 이야기를 했습니다. 그런데 페스츄리보다 트랜스 지방이 훨씬 많이 들어 있는 음식이 있습니다. 아래의 표에 나와 있듯이 냉동 피자와 전자레인지 팝콘입니다. 이 음식들에는 페스츄리보다 두 배 이상의 트랜스 지방이 들어 있습니다. 기억하세요. 세계보건기구에서는 하루 2그램 이상의 트랜스 지방을 섭취하는 것은 좋지 않다고 권고하고 있습니다.

냉동 피자와 전자레인지 팝콘은 아이들이 무척 좋아하고, 가격도 저렴해서 가정에서 쉽게 만들어주는 대표적인 간식입니다. 우리는 영화를 볼 때 팝콘과 콜라를 당연하다는 듯 양손에 들고 먹으면서 관람합니다. 만약 집에 냉동 피자와 전자레인지 팝콘이 있다면, 아까워하지 말고 그냥 버리세요. 아이들의 영양에 전혀 도움이 되지 않습니다.

100g 당 트랜스 지방 함량	
햄버거	5.86g
과자	14.49g
감자튀김	12.02g
페스츄리	25.66g
냉동 피자	48.83g
전자레인지 팝콘	54.64g
마가린	25.24g

출처 KBS 생노병사의 비밀, <위험한 유혹 트랜스 지방>

만약 마가린 대신 올리브유나 버터를 사용해 엄마가 직접 피자나 팝콘을 만들었다면 트랜스 지방은 거의 들어 있지 않습니다. 감자튀김도 마찬가지입니다. 엄마가 직접 만든 감자튀김은 트랜스 지방에서 안전합니다. 표에 있는 수치는 밖에서 사 먹거나 냉동 식품으로 판매하는 반 조리 식품을 기준으로 한 것입니다. 결국 **우리 아이들에게 가장 안전한 간식은 직접 만든 음식입니다.** 다음은 서울대학교 의과대학교에서 제시한 트랜스 지방 섭취를 줄이기 위한 방법입니다.

① 가공식품보다는 가능한 한 자연식품을 선택한다.

트랜스 지방은 주로 식품을 가공할 때 첨가되기 때문입니다. 밥과 국으로 된 한식을 골고루 먹이고, 간식으로는 빵과 과자류보다는 과일, 감자, 옥수수 등을 선택합니다.

② 가공식품은 포장지에 있는 영양 성분 표시에서 지방 함량을 반드시 확인한다.

트랜스 지방이 없고, 가급적이면 포화 지방 함량도 적은 것으로 선택합니다.

③ 음식을 조리할 때 마가린은 사용하지 않는다.

참기름, 들기름, 올리브유 등의 식물성 기름을 사용하는 것이 좋습니다. 단, 이러한 식물성 기름은 불포화 지방의 함량이 높으므로 산소와 맞닿아 산패하지 않도록 밀봉하여 어두운 곳에 보관합니다.

④ 기름에 튀긴 음식은 조금만 먹는다.

식물성 기름은 트랜스 지방이 매우 적지만, 가열하면 가열 온도와 시간이 증가함에 따라 트랜스 지방 함량도 증가합니다. 특히, 밖에서 파는 튀김의 경우 쓰던 기름을 계속 사용할 수도 있으므로 가급적 선택하지 않습니다.

출처 트랜스 지방, 알고 드시나요? - 서울대학교 의과대학 국민건강지식센터
http://hqcenter.snu.ac.kr/archives/jiphyunjeon/%ED%8A%B8%EB%9E%9C%EC%8A%A4%EC%A7%80%EB%B0%A9-%EC%95%8C%EA%B3%A0-%EB%93%9C%EC%8B%9C%EB%82%98%EC%9A%94

6) 이 간식만은 피해주세요 ❹

: **타트라진**(tartrazine, 식용 색소 '황색 제4호')

얼마 전 서울 시내의 초·중·고교생을 대상으로 학생들의 정서 상태를 살펴본 결과 전체 학생의 약 5퍼센트가 집중력 부족을 나타냈습니다. 그런데 2년 후에

는 13.25퍼센트가 집중력 부족이었으며, 지금은 20퍼센트가 넘는 학생들이 집중력 부족을 나타내고 있습니다. 10명 중 두세 명의 아이는 수업을 따라가기 힘들 정도로 집중력이 부족합니다. 왜 이렇게 아이들의 집중력이 하루가 다르게 떨어질까요? 컴퓨터를 너무 많이 접하기 때문일까요? 스트레스가 많아서일까요?

이에 대해 학자들은 아이들이 섭취하는 영양소, 즉 매일 먹는 식사가 아이들의 집중력을 떨어뜨리는 주요 요인임을 밝혀냈습니다. 오래 전에 방송되었지만 MBC에서 방송한 〈두뇌 음식〉과 SBS의 〈밥상머리의 기적〉이라는 프로그램을 통해, 우리는 아이가 먹는 음식이 아이의 성격과 행동, 그리고 학습 능력에 어떤 영향을 주는지를 알 수 있습니다. 방송에서 아이들은 탄산음료나 피자, 햄버거, 사탕, 초콜릿 등을 즐겨 먹었고, 이런 음식을 먹을 때마다 점점 더 난폭하게 변해갔습니다. 이 아이들은 탄산음료에 흔히 사용되는 타트라진이 들어 있는 음료와, 지나치게 단 음식을 먹을 때 더욱 흥분하는 모습을 보였습니다.

특히 타트라진은 우리나라에서 '황색 제4호'로 불리는 인공 색소(착색료)로 노란 빛깔의 레몬 음료나 사탕에 많이 들어 있습니다. 여러 연구 결과 타트라진은 집중력 저하 외에도 아토피와 같은 식품 알레르기를 잘 일으키고, 천식에도 악영향을 미치는 것으로 밝혀졌습니다. 이제 아이들의 간식을 살 때, 식품 구성 성분에 황색 제4호가 있다면 구입하지 않는 지혜가 필요합니다.

우리 아이의 영적 먹거리에도 신경쓰고 계시나요?

요즘 엄마들은 아이의 건강한 먹거리를 위해 무척 조심하고 신경씁니다. 그런데 우리 아이들의 영적인 먹거리에는 얼마나 신경쓰고 계신지요. 다음은 우리 자녀가 영적인 먹거리, 즉 하나님의 말씀을 잘 먹기 위한 방법입니다.

첫째, 매주 정기적으로 가정 예배를 드림으로써 자녀가 하나님의 말씀을 자연스럽게 접하도록 해주세요.
둘째, 매일 잠자리에 들 때, 성경 동화를 들려주세요.
셋째, 자녀의 머리에 손을 얹고 자녀 축복 말씀을 자주 들려주세요.
넷째, 주일학교의 주일 예배에 빠지거나 늦지 않게 해주세요.
다섯째, 엄마, 아빠가 잔소리가 아닌 삶으로 본을 보여주세요.

03

식원성 증후군
: 음식이 아이를 폭력적으로 만들어요

'식원성 증후군'이라는 말을 들어본 적이 있나요? 식원성 증후군이란 가공식품에 들어 있는 식품첨가물을 먹음으로써 아이가 공격적이 되고, 참을성이 없어지며, 집중력이 떨어지는 것과 같은 정서적, 행동적 문제를 일으킨다는 개념입니다. 식품 첨가물이 다량으로 들어 있는 가공식품은 피로 증가, 아토피 악화, 면역력 약화 등을 불러오며 우리의 신체에 악영향을 미칩니다. 게다가 조급증과 폭력성 심화, 등교 거부 등의 행동을 일으키며 정신 건강에도 영향을 미칩니다.

처음 식원성 증후군이라는 용어를 사용한 사람은 일본의 청소년 문제 전문가인 오사와 히로시(Hiroshi Osawa) 교수입니다. 그는 1970년대 중반 이후부터 '이지메'라 불리는 일본 중·고등학생들의 학교 폭력이 급격히 증가한 이유를 연구하였습니다. 당시 일본에서는 학생이 친구들과 선생님을 칼로 찌르는 것과 같은 심각한 공격적인 행동들이 빈발했습니다. 히로시 교수는 아이들의 식생활에서 그 원인을 발견하였습니다. 급하고 인내심이 부족해서 문제를 일으킨 비행 청소년의 대부분이 일반 청소년들에 비해 어려서부터 가공식품과 인스턴트 음식을 많이 먹어 영양적으로 심각한 불균형 상태에 있음을 밝혀낸 것입니다. 그동안 아이의 폭력성 문제를 게임이나 인터넷 중독과는 연결시켰지만, 이러한 문제들이 먹는 음식과 관련이 있으리라고는 생각하지 못했습니다. 그러나 최근 들어 음식만 바꾸었는데도 아이들의 폭력성이 줄어들고, 집중력이 증가하며, 성적도 향상되었다는 연구 결과들이 나오고 있습니다. 히로시 교수는 교사와 부모들에게 이렇게 이야기합니다. "아이들 몸과 정신을 생각한다면, 가공식품을 사주지 마세요."
아이들의 몸과 정신 건강에 좋지 않은 것들 모두 하나님이 만드신 자연 세상에는 없던 것들입니다. 어렸을 때부터 가공식품이 아닌 자연식품을 식사와 간식으로 먹는 우리 아이들이 되길 바랍니다.

1) 우리 몸의 정신 안정제 '칼슘(Ca)'

우리는 지금까지 칼슘(Ca)을 뼈를 구성하는 영양소로만 알고 있었습니다. 맞습니다. 칼슘은 키를 성장시키고, 치아를 튼튼하게 해주는 우리 몸에 꼭 필요한 무기질입니다. 그러나 최근 들어 칼슘이 뼈를 구성하는 동시에 우리 몸에서 정신 안정제의 역할을 한다는 주장이 나와 관심을 끌고 있습니다. 성품이 활발하고 명랑한 사람과 우울하고 감정적인 동요가 심한 사람의 혈액을 분석한 결과, 칼슘 양에 있어 현저한 차이를 보였습니다. 즉, 활발한 사람의 혈액에는 우리 몸의 적정 기준치보다 칼슘이 많이 함유되어 있었지만, 우울하고 감정 조절이 되지 않는 사람의 혈액에는 칼슘이 부족하였습니다. 즉, 칼슘은 신체적 성장뿐 아니라 정서적 안정을 위해서도 매우 중요한 무기질인 것입니다.

어떻게 해야 칼슘을 잘 섭취할 수 있을까요? 먼저 칼슘이 많이 들어 있는 음식(우유, 유제품, 뼈째 먹는 생선, 녹색 채소, 콩, 견과류, 해조류)을 매일 충분히 섭취해야 합니다. 그러나 칼슘은 우리가 음식을 통해 섭취한다 해도 잘 흡수되지 않는다는 문제가 있습니다. 실제로 성인의 칼슘 흡수율은 30퍼센트 내외로 알려져 있습니다. 따라서 칼슘은 음식물을 통해 섭취하는 동시에 우리 몸속으로 잘 흡수되도록 신경 써야 합니다. 그런데 칼슘의 흡수를 적극적으로 방해하는 무기질이 있습니다. 바로 인(P)입니다. 인 역시 칼슘과 함께 우리 몸의 뼈와 치아를 형성하는 매우 중요한 무기질이지만, 공급 과잉이 되면 칼슘의 흡수를 저해합니다. 인은 특히 가공식품과 탄산음료에 다량 함유되어 있어, 별 생각 없이 마시는 **탄산음료 한 병이 우리 몸의 칼슘 흡수를 막게 되는 것입니다. 아무리 우유와 생선을 아이에게 많이 먹였어도, 아이가 탄산음료를 마신다면 칼슘의 흡수율은 뚝 떨어집니다.** 가급적 우리가 아이들에게 가공식품과 탄산음료를 주지 말아야 하는 이유가 바로 여기에 있습니다.

아이의 성격이 예민한가요? 화가 나면 공격적이며 자신을 통제하지 못하나요? 우울한가요? 집중력이 떨어지나요? 그렇다면 가공식품 대신 싱싱한 채소와 해조류, 생선 위주의 음식을 주세요. 그리고 간식은 우유와 견과류, 과일로 바꿔주세요. 전문가들은 두 달만 이러한 식단을 유지해도 아이가 달라지는 것을 경험할 수 있다고 이야기합니다.

"햄버거 세트 메뉴의 93퍼센트가 어린이 한 끼 열량보다 높아!"

한국소비자원이 햄버거 및 피자를 판매하는 총 14개 업체의 홈페이지에 게재된 영양 정보를 분석했습니다. 그 결과 햄버거 세트 메뉴 57개 제품의 평균 열량(880.5kcal)이 9-11세 남자 어린이 한 끼 식사 열량(633.3kcal)의 39퍼센트를 초과하

는 것으로 나타났습니다. 전체적으로 햄버거 세트 메뉴의 93퍼센트(57개 중 53개), 햄버거 단품 제품의 14.9퍼센트(67개 중 10개)가 9-11세 남자 어린이 한 끼 열량보다 높았습니다. 피자의 경우 1회 제공량(1조각 기준)당 평균 열량(318.1kca)은 9-11세 남자 어린이의 한 끼 열량보다 낮았지만, 두 조각을 섭취할 경우 포화 지방은 1일 영양소 기준치의 80퍼센트, 나트륨은 46.4퍼센트를 섭취하게 되어 피자는 한 조각만 섭취하는 것이 바람직한 것으로 나타났습니다.

2) 두뇌 음식

MBC에서 방송된 <두뇌 음식>이라는 다큐멘터리가 있습니다. 이 프로그램에서는 정말로 아이들이 먹는 음식만 바꾸어도 아이들의 집중력을 향상시킬 수 있는지를 확인하기 위해 초등학생을 대상으로 실험을 했습니다. 두 학급을 선택한 후, 학교의 급식을 완전히 바꿀 수 없어, 한 학급의 학생들에게는 두뇌에 좋다고 알려진 해바라기씨(20g)와 어유(오메가3)를 매일 먹게 하였습니다. 동시에 이 학급의 부모들에게는 가급적 아이들에게 인스턴트 음식을 주지 말아달라고 부탁했습니다. 그리고 다른 학급의 학생들에게는 평소대로 음식을 먹게 하였습니다. 실험은 총 7주에 걸쳐 이루어졌습니다. 실험 결과는 어떻게 나왔을까요?

7주 후 뇌파 검사를 통해 아이들의 집중력을 살펴본 결과 해바라기씨와 어유를 먹은 반의 아이들 모두 전두엽 부위에서 우리가 집중할 때 발생하는 뇌파인 SMR이 놀라울 정도로 증가하였습니다. 그러나 평소대로 음식을 먹은 반의 아이들은 실험 전과 비교해서 별다른 차이가 나타나지 않았습니다. 즉, 음식만 바꾸어도 아이들의 집중력이 많이 향상된다는 사실이 확인된 것입니다.

그렇다면 성인은 어떨까요? 성인도 먹는 음식만 바꾸어도 집중력이 나아지고 성격도 긍정적으로 바뀔 수 있을까요? MBC 스페셜 <두뇌 음식>에서는 공무원 시험을 준비하는 한 여성을 대상으로 7주 동안 영양소가 골고루 담긴 식단을 짜서 하루 세끼를 꼭 먹게 하고, 매 식사 때마다 채소와 과일도 충분히 먹도록 하였습니다. 그러자 놀라운 일이 벌어졌습니다. 학원에서 수업을 듣는 와중에도 입술을 뜯고 다리를 떨고 펜을 돌리며 공부에 집중하지 못했던 그녀가 식사를 바꾼 지 7주 만에 공부하는 태도와 생활 습관, 다른 사람을 대하는 태도까지 많이 바뀐 것입니다. 정말 음식 하나로 사람이 바뀌는 기적이 나타났습니다.

음식이 아이들의 생각과 행동에 영향을 미친다는 다양한 연구 결과와 보고서가 등장하면서, 미국과 영국에서는 국민들이 먹는 식단에 국가가 관심을 가지고 개입하기 시작하였습니다. 특히 영국에서는 개인의 주의 집중력을 높여 국가의 생산성을 높이겠다는 국가적 계획하에, 정부에서 집중력을 올릴 수 있는 음식과 각종 정보를 제공하고 있습니다.

- 콩과 견과류, 씨앗류 - 콩류, 호두, 잣, 참깨, 검은깨, 호박씨, 해바라기 씨 등
- 정백되지 않는 곡물(통곡물) - 현미, 통밀
- 과일과 채소
- 생선
- 물

: 두뇌 음식, 두뇌 간식 :

그림에 나와 있는 것처럼 콩과 견과류가 대표적인 두뇌 음식입니다. 특히 호두와 잣에는 비타민과 미네랄이 많이 들어 있고, 정백되지 않은 곡식과 과일, 채소에는 마그네슘, 철, 아연, 칼슘 등의 무기질과 비타민이 풍부합니다. 이 가운데 철분은 혈액의 구성 요소인 동시에, 최근 집중력과 학습 능력과도 밀접한 연관이 있는 무기질로 밝혀졌습니다. 철분이 부족하면 아이가 아무리 공부하려 해도 집중하기 어렵고 학습 능력이 떨어집니다. 그런데 철분은 의사의 지시가 없는 이상 약으로 공급하는 것은 바람직하지 않습니다. 식품으로 섭취해야 합니다.

철분이 많이 들어 있는 음식은 간과 육류, 생선, 녹색 채소와 해조류입니다. 식탁에 현미밥과 싱싱한 채소가 많이 있어야 하는 이유가 여기에 있습니다. 한편 검은깨에 많이 들어 있는 리놀레산은 몸과 머리를 건강하게 하고, 브로콜리에 많이 들어 있는 엽산은 집중력과 기억력 향상에 도움을 줍니다. 그리고 생선에는 집중력에 좋은 DHA와 오메가3가 풍부합니다.

그리고 기억하세요. 물도 아주 좋은 두뇌 음식이라는 것을요. 하나님이 우리에게 선물로 주신 물은 우리 모두에게 가장 좋은 음료수입니다.

3) 5 a day, Eat 5 colors a day 프로그램

음식이 미치는 영향이 밝혀지면서 여러 국가에서 국민들의 식단에 관심을 갖고 개입하고 있습니다. 이중 대표적인 정책이 미국과 영국, 일본 등에서 실시하고 있는 '1일 5접시(5 a day) 프로그램'입니다. 이 프로그램은 1991년 미국 국립암협회에서 늘어만 가는 암과 비만을 예방하고 국민들의 건강을 증진하기 위해 시작하였습니다. 미국에서는 미국민의 주식인 고기 대신 채소의 섭취량을 늘리기 위해 '하루에 채소와 과일을 5접시(5-9접시) 이상' 먹도록 하자는 취지에서 '5 a day 프로그램'으로 이름하였습니다. 이 캠페인은 널리 알려져 미국의 많은 주에서 참여하고 있습니다.

또한 영국에서도 이와 비슷하게 국민들에게 매일 5가지 색깔(빨강, 노랑, 초록, 보라, 검정)의 과일과 채소를 섭취하도록 하는 '하루에 5가지 색 먹기(Eat 5 colors a day)'를 실시하고 있습니다. 그런데 과일과 채소를 많이 먹으면 되지, 왜 영국에서는 굳이 색깔을 강조하였을까요?

: 색깔 음식 :

- 빨강 - 토마토, 딸기, 복분자, 석류, 사과, 빨간색 파프리카, 고추, 대추
- 노랑 - 옥수수, 파인애플, 단호박, 고구마, 견과류, 감, 당근
- 초록 - 시금치, 녹차, 브로콜리, 키위, 샐러리, 파슬리
- 보라 - 포도, 가지, 프룬, 블루베리, 팥, 비트
- 검정 - 미역, 김, 다시마, 검은 쌀, 검은콩, 검은깨, 오징어 먹물, 우엉, 연근
- 흰색 - 마늘, 양파, 감자, 무, 인삼, 양배추, 도라지

최근 식품영양학 연구들에 의하면 색깔 음식은 인간의 항암, 항균, 해독과 같은 면역력과 노화 방지에 밀접한 연관이 있는 것으로 밝혀졌습니다. 따라서 음식을 구입할 때 예전에는 신선한 것을 위주로 골랐다면, 지금은 신선하면서도 화려하고 선명한 색깔의 과일과 채소를 골고루 선택하는 것이 필요합니다. 그리고 껍질째 먹는 것이 가장 좋습니다. 기억하세요. 시중에서 판매하는 주스나 생과일 주스 대부분 이 설탕 덩어리라는 것을요. 건강을 위해 사 먹은 음식이 오히려 우리의 몸에 독이 되고 있습니다.

"생과일 주스와 요구르트의 설탕 함량"

소비자보호원에서 생과일 주스와 요거트 제품들을 분석한 결과, 평균적으로 주스 한 컵당 설탕 55그램(각설탕 20개 분량), 요구르트 1회 제공량(150ml)당 평균 14.52그램(각설탕 5개 분량)의 당이 들어 있는 것으로 나타나 충격을 주었습니다. 마트에서 판매되고 있는 과일 주스도 마찬가지입니다. 과일 주스에 당분이 높은 이유는 과일 자체가 당분이 많은 데다가 더 강한 단맛을 위해 설탕과 소금을 더하기 때문입니다. 일부 업체는 감칠맛을 위해 조미료도 사용하고 있었습니다.

해외에서도 요구르트와 유기농 제품에 당이 많이 들어 있다는 연구 결과가 나왔습니다. 영국의 리즈 대학교와 서리 대학교 연구진은 자국의 슈퍼에서 판매되는 900여 가지의 요구르트를 분석하였습니다. 그 결과 대부분의 요구르트 제품에 당이 많았음은 물론(100g당 16.4g), 유기농 제품에도 당이 많이 들어 있다는 사실(100g당 13.1g)을 발견했습니다.

그렇기 때문에 탄산음료 대신 요구르트를 마신다고 해서 안심해서는 안 됩니다.

04

음식 네오포비아
: 새로운 음식이 무서워요

네오포비아(Neophobia)는 낯설거나 새로운 것에 대해서 느끼는 공포를 나타냅니다. 따라서 '음식 네오포비아(Food Neophobia)'란 아이들이 새로운 음식을 주었을 때 심하다 싶을 정도로 거부하고 싫어하는 일종의 '음식 공포 반응'이라고 할 수 있습니다. 최근에는 맞벌이 가정이 증가하여 어머니와 아이의 유대 관계가 약해지고, 아이들의 이유식이 제대로 이루어지지 않으면서 전보다 많은 아이들이 새로운 음식에 극도의 거부감을 보이고 있습니다. 우유만 먹고 밥은 안 먹으려는 아이, 밥은 먹는데 채소는 극도로 거부하는 아이, 이외에도 많은 아이들이 자신이 싫어하는 음식은 절대로 먹으려 하지 않는 경향이 있습니다.

왜 음식 네오포비아를 나타내는 아이들이 많아지는 걸까요? 공포는 사실 하나님이 모든 사람에게 주신 자연적인 감정입니다. 공포의 감정이 있기에 우리는 위험한 것을 하지 않고 조심합니다. 하나님은 영·유아에게 낯선 사람과 낯선 환경에 대한 공포를 주셨습니다. 그래서 영아기 애착에서 설명하였듯이 6, 7개월만 지나도 아이들은 가족 외의 낯선 사람을 보면 자지러지게 우는 낯가림을 나타냅니다. 그리고 엄마와 떨어져 낯선 곳에 있게 되면 이 공포는 더욱 커집니다. 이처럼 아이들은 사람, 환경, 음식 등 새로운 것에 공포가 있습니다. 따라서 음식 네오포비아는 낯선 것에 대한 아이의 공포 반응이라고 생각하면 이해하기 쉽습니다.

음식 네오포비아는 낯가림처럼 생후 6, 7개월 무렵에 나타나기 시작하여 만 1세가 되면 더욱 심해집니다. 그러나 낯선 사람을 보면 우는 낯가림은 만 1-2세가 되면 사라지는 반면에, 음식 네오포비아는 아이가 성장하면서 더욱 커져간다는 데 문제가 있습니다. 특히 이 시기 아이들에게 네오포비아 지수가 가장 높은 음식이 바로 채소입니다. 따라서 식사 때마다 편식하는 아이에게 채소를 먹이기 위한 엄마와 교사들의 고충이 심각합니다.

- 6, 7개월 - 1세: 낯선 사람에 대한 공포(낯가림)
- 1-2세 이후: 낯선 음식에 대한 공포(음식 네오포비아)

앞에서 전문가들은 아이들의 건강을 위해 다양한 색깔의 채소와 과일을 매일 먹이라고 하는데, 아이는 절대 먹지 않겠다고 거부하고… 어떻게 해야 할까요? 많은 아이들이 채소는 먹지 않겠다고 고개를 젓습니다. 그 이유는 어른들에게는 익숙한 채소가 아이들에게는 낯선 것이기 때문입니다. 기억하세요. 아이들은 새로운 것을 낯설어하고 무서워합니다. 아이들에게 낯선 것은 새로운 것이 아니라 공포스러운 것입니다. 아이들에게 채소가 친숙해지는 시기는 초등학교 고학년이나 청소년기에 들어서입니다. 이때는 삼겹살을 먹을 때 상추가 있어야 더 맛있다는 것을 압니다. 그렇다면 우리 아이들의 채소 섭취는 청소년이 될 때까지 포기해야 하나요?

1) 채소와 친숙해져요

아이들에게 낯선 음식을 친숙하게 만들어주면 됩니다. 채소를 친숙한 음식으로 바꾸어주는 것입니다. 이를 위한 구체적인 방법은 다음과 같습니다.

첫째, 채소를 이용해 놀이를 합니다.

먼저 아이들이 싫어하는 채소를 억지로 먹이기 전에, 만지고 놀게 해주세요. 감자에 눈알을 붙여 동물 얼굴을 만들고, 오이나 파프리카에 이쑤시개를 꽂아보게 하는 것도 좋습니다. 채소와 과일을 이용한 활동은 눈과 손의 협응력과 소근육을 발달시키는 좋은 교육 도구가 됩니다. 딸기를 싫어하는 아이가 있다면, 억지로 먹이려 하지 말고 엄마 대신 딸기를 두세 개 씻어보게 해주세요. 손으로 만지고, 놀면서 낯설었던 채소가 조금은 익숙하게 다가옵니다.

둘째, 요리 활동 ❶ - 갈아주세요.

채소를 갈아 원래의 모습을 알아볼 수 없게 하여 음식을 만듭니다. 채소를 갈아 즙을 만든 후 밀가루와 섞어 아이가 좋아하는 국수나 과자를 만드는 것도 좋은 방법입니다. 이때, 아이를 조리 과정에 참여시키면 싫어하던 채소를 다듬고 요리하는 데 참여하게 되어 더욱 빨리 채소와 친숙해질 수 있습니다.

셋째, 요리 활동 ❷ - 작게 잘라주세요.

채소를 작게 잘라 아이가 좋아하는 기존의 다른 음식에 섞어 조리합니다. 당근이나 양파를 다져서 전이나 햄버그 스테이크, 볶음밥에 넣는 것도 좋은 방법입니다. 그러나 이때 다진 채소는 조금만 넣어야 합니다. 너무 크게 자르거나 많이 넣는다면 아이는 다시 그 음식을 거부할 수 있습니다. 아이에게 직접 빵칼(플라스틱 칼)을 주고 채소를 자르게 한 후 샐러드나 볶음밥에 아이가 좋아하는 다른 재료들과 함께 넣습니다.

이때 중요한 것은 조리 과정에 아이를 참여시켜 아이가 자기 손으로 채소를 만지고 요리함으로써 채소와 친숙해지게 만드는 것입니다. 아이들이 이 과정을 통해 나도 직접 음식을 만들 수 있다는 자신감과 자신에 대한 긍정적 감정인 자존감을 키울 수 있습니다. 연구에 따르면 아이가 싫어하는 음식을 익숙해하기까지 최소한 여덟 번 이상의 노출이 필요하다고 합니다.

"먹는 것을 강요하지 않아요."

"먹는 것을 상벌로 이용하지 않아요."

유아의 식사 습관과 관련하여 중요한 사실 가운데 하나는 아이에게 먹는 것을 강요하지 않아야 합니다. 안타깝게도 많은 교사와 부모들이 아이가 먹지 않으면 걱정이 되어 아이를 재촉하고 스트레스를 줍니다. 아이들은 "왜 안 먹어?", "조금만 더 먹자", "오늘 어린이집에서 뭐 먹고 왔어?", "밥 다 안 먹으면 간식 안 준다" 등의 말을 거의 식사 시간마다 듣고 있습니다. 그러다보니 식사 시간이 즐겁지 않습니다.

그러나 편식을 극복하고 잘 먹기 위해서는 식사 시간이 스트레스의 시간이 아닌 즐거운 시간이 되어야 합니다. 아이가 무엇을 얼마큼 먹었는가에 너무 집중하지 마세요. 저는 학생들에게 이렇게 이야기합니다. 어린이집과 유치원에서의 식사 시간은 아이들이 다 먹는 것보다 즐겁게 먹는 것이 훨씬 더 중요하다고요. 아이가 좋아하는 이야기를 나누고, 아이의 이야기를 들어주면서 즐거운 식사 시간이 되도록 해야 합니다. 가정에서는 특히 아이를 훈육할 것이 있다 하더라도, 식사가 끝나고 하도록 하여 식탁 앞에서는 아이를 혼내지 않아야 합니다. 물론 TV도 켜지 않고요.

또한 음식을 상벌로 이용하지 않도록 주의합니다. 일부 교사와 부모들은 아이가 음식을 다 먹었거나 잘했을 때, 사탕이나 초콜릿을 상으로 줍니다. 그러나 이것이 반복되면 아이는 사탕과 초콜릿을 맛있는 간식이자 자신이 잘했을 때 받는 상으로 생각하여 식사보다 사탕과 초콜릿에 더 집중하게 됩니다.

05

채소를 좋아하는 아이로 키워요

과일과 채소를 하루에 얼마만큼 먹는 것이 좋을까요? 과일은 매일 2회 이상, 그리고 채소는 하루 5회 이상(5접시 이상) 먹는 것이 권장 섭취량입니다. 식품의약품안전청에서 어린이의 식품 섭취 빈도를 조사하였습니다. 그런데 권장 섭취량을 먹는 아이는 과일의 경우 15.5퍼센트에 불과하였고 채소는 거의 먹지 않았습니다. 점점 우리 아이들이 채소는 물론 과일도 먹지 않으려 하고 있습니다. 그렇다면 우리 아이들을 채소를 좋아하는 아이로 키우려면 어떻게 해야 할까요? 대답은 의외로 간단합니다. **이유식을 시작하는 어렸을 때부터 채소를 많이 주어 익숙해지도록 하는 것입니다.** 그러기 위해서는 이유식을 할 때 **시중에서 판매하는 이유식과 이유식 대용 음식을 주지 않아야 합니다.**

요즘 부모들은 바쁜 생활로 인해 집에서 음식을 만들기보다 시중에서 판매하는 것을 구입해 먹는 경우가 증가하고 있습니다. 음식을 만들 시간도 없지만, 만들어도 잘 먹지 않으니 아예 다양하고 맛있게 조리된 음식을 배달시켜 먹습니다. 이제는 이유식도 가정에서 직접 만들지 않고 구입하거나 배달시키는 경우가 많습니다.

그러나 기억하세요. 과자보다 채소를 더 좋아하는 아이로 키우려면 아이의 입맛이 설탕과 합성 감미료가 들어 있는 단 음식에 길들여지지 않아야 한다는 것을요. 우리가 생각하는 것 이상으로 엄마가 만드는 간식과 밥은 중요합니다. 마트에서 판매하는 아이들의 모든 간식에는 단맛을 내는 설탕, 합성 감미료가 들어 있습니다. 심지어 이유식 대용으로 나오는 과자나 주스, 이유식에도 설탕과 합성 감미료가 들어 있습니다. 만약 어렸을 때 이러한 단맛에 길들여진다면, 쓴맛에 가까운 채소와 친해지는 것은 어려운 일입니다. 가장 좋은 방법은 설탕과 합성 감미료가 들어 있는 음식을 아예 주지 않는 것입니다. 그러기 위해서는 이유식부터 간식까지 엄마가 만들어주는 것이 가장 좋습니다.

"잠깐! 아이 간식을 하루 종일 만드시나요?"

얼마 전, TV에서 방영된 한 프로그램에서 어느 연예인이 자녀에게 밥과 간식을 직접 만들어주는 것을 보았습니다. 그런데 아이에게 건강한 음식을 주기 위해 거의 하루 종일 아이 음식만 준비하고 있었습니다. 심지어 케첩을 만들기 위해 직접 토마토를 갈아 한 시간 동안 졸이는 과정을 보며 안타까웠습니다. 그 엄마는 너무 열심히 아이 음식을 만드느라 손목이 아파 손목에 테이핑을 하고 있었습니다.

그러나 이러한 방법은 추천하고 싶지 않습니다. 아이에게 자연식품을 주기 위해 하루 종일 엄마가 주방에서 아이 음식을 만들 필요는 없습니다. 어른들이 먹는 식사 준비를 하며 간을 맞추기 전 아이용으로 음식을 조금 덜어두면 됩니다. 된장찌개를 만든다면 된장을 풀기 전에, 감자와 양파, 호박을 넣고 끓인 것을 일부 덜어두세요. 또한 아이에게 생과일주스를 주기 위해 따로 유기농 생과일을 깎아 갈고 짜는 대신, 후식용 과일의 일부를 아이가 손으로 집어먹게 해주세요..

아이에게 가장 좋은 이유식과 간식은 감자 스프가 아닌 삶은 감자입니다. 즉, 자연식에 가까운 음식입니다. 아이의 이유식과 간식을 만들기 위해 많은 시간을 쓰지 마십시오. 그 시간에 하나님의 말씀을 묵상하고 엄마의 부족한 체력을 충전하십시오. 엄마가 먼저 충전되어야 합니다.

1) 단백질 보완 효과

많은 교사와 부모들이 요즘 아이들은 키는 커도 예전에 비해 허약하다고 걱정합니다. 실제로 1년에 6개월 동안 감기에 걸려 있는 아이도 있고, 감기만 걸리면 바로 폐렴이나 모세기관지염과 같은 합병증으로까지 연결돼 병원에 입원하는 아이도 있기에, 우리는 아이들이 기침만 해도 아이가 또 아플까 봐 가슴이 덜컥 내려앉습니다. 아이들이 아플 때 적절한 치료를 받는 것도 중요하지만, 이에 못지않게 질병에 대한 저항력을 키우는 것 역시 매우 중요합니다.

"질병에 대한 저항력을 강화시키는 대표적인 영양소는 바로 단백질입니다."

단백질은 우리 몸의 근육을 만드는 영양소인 동시에 우리 몸의 생화학 반응을 도와주는 효소와 호르몬을 만들고, 외부의 병원균에 대항하는 항체를 만들어줍니다. 특히 단백질은 우리 몸의 체액을 가장 건강하게 유지시켜 주는 작용을 합니다. 하나님은 우리가 알칼리 음식을 많이 섭취하여 몸이 알칼리화되면 단백질이 자동적으로 산성의 역할을 해주고, 반대로 우리가 산성 음식을 먹어 몸이 산성화되면 단백질이 알칼리의 역할을 하도록 만드셨습니다. 즉, 단백질은 하나님이 우리 몸을 더욱 건강하게 유지하도록 만드신 자동 조절 영양소입니다.

그런데 아이가 식사를 거르거나 제대로 먹지 않으면 열량(에너지)이 없고, 이 부족한 열량을 채우기 위해 단백질이 열량으로 사용됩니다. 결국 제대로 성장하기 어렵게 됩니다. 이처럼 단백질은 우리 몸을 잘 자라게 하고 건강하게 하기 위한 필수 영양소입니다.

단백질에는 우리 몸에 꼭 필요한 모든 아미노산이 골고루 들어 있는 완전 단백질과, 한두 가지의 아미노산이 빠져 있는 불완전 단백질이 있습니다. 예를 들어 우유, 달걀, 생선, 고기는 완전 단백질입니다. 그러나 쌀, 콩, 옥수수와 같은 식물성 단백질은 불완전 단백질입니다. 따라서 쌀, 콩과 같은 음식은 다른 음식과 함께 섭취하여 부족한 아미노산을 보충해야 합니다. 이처럼 부족한 다른 종류의 단백질이 포함된 음식을 함께 먹어 아미노산을 효율적으로 공급받는 것을 '단백질 보완 효과'라고 합니다.

예를 들어, 우리가 매일 먹는 쌀밥에는 라이신이라는 아미노산이 부족합니다. 따라서 쌀밥만 먹으면 단백질 부족 현상이 발생하지만, 라이신이 풍부한 콩이나 된장찌개와 함께 먹으면 단백질이 골고루 공급됩니다. 다음은 대표적인 단백질 보완 음식입니다.

- 쌀밥(라이신 부족) + 콩이나 된장찌개(라이신 풍부)
- 콩(메티오닌 부족) + 참깨(메티오닌 풍부)
- 옥수수(트립토판, 라이신 부족) + 우유(트립토판, 라이신 풍부)
- 빵, 과자(라이신과, 메티오닌, 트립토판 부족) + 우유(트립토판, 라이신 풍부)

특히 아이들이 좋아하는 빵, 과자와 같은 밀가루 음식은 라이신과 메티오닌, 트립토판 등의 아미노산이 많이 부족하지만 이들 아미노산이 풍부한 우유와 함께 먹으면 부족한 영양소가 공급되어 단백질이 보완됩니다. 아이에게 우유를 자주 주어야 하는 이유가 여기에 있습니다.
기억하세요. 간식으로 아이들에게 빵, 과자와 같은 밀가루 음식을 줄 때에는 우유와 함께 주는 것이 바람직합니다. 이때 우유는 반드시 흰 우유여야 합니다. 초코 우유, 딸기 우유, 바나나 우유에는 단백질 대신 합성 첨가물이 너무 많이 들어 있기 때문입니다. 이제 가정과 교회에서 간식을 줄 때, 아이들이 좋아한다는 이유로 초코 우유나 바나나 우유를 주지 말고 물 또는 흰 우유를 주시기 바랍니다.

2) 유아기의 영양적 특징과 그에 따른 지도 방법

유아기에 나타나는 영양적 특징과 그에 따른 지도 방법은 다음과 같습니다.

첫째, 유아기는 소화 기관의 발달이 아직 완전하게 이루어지지 않은 시기로, 식사만으로는 필요한 영양소를 공급받기 어렵습니다. 따라서 식사 외의 규칙적인 간식(하루 1-2번)으로 부족한 영양소를 공급합니다. 간식은 인스턴트 식품이 아닌 자연식품(감자, 고구마, 우유, 과일, 채소)을 제공하여 유아의 입맛이 단 음식에 익숙해지지 않도록 주의해야 합니다.

둘째, 유아기는 자율성이 발달하는 시기로, 유아는 음식의 좋고 싫음에 대한 자신의 의사를 확실히 표현하게 됩니다. 그리고 음식에 대한 선호도가 생겨 자신이 싫어하는 음식을 거부하는 편식이 나타납니다. 만약 이때 부모가 아이의 편식을 고치기 위해 윽박지르거나 잔소리를 하게 되면 오히려 역효과가 날 수 있습니다. 잔소리 대신 유아가 싫어하는 음식을 이용한 놀이와 요리 활동을 하며 아이가 그 음식과 친숙해지는 시간을 주어야 합니다. 또한 싫어하는 음식은 잘게 다져 다른 음식 재료와 섞어주는 등 다양한 조리법을 활용합니다.

셋째, 유아기는 식사 습관이 형성되는 시기입니다. 유아기에는 음식을 먹을 때 꾸물거리면서 아주 천천히 먹거나, 입에 넣고 씹지 않거나, 돌아다니면서 먹는 잘못된 식사 습관이 형성될 수 있습니다. 따라서 부모와 교사는 아이가 편식과 잘못된 식습관을 수정하고 올바른 식습관을 형성하도록 도와주어야 합니다. 그리고 무엇보다 즐거운 분위기에서 식사할 수 있게 해주어야 합니다.

"비싼 한우와 딸기는 누구에게 먼저 주시나요?"

영아부에서 엄마들에게 "장을 보며 큰 맘 먹고 한우와 딸기, 유기농 쌀을 샀을 때, 집에 가서 누구에게 먼저 주시나요?"라고 질문을 했습니다. 그리고 이어서 "아이에게 먼저 주지 마세요. 집안의 어른인 아빠가 먼저입니다"라고 말씀드리면, 대부분의 엄마들이 멋쩍은 웃음을 지으며 고개를 숙입니다.

하나님은 집안의 가장 큰 어른을 자녀가 아닌 아빠로 세우셨습니다. 가장 좋은 음식은 아이가 아닌 아빠, 엄마가 먼저 먹어야 함을 어렸을 때부터 가르쳐주세요. 가정에서 하나님 다음으로 아빠와 엄마가 먼저입니다. 만약 할아버지, 할머니가 계시다면 당연히 하나님 다음으로 어른들이 먼저입니다. 하나님은 가정의 순서를 세우셨습니다. 자녀에 대한 훈육보다 부모님을 공경하는 것이 먼저임을 기억하세요.

"자녀들아 주 안에서 너희 부모에게 순종하라 이것이 옳으니라
네 아버지와 어머니를 공경하라 이것은 약속이 있는 첫 계명이니
이로써 네가 잘되고 땅에서 장수하리라
또 아비들아 너희 자녀를 노엽게 하지 말고
오직 주의 교훈과 훈계로 양육하라"(엡 6:1-4).

가족의 식사 시간은 즐겁고 행복한 시간이어야 합니다

식사 시간에 중요한 것은 고픈 배를 채우는 영양 공급만이 아닙니다. 사랑하는 가족이 함께 식사를 하며 담소하고 웃으며 즐거운 시간을 보내는 행복한 시간입니다. 따라서 가족이 함께 식사하는 시간은 세상에서 가장 편안하고 따뜻한 시간이며, 자녀의 인성을 키우는 가장 좋은 시간이기도 합니다. 특히 크리스천 가정에서 가족 식사는 하나님이 우리 가족의 주인이심을 고백하고, 우리 가정에 일용한 양식을 주심을 감사하며, 하나님이 기뻐하시는 건강한 가정 공동체를 세워가는 소중한 시간입니다.

유대인들에게도 가족 식사는 최고의 자녀 교육 시간이었습니다. 유대인들은 온 가족이 저녁 식사를 함께하는 것을 원칙으로 삼아 특별한 일이 없는 한 모두 모여 하나님께 감사 기도를 드리고 함께 식사를 하였습니다. 특히 저녁 식사는 각자의 일을 마친 가족들이 함께 모이는 시간으로 가족끼리 보냈습니다. 이는 서로가 서로를 사랑하는 한 가족임을 가장 잘 보여주는 행동이었습니다. 따라서 유대인들은 저녁 식사 시간만큼은 전화가 와도 받지 않고 오로지 가족의 식사에 집중하였습니다. 또한 유대인 부모는 자녀가 잘못한 일이 있어도 식사 시간에는 절대 꾸짖지 않았습니다. 가족은 서로에게 가장 중요한 삶의 일부이기에 가족이 함께하는 저녁 식사 시간을 소중히 여긴 것입니다. 함께 모인 가족들은 감사 기도로 식사를 시작하고 즐겁게 식사하며 대화하고 서로의 말을 경청했습니다. 따라서 저녁 식사 시간은 유대인 가족의 전통과 공동체의 의식이 전수되는 소중한 시간이었습니다. 예수님도 제자들과 식사를 같이 하시며 많은 것들을 전해주셨습니다. 심지어 잡혀가시기 직전에도 제자들과 최후의 만찬인 저녁 식사를 하시며 제자들을 교육하셨습니다.

밥상머리 교육이라고 들어보셨나요? 밥상머리 교육이란 밥상에 둘러앉아 함께 즐거운 식사를 하며 대화를 통해 가족의 사랑과 인성을 키우는 우리나라의 전통적인 가정 교육 방법입니다. 그런데 지금은 밥상머리 교육이 점점 희귀해지는 시대인 것 같습니다. 서로 바쁘다는 핑계로 식사 시간에 잘 모이지 않고, 모여도 먹는 데에만 집중하고 대화조차 없다면 우리는 소중한 자녀 양육의 시간을 놓치고 있는 것입니다. 특히 식사 시간에 부모가 편식한다고 잔소리하고 평소 아이의 잘못을 꾸중한다면 식사 시간은 아이가 가장 싫어하는 시간이 될 것입니다. 가족이 함께 모여 식사하는 시간은 우리 가족의 주인이신 하나님께 감사드리며 가족 구성원 모두가 함께 나누는 즐거운 시간임을 자녀에게 알려주어야 합니다.

06

고집, 자율성의 또 다른 얼굴이에요

에릭 에릭슨(Erik Erikson)에 의하면 유아기는 자율성 대 수치심(2단계)과 주도성 대 죄책감(3단계)의 단계입니다. 하나님은 이 시기의 모든 유아들이 양육자에게서 벗어나 자신의 힘으로 세상을 탐색하고 싶어 하도록 만드셨습니다. 이전에는 부모와 교사의 돌봄을 수동적으로 받았다면, 이제는 유아 혼자 자율적으로 하고 싶어 하는 시기입니다. 따라서 아이가 혼자 하겠다고 떼를 쓰는 것은 하나님이 만드신 자연스러운 발달적 특징입니다.

단계	발달 시기	프로이트	에릭슨
1단계	출생-1세	구강기	**신뢰감 대 불신감 "다른 사람을 신뢰할 수 있는가"** 양육자에게 따뜻한 보살핌을 받은 영아는 세상에 신뢰감을 형성하지만, 그렇지 않을 때는 불신감이 생긴다.
2단계	1-3세	항문기	**자율성 대 수치심 "내 의지대로 행동할 수 있는가"** 스스로 행동하고 결정하고 싶어 하는 시기이다. 부모가 부드럽게 선택권을 줄 때 영아는 자율성을 형성하지만, 강요하고 억압한다면 수치심을 갖게 된다.
3단계	3-6세	남근기	**주도성 대 죄의식 "성공적으로 수행할 수 있는가"** 부모가 아동의 새로운 목표를 지지해 줄 때 주도성이 발달하지만, 지나친 통제를 할 때 아동은 죄책감이 생긴다.

단계	발달 시기	프로이트	에릭슨
4단계	6-12세	잠복기	**근면성 대 열등감 "나는 다른 사람과 비교할 때 유능한 편인가"** 학교와 친구 관계에서 긍정적인 경험을 한 아동은 근면성이 발달하지만 그러지 못할 경우 열등감을 형성한다.

: 에릭슨의 발달 단계 :

출처 황현주, 『전생애 발달적 관점에서의 영·유아 발달』(양서원, 2017)

유아의 독립심은 일상생활에서도 나타나 혼자 옷을 입고 신발을 신으려 하고, 때때로 완강한 고집과 떼쓰기로 표현합니다. 이러한 유아의 독립심을 부모와 교사가 이해하고 적절하게 도와준다면 자율성이 길러지지만, 유아의 독립심을 고집으로 오해하고 이를 억누르기만 한다면 유아는 자율성이 아닌 수치심을 형성하게 됩니다. 또한 이 시기에 형성된 자율성과 수치심은 유아의 일생 동안 영향을 미칠 수 있습니다.

이 시기의 많은 유아는 자신이 생각한 대로 되지 않으면 소리를 지르고 땅에 드러누워 울음을 터뜨리는 등의 정서를 나타냅니다(격렬하다). 그러나 자신의 욕구가 해결되면 언제 그랬냐는 듯이 금방 울음을 그치고 놀이에 몰두합니다(일시적·유동적이다).

"이 시기 영·유아의 정서적 특징"

① 격렬하다.

② 일시적이다.

③ 유동적이다.

1) 아이가 고집 피울 때, 강렬한 유아기 정서(분노 발작, 템퍼탠트럼)를 기억하세요

백화점이나 마트에 갔을 때 아이가 엄마에게 물건을 사달라고 떼쓰다가 바닥에 누워 소리를 지르는 모습을 본 적이 있나요? '템퍼탠트럼(temper tantrum)'이란 일반적으로 2-3세 사이의 영·유아에게 많이 나타나는 영·유아기 정서 표현을 가리키는 용어입니다. 아이가 자신의 분노를 자제하지 못하고 소리를 지르거나 바닥에 누워 화를 표현하는 분노 발작 행동입니다. '끔찍한 두 살(terrible two)'이라는 말이 있듯이, 이 시기 아이의 반항과 고집은 매우 강합니다.

그렇다면 템퍼탠트럼은 왜 생길까요? 여러 가지 이유가 있지만, 가장 보편적인 이론은 아이가 자기 마음대로 하고 싶은 욕구와, 어린 나이로 퇴행하고 싶은 욕구 사이에 갈등과 분노가 생겨 발생한다는 것입니다. 그러나 많은 부모와 교사들은 아이의 이러한 모습에 놀라고 당황하여 내가 아이를 잘못 키워서 아이를 망쳤다고 생각합니다. 그래서 부모의 경우 더 아이를 엄하게 혼내고 아이의 고집을 꺾겠다는 생각으로 아이와 힘겨루기를 합니다. 그리고 더 심해지는 아이의 반항을 보며 부모로서 좌절합니다. 그러나 걱정하지 마세요. 후기 유아기로 들면서 템퍼탠트럼은 점차 감소하고, 적절한 훈육을 통해 자연스럽게 사라집니다.

템퍼탠트럼의 대처 방법

크리스천 부모들이 가장 힘들어하는 아이의 문제 행동 가운데 하나가 분노 발작입니다. 갑자기 교회에서, 또는 사람들이 많이 모인 곳에서 아이가 바닥에 누워 떼를 쓴다면 우리는 부모로서 아이를 잘못 키운 것 같아 무척 당혹스럽고 자녀에게 화가 날 것입니다. 분노 발작의 첫 번째 특징이 발작처럼 격렬하게 나타나는 울음이라면, 두 번째 특징은 금방 진정이 된다는 것입니다. 너무 울어서 얼굴이 새파랗게 질려 숨을 못 쉴 정도로 울던 아이도 진정이 되고 나면 언제 울었냐는 듯이 아무렇지 않게 잘 놉니다. 따라서 아이가 분노 발작을 일으켜 심하게 울면 애써 달래고 아이의 떼를 받아주기보다는 그냥 놔두는 것이 좋습니다.

아이가 분노 발작 행동을 보여도 유아기의 발달적 특징이니 너무 놀라거나 당황하지 마십시오. 오히려 아이는 자신이 그렇게 울 때마다 주위에서 놀라 당황하여 자신의 요구를 다 들어주면, 더 심하게 발작하며 웁니다. 따라서 분노 발작의 가장 좋은 대응책은 크게 걱정하지 말고 놔두는 것입니다. 교회와 같이 조용히 있어야 하는 곳에서 아이가 떼를 쓴다면 조용히 안아 다른 사람들이 없는 곳으로 가십시오. 그리고 "네가 그렇게 울면 엄마는 너의 말을 들을 수가 없어. 울지 말고 말을 하렴"이라고 조용히 이야기한 후 그냥 놔두십시오. 절대로 같이 흥분하거나 분노하여 아이에게 소리 지르지 마세요. 만약 첫째는 안 그랬는데 둘째의 분노 발작이 심한가요? 걱정하지 마세요. 분노 발작은 기질에 따른 차이가 큽니다. 만약 자녀가 까다로운 기질이라면 다른 아이보다 분노 발작을 더 크게 나타낼 수 있습니다. 그리고 분노 발작은 만 3-4세 정도가 되면 저절로 낫습니다. 그러나 4세 이후에도 분노 발작과 경련이 계속 나타난다면 소아과에서 상담과 함께 뇌파 검사를 받아볼 것을 권합니다.

<유아기 분노 발작 시의 훈육 방법>

① "○○(이)가 무척 화가 났구나", "○○(이)가 지금 무척 슬프구나." → 인정

② "네 친구가 엄마(선생님)에게 그렇게 했다면 엄마(선생님)도 아마 무척 화가 날 거야."

"엄마(선생님)는 너를 도와주고 싶어." → 공감

③ "그런데 네가 그렇게 울면 엄마(선생님)도 네가 하는 말을 들을 수 없어 도와줄 수가 없단다. 울음을 그치고 똑바로 이야기하면 엄마(선생님)가 ○○(이)를 도와줄게."
→ 바른 행동 제시

여기에서 중요한 것은 '인정'과 '공감'입니다. 부모와 교사가 아이의 속상한 마음을 알아주고 함께 공감해 주는 것을 아이가 느낀다면, 아이는 부모와 교사의 다음 말(훈육, 바른 행동 제시)도 들을 수 있습니다. 그러나 인정과 공감 없이 훈육("울지 마", "조용히 해")만을 한다면 아이는 자신이 얼마나 화가 났고 속상한지를 알리기 위해 더 크게 울고 악을 쓰게 됩니다. 유독 유아기 아이들이 더 격렬하게 우는 이유는 아직 언어 발달이 미숙해서 언어로 자신의 마음을 표현하기보다는 울음으로 표현하기 때문입니다. 그리고 부모님이 자신의 마음을 알아줄 때, 아이는 비록 처음에는 더 서럽게 울다가도 곧 진정될 수 있습니다. 자녀를 양육하는 것은 쉽지 않습니다. 그러나 자녀를 양육할 때 중요한 것은, 아이를 '노엽게', 즉 아이가 화나거나 속상하지 않게 양육하는 것입니다. 화가 나고 속상할 때는 어떤 훈육의 말도 마음에 들어오지 않습니다. 엄마, 아빠가 아이의 마음을 인정해 주고 공감해 줄 때, 아이는 감정의 소용돌이에서 진정이 되고 비로소 훈육의 말이 마음에 들어오게 됩니다.

"또 아비들아 너희 자녀를 노엽게 하지 말고
오직 주의 교양과 훈계로 양육하라"(엡 6:4).

<소아과 전문의들이 제시한 유아의 분노 발작(감정 격분 행동) 시 부모의 행동>

① 분노 발작은 정상적인 발달 과정에서 보이는 행동입니다. 2세까지는 너무 걱정하지 않습니다.

② 개인차가 심합니다. 분노 발작을 안 하는 아이도 있고 자주 하는 아이도 있습니다. 특히 까다로운 기질의 아이들에게서 많이 나타납니다.

③ 2세까지는 정상이지만, 어렸을 때부터 올바른 감정 표현 방법을 조금씩 가르칩니다.

④ 유아가 분노 발작을 보일 때는 당황하지 말고 가만히 놔두어, 아이 스스로 분노를 가라앉히도록 합니다. 아이의 감정에 절대 당황하거나 함께 휘말리지 않습니다.

⑤ 아이의 분노가 가라앉은 후, 차분하게 대화합니다. 또한 아이가 화내며 어질렀던 환경을 스스로 치우게 합니다. 이때 부모(교사)도 옆에서 돕습니다.

2) 유아의 자기 조절(self-control)

아이는 언제부터 '자기 조절'을 할 수 있을까요? 칼러와 콥(Kaler & Kopp, 1990) 교수는 우리가 생각하는 것보다 훨씬 어린 18-24개월 시기부터, 아이는 자신을 돌보는 사람의 요구를 알아듣고 이에 따를 수 있음을 발견하였습니다. 영·유아기부터 다른 사람의 요구를 인식하고 자기 자신의 욕구를 조절할 수 있다는 것입니다. 즉, 하나님은 어린 자녀들이 일찍부터 자기 조절을 할 수 있도록 만드셨습니다. 따라서 부모는 영·유아가 격렬한 정서 표현을 할 때 영·유아의 화와 속상한 감정은 이해하지만 그 표현 방법은 인정할 수 없음을 알려줌으로써, 아이가 자기 조절을 시도할 수 있도록 도와주어야 합니다.

또한 화가 났을 때 다른 사람에게 피해를 주지 않고 자신의 정서를 표현하는 방법을 제시해 주어야 합니다. 비록 처음에는 갈등 상황에서 행동이 앞서지만, 점차 자신의 정서를 공격적이거나 떼쓰지 않고 적절하게 표현할 수 있게 됩니다. 그러나 부모나 교사가 아이의 반항에 당황하여 화를 내거나 훈육을 앞세워 위협하고 야단친다면, 아이는 갈등을 합리적으로 해결하기보다는 성인과 동일하게 공격적이고 폭력적인 방법으로 자신의 욕구를 해결하려 들 것입니다.

"유아의 자기 조절을 돕기 위한 구체적인 방법들(Berk, 2000)"

① 민감하게 격려하며 반응합니다.

부모와 교사가 유아의 욕구에 민감하게 반응하고 지지적일 때, 아이는 순응적이고 자아 통제를 잘할 수 있습니다.

② 유아가 자신이 하고 있는 활동을 그만두어야 하는 상황일 때는 미리 알려줍니다.

유아는 하고 싶은 활동을 하기 위해 순서를 기다리는 것보다, 지금 하고 있는 활동을 그만두는 것이 훨씬 어렵습니다. 따라서 5분 전쯤부터 미리 알려주는 것이 바람직합니다.

③ 유아에게 자주 규칙을 이야기하고 상기시켜 줍니다.

유아는 매일 지키는 규칙이라 할지라도 그 규칙을 잊어버리는 경우가 종종 있습니다. 유아가 규칙을 기억할 수 있도록 자주 이야기해 줍니다.

④ 유아가 자기 통제를 하는 긍정적인 행동을 했을 때 언어와 행동으로 인정하며 칭찬합니다.

칭찬과 따뜻한 포옹은 유아의 긍정적인 행동을 강화하고 동기를 제공합니다.

⑤ 지속적으로 주의 집중을 할 수 있도록 격려합니다.

주의 집중을 할 수 있는 유아는 자신의 충동을 보다 잘 조절할 수 있으므로, 유아들이 주의 집중을 할 수 있도록 돕습니다.

⑥ 다양한 방법으로 언어 발달을 돕습니다.

주의 집중과 마찬가지로 언어 발달이 잘 이루어진 유아가 자기 조절을 잘할 수 있습니다. 따라서 유아가 언어로 자신의 느낌과 욕구를 표현하고 성인의 말을 집중해서 들을 수 있도록 유아의 언어 발달을 돕습니다.

⑦ 유아의 발달 단계에 따라 규칙을 서서히 증가시킵니다.

언어와 인지가 발달하면서 유아는 보다 많은 규칙을 기억하고 따를 수 있게 됩니다.

유아의 정서 발달은 유아의 인지 및 언어 발달과 밀접하게 연관되어 있습니다. 칭찬, 포옹과 같은 따뜻한 양육과 정서적 공감은 유아의 긍정적인 행동을 강화하며 동기를 제공합니다. 여러 연구에 의하면 부모와 교사가 유아의 정서를 읽고 공감하며 반응해 줄 때 유아는 덜 까다롭고 더 쉽게 진정되며 탐색 활동에 몰두하지만, 적절한 공감을 받지 못한 유아는 더 불안하고 까다로운 정서 표현을 많이 하였습니다(Crockenberg & Leerkes, 2000; Nelson & Bosquet, 2000). 부모와 교사의 따뜻한 양육과 유아의 정서에 대한 공감은 유아의 정서 이해와 정서 규제의 주요 토대가 된다는 것을 기억하세요.

3) 아이와 이렇게 대화해 주세요
: 아이와의 바람직한 대화 방법

첫째, 아이의 행동이 아닌 감정을 읽어주세요.
거실에서 형과 동생이 말다툼을 벌이고 있습니다. 그런데 점점 다툼이 심해져 욕을 하고 주먹 다툼까지 하고 말았습니다. 엄마가 갔을 때 이미 두 아이는 씩씩거리며 서로 노려보고 있습니다. 이제 두 아이를 말려야 합니다. 아이들에게 어떻게, 그리고 어떤 말을 해야 할까요? 이러한 상황에서 대부분의 부모는 다음과 같이 이야기합니다.

"왜 싸웠니? 엄마가 싸우지 말고 사이좋게 지내라고 말했지."
"동생(형)을 때리면 안 된다고 엄마가 몇 번이나 이야기했니."
"너희들이 싸우면 하나님 마음이 아프셔. 서로 사랑해야지."
"싸웠으니 혼나야지! 빨리 방에 가 있어! 이제 TV는 못 봐!"

그러나 이러한 말은 이미 감정이 상할 대로 상한 아이들에게 아무런 가르침을 주지 못합니다. 특히 너의 잘못된 행동으로 하나님의 마음이 아프다는 이야기는 아이에게 잘못된 죄책감을 심어줄 수 있기에 해서는 안 됩니다. 또한 서로에게 화가 난 마음이 엄마에게로 향해, 이제 엄마에게 화를 내거나 반항할 수도 있습니다. 그렇다면 어떻게 해야 할까요? 어떤 말을 아이에게 해주어야 할까요? 무엇보다 먼저 아이의 행동이 아닌 감정을 읽어주세요.

감정을 읽어주라는 것은 지금 아이의 감정이 어떤지 먼저 생각해 보고, 아이의 감정을 이야기해 주라는 것입니다. 아마도 두 아이는 화가 나 있고 속상할 것입니다. 그런데 엄마에게 혼난다면 아마도 더욱 억울할 것입니다. 바로 이런 아이의 감정을 이야기해 주는 것입니다. 단, 형제(남매)의 다툼을 해결하기 위해서는 먼저 각자 다른 방으로 보낸 후 일대일로 이야기하는 것이 좋습니다. 먼저 큰 아이와의 대화입니다.

① 대화 물꼬 트기

"○○아(야). 동생이랑 왜 다투었는지 엄마에게 이야기해 줄 수 있니?"

(아이의 말을 들어준 후)

② 수용과 공감

"○○(이)가 지금 무척 화가 났구나. 동생이 ○○(이)에게 나쁜 말을 하고 때려서. 엄마도 동생이 엄마에게 나쁜 말을 하고 때리면 정말 화가 날 거야."

(아이의 말을 들어주고 토닥이며 안아준 후)

③ 훈육

"그런데 화가 난다고 동생을 세게 밀어버리면 위험해. 동생에게 화가 날 때 어떻게 하면 좋을까?"

동생과의 대화도 마찬가지입니다. 들어주고 공감한 후, 훈육을 합니다. 엄마가 아이의 감정을 읽어주면, 아이들의 격한 감정은 어느 정도 가라앉습니다. 그리고 감정이 가라앉아야 훈육을 들을 수 있습니다. 이것은 어른들도 마찬가지입니다. 격한 감정에 사로잡혀 있을 때, 아이들은 어느 누구의 말도 들으려 하지 않습니다. 달래거나 야단치거나 충고를 해도 통하지 않습니다. 기억하세요. 아이들은 감정이 가라앉아야 부모(교사)의 이야기가 귀에 들어온다는 것을요.

둘째, 아이가 자기 자신의 감정을 이해하도록 도와주세요.

인간이 느끼는 감정은 몇 가지일까요? 즐거움, 슬픔, 화남, 분노, 오열, 기쁨, 행복, 사랑에 빠짐, 미움, 증오, 실망, 죄책감 등등. 인간이 표현하는 감정과 표정은 무려 3천 가지가 넘는다고 합니다. 사실 우리 어른들도 지금 자신이 느끼는 감정이 어떤 감정인지 알기 어려울 때가 있습니다. 하물며 아이들은 지금 자신의 감정을 알기가 더 어렵습니다. 따라서 아이의 감정을 언어로 이야기해 주는 것은 매우 중요합니다.

"너 지금 화가 났구나", "동생이 나쁜 말을 해서 속상하구나", "친구의 장난감이 갖고 싶구나" 등 구체적으로 감정을 표현해 주세요. 아이의 감정을 구체적인 말로 표현해 줄 때, 아이는 자신의 감정을 알게 되고 나아가 스스로 표현할 수 있게 됩니다. 특히 "난 괜찮아요"라고 말하는 아이의 말을 그대로 믿고 그냥 넘어가서는 안 됩니다. "난 괜찮아요"라는 말 뒤에 숨은 아이의 속마음(감정)을 꼭 읽어주세요.

아이들은 지금 자신의 마음속에서 무슨 일이 일어나고 있는지, 그리고 자신의 기분이 어떤지 다른 사람(부모, 교사)이 이해해 주길 바라고 있습니다. 그리고 아이가 스스로 자신의 감정을 이해할 수 있을 때, 다른 사람의 감정도 공감할 수 있으며 나아가 자신의 감정을 참을 수도 있습니다.

아이의 속마음을 읽어주세요

우리 아이들은 언어가 어른들처럼 익숙하지 않아서 행동으로 자신의 속마음을 표현하는 경우가 많습니다. 아이가 교회에 와서 신발을 벗으려 하지 않고 신발을 계속 쳐다보고만 있다면, 그런데 그 신발이 새것이라면 지금 아이의 속마음은 무엇일까요? 네, 맞습니다. 지금 자기의 새 신발을 누군가 알아봐 주기를 원하는 것입니다. 이럴 때 교사가 "예배 시간에 늦었으니까 빨리 들어가자"라고 재촉만 한다면 아이는 예배를 드리기 전 맥이 빠져버릴 것입니다. 하지만 "어! 오늘 OO(이)가 멋진 신발을 신고 왔구나"라고 이야기해 준다면, 이 아이는 눈을 반짝거리며 행복하게 예배를 드릴 것입니다.

이 이야기는 제가 예전에 대학생들에게 의사 소통을 가르치며 아이의 속마음을 읽어주는 대화를 하도록 과제를 주자, 1주일 후 한 학생이 교회에서 자신이 겪은 일을 발표한 것입니다. 이 학생 역시도 발표를 하며 눈이 반짝거리고 목소리는 흥분으로 가득 찼습니다. "교수님, 너무 신기해요. 어떻게 말 한마디로 아이가 그렇게 신이 날 수 있을까요?" 그 학생은 평소 자신에게 잘 다가오지 않던 수줍은 아이가 이 대화를 계기로 자신에게 제일 먼저 달려온다며 무척 행복해했습니다.

그렇습니다. 아이의 속마음을 알아채고 이를 말로 표현해 준다면, 아이는 선생님을 좋아할 수밖에 없습니다. 크리스천 가정에서도 마찬가지입니다. 만약 동생의 간식을 빼앗아 먹고, 동생이 가지고 노는 장난감은 무조건 빼앗고 보는 아이가 있다면, 그 아이의 진짜 속마음은 무엇일까요? 배가 고픈 것일까요? 심심해서 장난감이 필요한 것일까요? 아닙니다. 아마도 그 아이의 진짜 속마음은 동생에게 쏠려 있는 사람들의 관심을 자기에게 돌리고 싶은 마음일 것입니다. 그리고 부모님과 사람들의 관심을 빼앗아 간 동생이 미울 수도 있습니다. 이런 아이를 혼내면서 동생을 보살펴 주라, 형으로서 의젓하게 행동하라고 말하는 것은 전혀 도움이 되지 않습니다. 오히려 이렇게 이야기해 보세요.

"동생 때문에 많이 힘들구나."

"동생 때문에 많이 속상하구나."

우리가 부모로서 아이의 속마음을 읽어주면, 그동안 서운했던 아이의 감정은 모두 녹아 내립니다. 아이가 잘못된 행동을 할 때, 훈육보다 속마음을 먼저 읽어주세요. 아마 자신의 속마음을 읽어준 부모에게 울음을 터뜨리며 자신의 마음을 이야기할 수도 있습니다. 따라서 아직 감정이 풀리지 않아 부글부글한 상황에서 아이에게 자신을 때린 동생을 용서하고, 동생에게 나쁜 말을 한 자신의 잘못을 용서해 달라고 하나님께 기도하라고 가르치는 것은 좋은 방법이 아닙니다. 기도는 아이가 자신의 감정을 이해하고 다 표현한 후에 하나님 앞에서 진심으로 하는 것입니다. 훈육은 아이의 속마음을 읽어준 후에 해야 합니다. 이를 위해 먼저 내 마음을 다스릴 수 있도록 주님께 간구하는 부모가 되기를 소원합니다.

"유순한 대답은 분노를 쉬게 하여도 과격한 말은 노를 격동하느니라"(잠 15:1).

"노하기를 더디하는 자는 용사보다 낫고 자기의 마음을 다스리는 자는
성을 빼앗는 자보다 나으니라"(잠 16:32).

07

아이의 성공과 실패, 행복과 불행을 여는 열쇠, 정서 지능

주변을 둘러보면 작은 일에도 늘 감사하고 행복해하는 사람이 있는 반면, 유난히 불평불만이 많은 사람도 있습니다. 누군가 자신에게 충고를 했을 때 어떤 사람은 충고한 사람의 말을 비판하는 데 힘을 쏟지만, 또 어떤 사람은 자신이 고쳐야 할 내용을 생각합니다. 직장에서도 어떤 사람은 자신의 일에 감사하며 열심히 일하지만, 또 어떤 사람은 작은 일에도 짜증을 내고 분노하다가 결국 직장을 그만두기도 합니다.

하나님과의 관계에서도 마찬가지입니다. 어떤 사람은 힘든 상황에서도 감사의 이유를 찾아내지만, 다른 누군가는 모든 것을 주신 상황에서도 하나님께 부족한 것을 나열하며 자꾸 달라고 기도합니다. 나는 감사 체질인가요, 불평 체질인가요?

학자들에 의하면 인간이 표현하는 감정과 표정은 무려 3천 가지가 넘습니다. 이 감정에는 감사, 기쁨, 흥미, 쾌활, 호기심 등과 같은 긍정적인 정서도 있지만, 반면에 화, 불쾌, 짜증, 분노, 우울 등과 같은 부정적인 정서도 있습니다. 만약 우리 아이들이 부정적인 정서보다 긍정적인 정서를 많이 사용한다면, 이후 행복한 삶을 누리며 성공할 확률이 높아질 것입니다.

미국 뉴햄프셔대학의 메이어(Mayer) 교수와 예일대학의 샐로베이(Salovey) 교수는 우리가 정서를 다루는 능력을 '정서 지능(Emotional Intelligence)'이라는 용어를 사용하여 정의하였습니다. 즉, 정서 지능이란 '자신과 타인의 정서를 평가하고 표현할 수 있는 능력, 자신과 타인의 정서를 효과적으로 조절할 수 있는 능력, 그리고 자신의 삶을 계획하고 성취하기 위해 자신의 정서를 이용하고 활용할 수 있는 능력'입니다. 연구 결과, 정서 지능은 아이큐(IQ)나 성적보다 사회생활에서의 성공에 더 큰 영향을 미치는 것으로 밝혀졌습니다.

아이의 정서 지능을 높이기 위한 방법

정서 지능은 1995년 대니얼 골먼(Daniel Goleman)이 자신의 저서 『EQ 감성 지능(Emotional Intelligence)』(웅진지식하우스, 2008)에서 정서 지능을 설명하기 위해 아이큐(IQ)와 비교하여 이큐(EQ)라는 용어를 사용하면서 사람들의 관심을 끌게 되었습니다. 이후의 행복하고 만족스러운 삶을 위해 지금 하고 싶은 것을 참고, 다른 사람의 감정을 이해하고 배려하는 능력은 분명 아이큐로는 설명되지 않는 정서 지능의 영역입니다. 그렇다면 어떻게 해야 우리 아이들의 정서 지능을 높일 수 있을까요? 먼저 아이들이 접할 수 있는 상황을 예로 들며, 아이가 가족이나 친구의 표정, 감정, 속마음을 읽을 수 있는 시간을 주세요.

- "친구의 가위를 아무 말도 하지 않고 가지고 가면, 친구의 마음이 어떨까?"
- "마트에서 다른 사람들이 있는데 엄마에게 짜증내면, 엄마의 마음이 어떨까?"

또는 아이들이 좋아하는 동화책이나 TV 만화에 등장하는 여러 인물의 감정을 읽고, 그런 감정이 나에게 일어날 때 어떻게 대처해야 하는지 이야기를 나누는 것도 좋은 방법입니다.

- “신데렐라의 새엄마는 신데렐라에게는 더러운 옷을 주고 집안일을 시켰지만, 신데렐라의 새언니들에게는 예쁜 옷과 구두를 사주었어. 그때 신데렐라의 마음은 어땠을까? 또 새언니들의 마음은 어땠을까?”
- “너도 언니만 선물을 받고 너는 받지 못해서 속상했던 적이 있었니?”

학자들에 의하면 정서 지능은 인간의 타고난 능력이기보다는 훈련과 연습의 결과입니다. 무엇보다 다양한 인물이 등장하는 동화책은 아이들의 정서 지능을 올릴 수 있는 최고의 매체입니다.

만족 지연(delay of gratification)을 연습해요

만족 지연이란 앞으로의 더 좋은 보상을 위해 '현재 하고 싶은 일을 참을 수 있는 능력'입니다. 왜 어떤 아이는 시험 기간에 놀고 싶고 자고 싶은 것을 참고 공부하지만, 어떤 아이는 참지 못하고 것일까요? 학자들은 바로 만족 지연 때문이라고 이야기합니다. 나중을 위해 현재 놀고 싶은 것을 참으며 공부한 아이는 만족 지연이 높은 것이고, 현재의 유혹을 참지 못하는 아이는 만족 지연이 낮은 것입니다. 그러면 이 만족 지연은 언제부터 우리 아이들에게 나타날까요?

학자들은 만족 지연이 만 2세경에 나타나기 시작해서 유치부 시기에 극적으로 증가한다고 말합니다. 이제 주일학교에서 우리 아이들에게 편안히, 모든 것을, 무조건 다 해주는 것보다는 조금씩 만족 지연을 연습시켜 보는 것이 어떨까요? 그러나 유치부 아이들을 대상으로 만족 지연 연습을 할 때, 좋은 대학이나 성적과 같이 너무 먼 미래의 보상을 이야기하는 것은 적절하지 않습니다. 지금 예배 시간(공과 시간)에 움직이고 싶은 것을 참았을 때, 예배가 끝난 후에 작은 보상(격려와 칭찬)을 해주는 것처럼, 처음에는 미래의 다가올 보상이 짧은 것이 좋습니다. 기억하세요. 만족 지연 역시 정서 지능처럼 인간의 타고난 능력이기보다는 훈련과 연습의 결과입니다.

08

유아기 애착
: 유아기 아이들은 어떤 애착의 모습을 보일까요?

아이가 자라면 예전처럼 엄마가 없다고 더 이상 울기만 하지 않습니다. 특히 유아기에는 언어가 발달하여 이제는 우는 대신, 언어로 자신의 생각과 마음을 표현할 수 있습니다. 또한 유아는 생각(인지)도 발달하여 엄마의 의도를 알 수 있습니다. 엄마가 지금 보이지 않아도 금방 집에 온다는 것을 압니다. 따라서 엄마가 잠시 보이지 않아도 불안감을 느끼지 않습니다. 아이가 자란 것입니다!

이제 아이는 영아기 때처럼 항상 엄마 옆에 붙어 있으려 하지 않습니다. 대신 어떤 일이 있어 마음이 불안하거나 아프고, 힘들 때처럼 스트레스 수준이 높아질 경우에는 엄마 옆에 있으려 합니다. 유아기가 되었어도 아이에게 엄마는 여전히 안전 기지, 즉 '믿는 구석'입니다. 따라서 평소에 전혀 안 그러던 아이가 갑자기 엄마 품을 파고들며 어린 아기처럼 행동한다면, 혼내지 말고 아이를 따뜻하게 안아주세요. 그리고 아이의 귀에 속삭여 주세요.

"지금 OO(이)가 힘들구나. 이리 와. 엄마가 안아줄게."

기억하세요. 아이가 자라도 힘들 땐 여전히 엄마를 필요로 합니다. 또한 하루 일과 중 아이가 엄마를 특별히 필요로 하는 시간이 있습니다. 바로 아침에 일어났을 때와 밤에 잠자리에 들 때입니다. 따라서 바로 이 시간에 우리는 아이를 따뜻하게 안아주어야 합니다. 그리고 바로 이 시간이 자녀 축복를 위한 최적의 시간입니다. 아침에 어떤 모습으로 일어나고 밤에 잠자기를 원하시나요?

- "엄마가 일어나라고 말했지! 또 지각할 거야? 빨리 일어나 교회 가야지. 예배 시간 또 늦겠다. 빨리 일어나서 밥 먹고 씻어!" - A 엄마
- "우리 딸, 일어나기 힘들어? 그래도 일어나야 하는데 어떡하지? 많이 힘들면 오늘 지각하거나 가지 말고 다음 주에 갈까?" - B 엄마
- (누워 있는 아이를 안고 뽀뽀하며) "굿모닝~ 이제 일어날 시간이야. 엄마가 축복기도해 줄게." - C 엄마

예전에는 A타입의 엄마가 많았다면, 요즘에는 B타입의 엄마가 많은 것 같습니다. 그러나 A타입의 엄마와 같이 큰소리로 혼내고 잔소리하는 엄마의 모습도 좋지 않지만, B타입의 엄마처럼 지나치게 허용적인 것도 건강하지 않습니다. 특히 B타입의 엄마는 아이를 하나님보다 더 중요한 위치에 두고 있는 것입니다. 나의 모습은 어떤가요? 아이가 일어나지 않으면 예배에 늦거나 가지 않는 것을 당연하게 여기고 있지는 않나요?

주일 아침에 아이가 계속 잠만 잔다면 어떻게 해야 할까요?

요즘 어린 자녀를 둔 엄마들이 지나치게 자녀에게 허용적인 경우가 많습니다. 주일을 지키며 교회에서 예배드리는 것은 자녀가 어릴지라도 반드시 지켜야 할 규율이며 규례입니다.

1. 영아기

많은 엄마들이 아이가 어릴수록 아이를 잠에서 깨우는 것을 두려워합니다. 잠에서 깨면 잠투정을 하며 울기 때문입니다. 그러나 주일 예배보다 아이의 잠을 더 중요하게 다루는 것은 절대 바람직하지 않습니다. 아이들도 엄마가 예배와 하나님보다 자신을 더 중요하게 여긴다는 것을 느낌으로 알아차리기 때문입니다. 이렇게 자란 아이는 무서울 것이 전혀 없는 독불장군이 되기 쉽습니다.

→ 영아기에는 자는 아이를 깨우기보다는 자고 있는 채로 옷을 갈아 입힌 후 안고 나옵니다. 그리고 차에서 잠이 깨면 그때 수유를 합니다.

2. 유아기

주일 아침이 전쟁이 되지 않아야 합니다.

→ 교회 가는 것이 즐거운 시간이 되게 해주세요. 주일 전날에 미리 교회에 입고 갈 옷을 아이와 함께 고르고 헌금 봉투도 정성껏 준비하여 아이의 가방에 챙겨놓습니다. 주일 아침 식사 메뉴도 미리 준비하여 엄마가 아침을 준비하는 데 너무 오랜 시간이 걸리지 않도록 합니다. 찬양을 크게 틀어 아이가 자연스럽게 잠에서 깨도록 하고, 아이 얼굴에 뽀뽀를 해주며 축복 기도를 해줍니다. 이를 위해 전날 가족 모두 일찍 잠자리에 듭니다.

"너희는 어찌하여 내가 내 처소에서 명령한 내 제물과 예물을 밟으며
네 아들들을 나보다 더 중히 여겨 내 백성 이스라엘이 드리는 가장 좋은 것으로
너희들을 살지게 하느냐 그러므로 이스라엘의 하나님 나 여호와가 말하노라
내가 전에 네 집과 네 조상의 집이 내 앞에 영원히 행하리라 하였으나
이제 나 여호와가 말하노니 결단코 그렇게 하지 아니하리라
나를 존중히 여기는 자를 내가 존중히 여기고
나를 멸시하는 자를 내가 경멸하리라"(삼상 2:29-30).

1) 엄마 애착에서 교사 애착으로!

어렸을 때 아이는 자신을 주로 돌보는 엄마와 애착을 형성하였지만 자라면서 아빠와 가족, 그리고 교사와도 애착을 형성합니다. 이제 교사도 아이의 안전 기지가 되는 것입니다. 어떻게 해야 교사와 우리 아이들이 신뢰하고 따르는 안전 애착을 형성할 수 있을까요?
우리는 앞에서 위스콘신대학의 할로우 교수가 한 실험에 대해 살펴보았습니다(148쪽 참고). 할로우 교수는 어린 새끼 원숭이를 엄마 원숭이와 떨어뜨린 후, 두 종류의 가짜 엄마를 주었습니다. 우유병을 달아둔 철사 엄마와, 부드러운 접촉을 줄 수 있는 천 엄마였습니다. 새끼 원숭이는 천 엄마를 선택하였을 뿐만 아니라, 우유를 먹을 때도 천 엄마에게 매달려 철사 엄마의 우유를 빨아먹을 정도로 천 엄마와 잠시도 떨어지려 하지 않았습니다. 새끼 원숭이가 가짜 천 엄마와 애착을 형성한 것입니다. 이 연구를 통해 사람들은 아이와 엄마의 애착이 먹을 것이 아닌 부드러운 접촉을 통해 이루어짐을 발견하였습니다.
이제 주일학교에서, 어린이집과 유치원에서, 우리 아이들을 만나면 무조건 많이 껴안아 주고 쓰다듬어주세요. 그리고 눈이 마주치면 무조건 웃어주세요. 애착의 첫 번째 조건은 바로 접촉입니다.

2) 애착이 고장났어요!
: 애착 장애

앞서 영아기에 관한 내용을 다룰 때 아이가 엄마와 절대 떨어지지 않으려는 분리 불안에 대해 이야기하였습니다. 분리 불안은 사실 이 지구상의 모든 아이들에게 나타나는 특성입니다. 분리 불안이 시작되면 모든 아이들은 엄마와 잠시라도 떨어지지 않으려 하고, 엄마가 보이지 않으면 온몸을 떨며 심하게 울기도 합니다. 그리고 이때는 아무것도 아이에게 위로가 되지 못합니다. 그토록 좋아하던 사탕이나 과자를 주어도 뿌리치거나 양손에 든 채 계속 웁니다. 오직 엄마가 와서 안아주어야만 비로소 아이는 울음을 그칩니다. 따라서 만 2-3세 이전에 아이가 엄마와 떨어지기 싫어 우는 것은 자연스러운 발달적 특징임을 기억하십시오. 다음 표에 제시된 애착 발달 단계별 특징을 보면 아이의 개월 수에 따른 애착 발달을 이해할 수 있습니다.

애착 발달 단계	시기	특징
1단계 전 애착 단계	출생 ~ 6주	영아가 아직 애착이 형성되지 않아 모든 사람에게 미소를 띠며 반긴다.
2단계 애착 형성 단계	6주 ~ 6.7개월	이제 영아는 자기와 친숙한 사람과 친숙하지 않은 처음 보는 사람을 구분하고 다르게 반응한다. 엄마와의 상호 작용에서는 더 많이 미소 짓고 옹알이를 하지만, 낯선 사람에게는 약간 어색하게 대한다. 그러나 아직 엄마가 자기를 혼자 남겨 놓고 나가도 분리 불안 행동을 보이지 않는다.
3단계 애착 단계	6.7개월 ~ 18개월	아이는 주 양육자(엄마)와 애착을 형성하여, 엄마가 자리를 떠나면 울며 크게 불안해한다. 이 시기의 아이들은 엄마가 지금 눈에 보이지 않아도 다시 돌아오다는 생각을 하지 못한다. 따라서 엄마가 보이지 않을 때는 매우 큰 불안(분리 불안)을 나타낸다.
4단계 상호 관계의 형성 단계	18개월 ~ 만 2-3세	영아는 언어와 인지가 많이 자라서 엄마가 보이지 않아도 언제쯤 다시 올지 예측할 수 있다. 이제 엄마가 나를 어린이집에 두고 가도 저녁이 되면 온다는 것을 이해할 수 있다. 그러나 머리로는 이해하지만 아직까지 엄마와 헤어지기 어렵고, 엄마가 보고 싶어 울기도 한다. 특히 몸이 안 좋거나 졸릴 때는 더 운다.

: 애착 발달 단계별 특징 :

이러한 분리 불안은 아이마다 약간의 차이는 있지만, 대부분 2-3세 전후에 점차 사라집니다. 그런데 문제는 다음과 같은 경우입니다.

첫째, 분리 불안이 단지 울음에 그치지 않고, 자신의 머리를 벽에 부딪치거나 머리카락을 뽑는 등의 자해 행동으로 나타난다.

둘째, 엄마가 와도 진정이 되지 않고, 여전히 극심한 불안과 공격 행동이 나타난다.

셋째, 학교에 갈 나이가 되었어도 여전히 분리 불안이 나타난다.

아침에 일어나 학교나 유치원(어린이집)에 가기 싫다고 벌이는 약간의 실랑이가 아니라, 엄마와 떨어지는 것을 극도로 두려워하고 거부하여 아침마다 심각한 전쟁을 벌여야 한다면 분리 불안 장애를 생각해 보아야 합니다. 빨리 병원(소아정신과)에 가서 상담을 받는 것이 필요합니다.

3) 분리 불안 장애의 진단

엄마와 떨어지면 자해 행동을 하고, 엄마가 와도 계속 울면서 엄마에게 침을 뱉는다거나 공격적인 행동을 하며, 학교에 갈 나이가 되었음에도 여전히 엄마와 떨어지는 것이 어렵다면 분리 불안 장애를 생각해 보아야 합니다.
병원에서 아이가 분리 불안 장애인지 아닌지에 대한 진단을 내릴 때, 의사들이 가장 많이 참고하는 것으로 'DSM-IV 진단 기준'이 있습니다.

	분리 불안 장애 DSM-IV 진단 기준	예	아니오
1	집 또는 주된 애착 대상과 분리되거나 분리가 예상될 때 반복적으로 심한 불안을 느낀다.		
2	주된 애착 대상을 잃거나 그에게 해로운 일이 일어날 거라고 계속적으로 심하게 걱정한다.		
3	운 나쁜 사고가 생겨 주된 애착 대상과 분리될 거라는 비현실적이고 지속적인 걱정을 한다. (예 길을 잃거나 납치되는 것)		

	분리 불안 장애 DSM-IV 진단 기준	예	아니오
4	분리에 대한 불안 때문에 학교나 그 외의 장소에 지속적으로 가기 싫어하거나 거부한다.		
5	혼자 있거나 주된 애착 대상 없이 지내는 데 대해 지속적이고 과도하게 두려움을 느끼거나 거부한다.		
6	주된 애착 대상이 가까이 있지 않은 상황이나 집을 떠나는 상황에서는 잠자기를 지속적으로 싫어하거나 거부한다.		
7	분리의 주제와 연관되는 반복적 악몽을 꾼다.		
8	주된 애착 대상과의 분리가 예상될 때 반복적인 신체 증상을 호소한다. (예 두통, 복통, 오심, 구토 등)		

A. 위 8문항 중 3가지 이상에서 체크된다. 집 또는 애착 대상과의 분리에 대한 불안이 발달 수준에 부적절하게 지나치다.
B. 장해 기간(문제 상황)이 적어도 4주 이상이다.
C. 18세 이전에 발병한다.
D. 사회적, 학업적(직업적), 또는 다른 중요한 기능 영역에서 임상적으로 심각한 고통이나 장해를 일으킨다.

출처 미국정신의학협회(1980/1994). 정신장애의 진단 및 통계 편람. 이근후 외(역). 서울: 하나의학사.

09

머리 좋은 아이, 머리 나쁜 아이

여러분은 자신이 머리가 좋다고 생각하나요, 반대로 머리가 나쁘다고 생각하나요? 머리가 좋은 아이와 나쁜 아이를 구분하는 기준은 무엇일까요? 대부분의 사람들은 흔히 '지능(intelligence)'을 생각합니다. 지능이 좋으면 머리가 좋고 반대로 지능이 낮으면 머리가 나쁘다고 여기는 것 같습니다. 그렇다면 피겨 여왕 김연아 선수나 우리나라의 축구 영웅 손흥민 선수는 머리가 좋을까요, 나쁠까요? 베토벤은 머리가 좋았을까요, 나빴을까요? 대답하기 곤란한가요?

지능이란 사물을 인식하고 비판하는 능력으로 정의할 수 있습니다. 과거에는 지능을 공부를 잘하는 능력, 즉 언어 능력이나 논리적 능력을 나타내는 지수라고 생각했습니다. 지능 검사를 처음 개발한 사람은 프랑스의 심리학자 알프레드 비네(Alfred Binet)입니다. 1904년, 비네는 지적 장애 아동과 비지적 장애 아동을 구별하기 위한 검사 도구로 지능 검사 방법을 처음 고안했습니다. 그 당시 학교 수업을 따라가지 못하는 학생이 많아졌고, 이들을 가려내어 보충 수업을 제공하는 특별반을 만들고자 했기 때문입니다. 그러나 비네가 만든 지능 검사는 전 세계적으로 널리 퍼져, 이제는 학생들의 학업 성취도를 예측하는 대표적인 검사 도구로 활용되고 있습니다.

그런데 최근 아동의 언어 능력과 논리적 능력을 측정하는 지능 검사에 대한 비판이 일고 있습니다. 지능은 단지 언어와 논리성뿐 아니라 다양한 영역을 포함하고 있다는 것입니다. 이러한 이론을 주장하는 대표적인 학자가 미국 하버드대학교의 하워드 가드너(Howard Gardner) 박사입니다. 그는 지능에는 언어 지능과 논리수학 지능 외에도 음악 지능, 공간 지능, 신체운동 지능, 대인관계 지능, 자연친화 지능, 자기성찰 지능(자신에 대한 이해 능력) 등 모두 여덟 가지 종류의 지능이 있다고 주장하였습니다. 인간은 아이큐와 같은 한 가지 지능만 있는 것이 아니라 여러 가지 지능을 가지고 있으며, 사람에 따라 강점 지능과 약점 지능이 있다는 것입니다. 이러한 그의 주장을 '다중 지능 이론'이라고 부릅니다. 가드너에 의하면 앞서 질문한 김연아 선수나 손흥민 선수는 신체운동 지능이 뛰어난 사람이며, 베토벤은 음악 지능이 뛰어난 사람입니다.

지적 장애 아동의 지능 검사를 하고 있는 비네 **출처** hss.state.ak.us

1) 가드너의 여덟 가지 지능

가드너의 다중 지능 이론에 의하면 지금까지 소개된 인간의 지능은 모두 여덟 가지입니다.

① 언어 지능

문장의 뜻을 이해하고 효과적인 의사 소통을 할 수 있는 능력입니다. 언어 지능이 높은 사람은 단어의 의미를 잘 이해하고 다른 사람들보다 모국어와 외국어를 빨리 배웁니다. 또한 토론 학습 시간에 두각을 나타내며, 유머나 말 잇기 게임, 낱말 맞추기 등을 잘합니다. 다양한 단어를 활용하여 말을 조리 있게 잘하고, 똑같은 주제로 글을 써도 다른 사람들의 마음을 감동시키는 글을 씁니다. 일반적으로 작가, 번역가, 소설가 등이 언어 지능이 높습니다.

② 논리수학 지능

논리적 사고와 수리 능력 및 과학적인 능력입니다. 논리수학 지능은 인간의 인지적인 능력으로 과거에도 지능의 핵심으로 간주되었습니다. 논리수학 지능은 논리적 문제나 방정식을 풀어가는 정신적 과정에 관한 능력으로, 때에 따라서는 언어 사용이 필요하지 않습니다. 논리수학 지능이 높은 사람은 논리적 과정에 대한 문제들을 보통 사람들보다 훨씬 빠른 속도로 해결합니다. 추론을 잘 이끌어내며, 문제를 주먹구구로 풀지 않고 체계적이고 과학적인 방법으로 풀어냅니다. 숫자에 강하고, 차량 번호나 전화번호 등도 남들에 비해 잘 기억하는 경우가 많습니다. 일반적으로 과학자, 의사, 수학자 등이 논리수학 지능이 높습니다.

③ 음악 지능

음의 리듬, 음 높이, 음색에 대한 민감성을 보이는 사람들이 갖는 지능입니다. 가드너는 바이올리니스트 예후디 메뉴인(Yehudi Menuhin)을 음악 지능이 높은 사람의 예로 들었습니다. 메뉴인은 세 살 때, 그의 부모와 함께 미국 샌프란시스코에서 열린 오케스트라 음악회에 참석하였습니다. 메뉴인은 그때 루이 퍼싱어(Louis Persinger)의 바이올린 소리에 감동하여, 생일 선물로 바이올린을 사줄 것과 퍼싱어에게 개인 교습을 받게 해달라고 졸랐습니다. 메뉴인의 부모는 어린 메뉴인의 부탁을 들어주었습니다. 그리고 7년 후, 메뉴인이 열 살이 되던 해에 그는 이미 국제적인 연주가가 되어 있었습니다.

메뉴인처럼 음악 지능이 뛰어난 사람은 소리, 리듬, 진동과 같은 음의 세계에 민감합니다. 또한 사람의 목소리와 같은 언어적인 형태의 소리뿐만 아니라 비언어적인 소리에도 예민합니다. 만약 발자국 소리만으로도 누가 오고 있는지를 알아내는 사람이 있다면, 그 사람은 음악 지능이 높다고 할 수 있습니다. 또한 음악의 형태를 잘 감지하고 음악 유형을 잘 구별할 뿐만 아니라, 다른 음악 형태로 변형시키기도 합니다. 음악 지능이 높은 아이는 메뉴인처럼 악기 연주를 좋아하고 또한 작곡하는 것을 좋아합니다. 음악 지능은 단지 음악이나 리듬에만 국한되는 것이 아니라 전체 소리를 다루기 때문에 '청각-진동적인 지능(Auditory-Vibrational intelligence)'이라고 부르기도 합니다.

④ 공간 지능

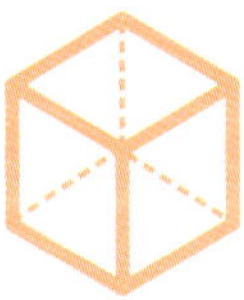

도형, 그림, 지도, 입체물을 구상하고 창조하는 능력입니다. 공간 지능이 높은 사람은 시공간의 파악 능력이 높고 3차원의 세계를 잘 변형시키는 능력이 있습니다. 또한 색깔, 선, 모양, 형태, 공간 그리고 이런 요소들 사이의 관계에 대한 민감성이 높습니다. 신경과학에 의하면 인간 두뇌의 우반구가 공간 지능과 관련되어 있습니다. 또한 공간 지능은 시각 능력과 관계가 깊은 것으로 알려져 있습니다. 공간 지능이 높은 사람은 밤하늘의 별을 보고 방향을 잘 찾아내며, 처음 방문한 곳을 다시 찾아가는 데 별 어려움을 느끼지 않습니다. 시공간적 아이디어들을 도표, 지도, 그림 등으로 잘 나타내고, 시각적으로 표현하는 디자인, 그림 그리기, 만들기 등을 좋아합니다. 일반적으로 조각가, 건축가, 항해사, 화가, 발명가 등이 공간 지능이 높습니다.

⑤ 신체운동 지능

춤, 운동, 연기 등과 같이 신체로 표현하는 것을 쉽게 익히고 창조할 수 있는 능력입니다. 유명 운동선수들은 신체운동 지능에 강합니다. 그들은 선수가 되기 이전부터 이미 뛰어난 신체운동 지능이 나타난다고 가드너는 주장합니다. 그들에게는 어떻게 몸을 움직여야 하고, 어떻게 반사적인 행동을 해야 하는지에 대한 타고난 감각을 가졌습니다.

⑥ 대인관계 지능

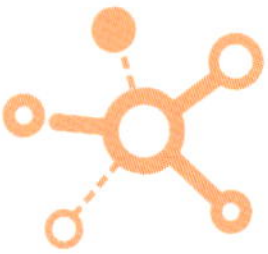

타인을 이해하고 타인과 효과적으로 상호 작용하는 능력입니다. 대인관계 지능이 높은 사람들은 다른 사람들의 기분이나 감정, 의향, 동기 등을 인식하고 구분하는 능력이 뛰어납니다. 사람들의 얼굴 표정과 음성, 몸짓만으로도 그 사람의 기분과 생각을 빨리 알아챕니다. 인간관계에 대한 감수성이 높고 대인관계에서 나타나는 여러 가지 다양한 신호들을 잘 구분할 수 있기 때문에 인간관계가 좋습니다. 이와 같이 대인관계 지능이 뛰어난 사람은 친구들을 잘 사귀고, 인기도 많습니다. 유능한 정치인, 지도자, 그리고 성직자들은 대인관계 지능이 우수합니다.

⑦ 자연친화 지능

자연을 관찰하고 탐구하는 것을 좋아하는 능력입니다. 자연 현상에 대한 유형을 규정하고 분류하는 능력이 뛰어납니다. 자연친화 지능이 높은 사람은 동물이나 식물 채집을 좋아하며, 이를 구별하고 분류하는 능력이 높습니다. 산에 가더라도 나뭇잎의 모양이나, 크기, 지형 등에 관심이 많고, 이들을 종류대로 잘 분류하기도 합니다. 따라서 자연친화 지능이 높은 사람은 동물 사육사나 생물학자가 되었을 때 우수한 능력을 발휘합니다.

⑧ 자기성찰 지능

자신이 좋아하는 것과 싫어하는 것, 자신의 장단점을 정확한 알고, 나아가 자신의 인생을 계획하고 조절할 수 있는 능력입니다. 대인관계 지능과 유사한 특성을 가졌지만, 자기성찰 지능은 자기 자신을 이해하고 느낄 수 있는 인지적 능력을 의미합니다. 나는 누구인가, 지금 나는 어떤 감정을 가졌는가, 왜 이렇게 행동하는가 등과 같이 자기 존재에 대한 질문을 자주 던지고 자신에 대한 이해 능력이 빠릅니다. 따라서 자기성찰 지능이 높은 사람은 자기 존중감이 높으며, 자신을 발전시키는 자기 향상(self-enhancement) 능력이 뛰어납니다. 또한 자신이 처한 문제를 효율적으로 해결합니다. 일반적으로 상담가나 정신과 의사가 자기성찰 지능이 높습니다.

2) 다중 지능과 관련된 질문들

① 이 여덟 가지 지능 가운데 가장 좋은 지능은 무엇일까요? 논리수학 지능일까요?

아닙니다. 모든 지능은 동등합니다. 어떤 사람이 논리수학 지능이 높다고 해서 그의 모든 지능이 높다고 생각해서는 안 됩니다. 즉, 하나의 지능만으로 그 사람의 지능이 높다, 낮다를 평가해서는 안 된다는 것입니다.

② 자신이 못하는 약점 지능은 포기하고, 잘하는 강점 지능을 개발하는 것이 효과적일까요?

아닙니다. 다만, 다중 지능 연구자들은 강점 지능을 통해 약점 지능을 개발하는 것이 효과적이라고 제안합니다. 예를 들어 음악 지능이 뛰어난 반면 언어 지능이 약한 아이는, 음악 가사 외우기나 작사하기 등과 같이 자신이 좋아하고 잘하는 음악을 활용하여 언어 지능을 개발하는 것입니다.

③ 나는 잘하는 것이 하나도 없는 것 같은데, 왜 제 친구는 공부도 잘하고, 운동도, 음악도, 미술도 잘하는 걸까요?

학자들은 이것을 '레이저형 지능'과 '서치라이트형 지능'으로 구분하여 설명하고 있습니다. 그리고 다중 지능에서는 지능을 타고나는 것과 더불어 개발되는 능력으로 봅니다. 우리가 운동을 많이 하면 근육이 발달하듯이 지능도 얼마나 개발하느냐에 따라 달라집니다. 다만 못하는 것에만 집중하지 말고 잘하는 것에 집중하여 이것을 중심으로 못하는 것을 커버하라는 것입니다.

"레이저형과 서치라이트형 지능 프로파일"

다중 지능을 연구하는 학자들에 의하면 여덟 가지 다중 지능 가운데 한두 가지의 지능이 뛰어난 사람(레이저형)이 있는 반면에, 세 가지 이상의 영역에서 뛰어난 지능을 보이는 사람(서치라이트형)도 있다고 합니다. 혹시 주변에 공부도 잘하면서 노래도 잘하고, 운동도 잘하면서 친구 관계도 좋은 친구가 있나요? 그 사람은 논리수학 지능과 음악 지능, 신체운동 지능, 대인관계 지능이 높은 서치라이트형입니다.

④ 그래도 여덟 가지 지능 가운데 중요한 강점 지능을 하나 꼽는다면 무엇일까요?

저는 자기성찰 지능을 꼽습니다. 모든 사람은 강점 지능과 함께 부족한 부분을 채우기 위해 노력해야 하는 약점 지능을 갖고 있습니다. 그런데 자신의 분야에서 성공한 사람들을 살펴보았을 때, 그들은 공통적으로 높은 자기성찰 지능을 가지고 있었습니다. 자기성찰 지능은 자신의 장단점을 정확히 알고, 나아가 자신의 인생을 계획하고 조절할 수 있는 능력입니다. 따라서 자기성찰 지능이 높은 사람은 자기 자신에 대해 정확히 파악할 수 있으며, 하나님과의 관계 속에서 자신의 인생을 계획하고 향상시킬 수 있습니다.

서로 다른 지능 프로파일

다중 지능의 핵심은 세상의 모든 사람은 서로 다른 지능 프로파일을 가지고 있다는 것입니다. 즉, 우리는 모두 한 가지 이상의 영역에 강점 지능이 있기에 나 자신을 남들과 비교할 필요가 없습니다. 하나님은 이 세상 모든 사람을 다르게 창조하셨습니다. 이 세상에서 잘하는 것이 하나도 없는 사람은 한 명도 없습니다. 하나님이 창조한 나는, 그리고 배우자와 우리 자녀는 특별한 존재이며 최고의 걸작품입니다. 혹시 지금 내 모습이나 배우자의 모습에, 또는 아이의 모습에 실망하고 계시지는 않는지요. 나 자신과 상대의 모습에 대해 실망하는 것은 하나님이 아닌 악한 영이 주는 생각입니다. 혹시 내 속에 실망의 마음이 있다면 찬양을 소리 높여 부르며 말씀을 묵상하시기 바랍니다.
"나는, 그리고 하나님이 내게 주신 배우자와 자녀는 하나님의 형상입니다."

흙으로 빚어서 생기를 불어 넣어
살아 숨쉬는 사람을 만드셨죠
너는 걸작품 하나님의 최고의 작품
나도 걸작품 하나님의 최고의 작품

출처 <걸작품>(파이디온선교회)

"하나님이 자기 형상 곧 하나님의 형상대로 사람을 창조하시되
남자와 여자를 창조하시고"(창 1:27).

10

안전사고에 주의해요

1) 유아기 안전사고

유아기에는 대근육과 소근육의 운동 기능이 정교해져 인라인스케이트, 자전거 타기와 같은 새로운 운동 기술을 익히는 시기입니다. 유아는 이제 가위질을 익숙하게 할 수 있고 그림 그리기, 쓰기 등과 같은 소근육 기술이 발달합니다. 또한 유아기는 활동량과 생활 반경이 넓어져 안전사고의 위험이 증가하는 시기이기도 합니다. 특히 남자아이들은 친구와 거친 놀이하는 것을 좋아하고, 놀이터와 같이 밖에서 지내는 시간이 많아지며, TV 만화 영화 주인공의 행동을 모방하는 것을 좋아하기 때문에 특별한 주의가 필요합니다.

또한 이 시기의 아이들은 호기심이 많은 반면 통제가 잘 되지 않아 침대, 의자, 식탁, 소파, 놀이터 등 다양한 곳에서 추락하는 사고가 많이 나타나고, 베란다 추락 사고나 세탁기 잠금 사고와 같은 실내에서의 사고 발생률이 높습니다. 추락 사고와 놀이터 및 놀이기구를 이용하다 발생한 사고는 많은 경우 뇌진탕과 같은 심각한 상해로 이어질 수 있기 때문에 아이들이 가구에 올라가서 놀지 못하도록 하고 안전한 시설물 이용을 위한 안전 교육을 실시할 필요가 있습니다. 그러나 한창 뛰어놀 아이에게 얌전히 놀이하라는 말은 맞지 않습니다. 따라서 안전한 환경을 위해 항상 실내외의 위험을 살펴야 합니다. 다음은 유아기에 발생한 안전사고의 유형과 사례들입니다.

<유아기 안전사고 유형 통계>

순위	사고 유형	합계	비율
1	침대, 소파, 의자 등에서의 추락	3,024	18.8
2	방, 거실 등에서 넘어짐/미끄러짐	2,175	13.5
3	놀이터 기구 등에서 추락/넘어짐	1,354	8.4
4	자전거 등에서 추락/넘어짐	1,081	6.7
5	창문, 방문 등에 눌림/끼임	818	5.1
6	구슬, 장난감 등 완구 삼킴	554	3.4
7	어린이집, 유치원 등 교육 시설에서 넘어짐/미끄러짐	459	2.9
8	생선 가시가 목에 걸림	386	2.4
9	가정용 주방 제품에 베임/찔림	194	1.2
10	애완견 등 애완 동식물 등에 물림/쏘임	181	1.1
11	기타	5,843	36.4
합계		16,069	100.0

[단위: 건, (%)]

<유아기 안전사고 사례>

- 경기에 거주하는 4세 여아가 수은 건전지를 삼켜 위의 이물 발생으로 병원 치료를 받음.
- 안산에 거주하는 5세 남아가 이웃집 어린이와 미니컵 젤리를 먹던 중 기도가 막혀 질식함(중태).
- 천안에 거주하는 5세 남아가 유치원에서 놀다 넘어지며 소파에 부딪혀 눈 주변의 열상으로 병원 치료를 받음.
- 서울에 거주하는 5세 남아가 다용도실의 드럼 세탁기에 갇혀 질식 사망함.
- 충주에 거주하는 5세 여아가 계단에서 미끄러져 넘어지면서 이가 빠지고 턱이 찢어져 응급실 치료를 받음.

- 경기에 거주하는 5세 여아가 놀이터 2미터 높이의 미끄럼틀에서 떨어지며 팔뼈 골절로 병원 치료함.
- 용인에 거주하는 5세 남아가 베란다에서 놀던 중 3층에서 방충망과 함께 추락하여 골절로 입원함.
- 서울에 거주하는 5세 남아가 바람 때문에 닫힌 현관문에 검지손가락이 끼어 피부 이식, 또한 성장판이 손상되어 해당 손가락 성장 불가 진단을 받음.

출처 어린이집 안전공제회, 한국생활안전연합, 한국소비자원

2) 유아의 안전 수칙

유아기는 아이의 대근육과 소근육의 운동 기능이 발달하여 여러 영역에서 정교한 활동이 가능해지는 동시에, 이로 인한 안전사고의 위험성이 높아지는 시기입니다. 또한 영아기, 걸음마기 연령보다 가정 밖에서 보내는 시간이 늘어나 가정 외의 여러 환경(어린이집, 유치원, 놀이터, 수영장, 문화 놀이 시설 등)에서 안전사고가 발생하고 안전사고 유형도 다양하다는 특징이 있습니다. 유아기의 안전 수칙은 다음과 같습니다.

첫째, 유아기에는 놀이터와 놀이기구에서의 안전사고가 급증하므로 어린이집과 유치원 및 가정에서 안전한 바깥 놀이와 놀이기구 사용을 위한 교육을 실시합니다. 또한 어린이집 및 유치원 등 교육 시설에서 생활하는 시간이 많은 시기이기 때문에, 이들 기관에서의 안전한 환경 구성과 함께 유아를 대상으로 한 안전사고 예방 교육이 집중적으로 필요합니다.

둘째, 유아기에는 호기심이 많고 활동적인 동시에, 자기중심적 사고가 높고 통제가 잘 되지 않기에 침대, 의자, 식탁, 소파 등에서 추락하는 사고가 많이 발생

합니다. 따라서 유아들이 가구에 올라가서 놀거나 뛰지 못하게 해야 합니다.

셋째, 안전한 가정 환경을 구성해야 합니다. 가정에서는 창가와 베란다에서의 추락 사고, 세탁기 잠금으로 인한 질식 사고, 정수기로 인한 화상 사고가 많이 일어납니다. 드럼 세탁기로 인한 질식 사고는 유아기에 종종 볼 수 있습니다. 최근에 판매되는 드럼 세탁기는 문이 세탁기 안에서도 열리도록 바뀌었지만, 이전에 생산된 드럼 세탁기는 안에서 문이 열리지 않습니다. 또한 아이들의 경우 숨바꼭질 놀이나 호기심으로 세탁기에 들어가 문을 닫으면 당황해서 문을 열지 못합니다. 따라서 아이들에게 세탁기 관련 안전 교육을 실시하고 가정에서도 세탁실과 세탁기의 문을 늘 닫아놓아야 합니다. 아울러 정수기는 유아의 손이 닿지 않는 곳에 두고, 가급적 뜨거운 물은 사용을 자제합니다. 특히 방충망에 기대어 추락하는 추락 사고도 발생하기 때문에, 베란다나 창가에 가구나 발판 등 유아가 딛고 올라갈 수 있는 물건을 놓지 않아야 하며, 방충망에 기대지 않도록 지도가 필요합니다.

넷째, 자전거나 인라인스케이트 이용 시 안전모와 무릎 보호대, 팔꿈치 보호대 등 보호 장구를 착용하도록 지도하고, 어렸을 때부터 보호 장구 착용이 습관이 되도록 교육합니다.

다섯째, 최근 가정에서의 수은 건전지(단추형 건전지) 사용 증가로 유아들의 수은 건전지 중독 사고가 빈번히 발생하고 있습니다. 수은 건전지는 동전과 달리 장기를 녹이기 때문에 유아의 생명을 앗아갈 수 있는 매우 위험한 물건입니다. 따라서 수은 건전지 삼킴 사고에 대한 경각심을 높이고 안전한 사용을 촉진하기 위한 안전 교육이 필요합니다.

크리스천 부모의

아이 마음 알아가기

성경적 자녀 양육과 아이의 발달 이해하기

Part 3.
나를 향한 여행

모든 사람은 기쁨과 즐거움, 슬픔, 분노, 좌절, 공격성 등과 같은 다양한 감정을 느끼며 살아갑니다. 그런데 대학교에서 학생들을 상담하다 보면 종종 분노 조절 장치가 고장난 학생들이 있습니다. 친한 친구와 싸웠다는 이유만으로 학교를 자퇴하고 싶다고 찾아오는 학생들이 의외로 많습니다. 처음에는 사소한 말다툼으로 시작했다가 감정이 격해져 여학생들임에도 서로 때리고 주먹질을 해서 경찰이 온 경우도 있고, 친구가 죽이고 싶을 정도로 밉다는 학생도 있었습니다. 심지어 친구를 죽이라는 환청이 계속 들려 학교를 자퇴한 학생도 있었습니다. 싸운 친구 때문에 죽고 싶고, 반 친구들이 자기를 왕따시키는 것 같아 죽고 싶고, 성적이 낮게 나와 죽고 싶고, 남자친구와 헤어져 죽고 싶고…. 여러분은 어떤가요? 여러분의 감정 조절 장치, 즉 '분노 조절 장치'는 건강한가요, 아니면 문제가 있나요?

많은 부모가 자녀를 키우며 자신의 분노 조절 장치가 망가졌다고 느껴 상담을 합니다. 이제 자율성이 시작된 아이가 부모의 말을 듣지 않는 것을 자연스러운 발달 과정으로 이해하지 못하고, 부모인 나를 무시한다고 여겨 화를 폭발하는 일들이 자주 있습니다. 또한 부모들이 어릴 때 자신들의 엄마와 불안정 애착을 형성했을 경우, 자녀를 양육하며 불쑥 튀어나오는 분노를 조절하지 못해 고생하는 사람들도 있습니다.

감정은 적절하게 표현할 때는 해소되지만, 자신의 감정을 무시하거나 억압할수록 내면에 쌓이게 됩니다. 정신 분석 이론에서는 특히 출생 후 6세까지, 아동이 주 양육자와의 관계에서 자신의 감정을 적절히 나타내지 못했을 때 분노 조절 장치가 고장 난다고 설명합니다. 그리고 이때 고장 난 분노 조절 장치는 평생 동안 지속되며, 성인이 되어서도 감정을 조절하지 못해 분노를 계속 마음에만 담아두어 우울증과 같은 병이 생기거나, 다른 사람에게 폭발하여 상대방에게 씻을 수 없는 상처를 주게 된다는 것입니다. 학자들은 이렇게 어렸을 때 주 양육자인 부모 또는 교사와의 관계에서 형성되어 평생 영향을 미치는 감정을 '핵심 감정'이라고 부릅니다. 따라서 우리가 좋은 부모가 되기 위해서는 자녀의 마음뿐 아니라 내 마음을 알아야 합니다. 내가 왜 이렇게 행동하고 느끼는지, 왜 내 마음을 내 마음대로 조절하지 못하고 분노 조절이 안 되는지, 왜 자꾸 우울한지 살펴보아야 합니다. 또한 어린 시절 나는 엄마와 어떤 애착을 맺었는지, 그리고 나의 감정에 대한 감정인 초감정(meta-emotion)은 어떠한지 생각해 볼 필요가 있습니다.

01

핵심 감정과 감정 패턴

핵심 감정이란 한 사람의 사고방식이나 행동을 결정하는 핵심적이고 주된 감정을 의미합니다. 핵심 감정은 초등학교에 들어가기 전인 6-7세 이전에 형성됩니다. 부모와 같이 정서적으로 중요한 인물과의 관계에서 형성되는 핵심 감정은 영·유아기에 부모로부터 사랑받고 싶고 인정받고 싶은 욕구가 좌절되었을 때 일어납니다. 7세 이전에 부모가 아동을 배척하거나 지나치게 엄격하여 아동이 자신의 감정을 억압하고 적절히 표현하지 못하면 아동은 분노와 고집, 외로움, 지나친 슬픔 등과 같은 감정이 핵심 감정이 됩니다. 그리고 아동기에 형성한 핵심 감정은 이후 성인이 되어서도 반복적으로 나타나는 '감정 패턴(emotional pattern)'으로 고정화됩니다. 즉, 어릴 때 형성된 과거의 핵심 감정이 내면에 자리잡아 성인이 된 현재에서도 끊임없이 반복되는 것입니다.

부모에 대한 분노가 핵심 감정이 된 아동은 성인이 된 후에도 자신과 가까운 사람들에게 아주 작은 일에도 분노를 표출합니다. 그리고 모든 의사소통에 분노가 깔려 있습니다. 핵심 감정인 분노가 그 사람의 감정 패턴이 된 것입니다. 그래서 다른 사람은 아무렇지도 않게 지나가는 사소한 말 한마디나 눈짓 하나에도 화가 나 분노를 폭발합니다. 아이가 울면 나를 무시하는 것 같아 화가 납니다. 아이가 웃으면 내가 힘든데 아이 혼자 즐거운 것 같아 화가 납니다. 아이가 조금만 꾸물거려도 화가 나고, 아이가 내 눈치를 보고 있어도 내가 부모 역할을 잘못한 것 같아 화가 납니다. 이렇게 사소한 모든 일에 화가 나서 일생을 통하여 '분노'라는 핵심 감정과 감정 양식의 지배를 받는 것입니다.

그러나 어린 시절을 건강하게 보낸 사람은 자신의 핵심 감정에 휘둘리지 않고 즐겁게 삶을 보냅니다. 아이를 돌볼 때에도 몸은 힘들지언정 마음은 즐겁습니다. 이와 같이 핵심 감정과 감정 패턴은 과거 어린 시절에 형성되었지만, 현재의 모든 인간 관계와 삶의 영역에도 나타납니다. 모든 사람은 핵심 감정과 감정 패턴을 가지고 있으며, 영·유아기를 어떻게 보냈는가에 따라 핵심 감정과 감정 패턴은 삶에 각기 다른 영향을 미치게 됩니다. 영·유아기를 좋은 부모님과 건강하게 보낸 성인은 행복하고 성숙한 삶을 영위하지만, 어린 시절 부모로부터 방임되거나 지나치게 엄격한 훈육을 받았던 성인은 핵심 감정이 억압되어 있고 격렬해지기 때문에 자신의 의지와 상관없이 다른 사람들에게 화를 폭발하게 되는 것입니다.

또는 반대로 사소한 일에도 지나치게 힘들어하고 우울해지며 이러한 패턴이 반복되는 사람이 있다면, 그 사람의 핵심 감정은 '우울'일 수 있습니다. 정신 분석 이론에서는 유아기에 부모에 의해 애정 욕구가 심하게 좌절되면 성인이 되어서도 다른 사람의 애정을 얻기 위해 상대에 의존하게 되고, 그 결과 우울감과 열등감이 나타난다고 봅니다. 내가 지금 분노 조절이 안 된다거나, 특정한 일에 지나치게 슬퍼하고 힘들어하며, 다른 사람의 인정을 받는 것에 갈급하여 주변 사람들과의 관계에서 힘들어하고 있다면, 자신의 유아기에 형성된 핵심 감정과 감정 패턴을 분석해 보아야 합니다. 아동기 감정 패턴은 성인이 된 지금 생활에서도 무의식적으로 반복되기 때문입니다. 현재 대인 관계에서 반복되어 나타나는 정서적인 어려움(예 분노, 우울, 좌절, 지나친 슬픔, 무기력증 등)이 있다면, 자신의 삶을 무의식적으로 지배하는 핵심 감정이 무엇이며, 언제 누구와의 관계에서 어떻게 형성되었는지 살펴봅니다.

그런데 문제는 핵심 감정과 감정 패턴이 초기 아동기부터 자신의 무의식에 억압되었기 때문에, 대부분의 사람들은 자신의 핵심 감정과 감정 패턴이 무엇인지 잘 인식하지 못한다는 것입니다. 또한 부정적인 핵심 감정은 아주 가까운 사람에게 집중적으로 더 많이 나타난다는 것입니다. 부인과 자녀에게 사소한 일에도 분노를 폭발하는 아빠가 교회와 회사에서는 성격 좋은 사람으로 보일 수 있습니다. 특히 부부 관계는 인간관계 중에서도 가장 친밀하고 깊은 관계이기 때문에, 자신의 부정적인 감정 양식이 다른 관계에서는 나타나지 않았다가 결혼 후에 배우자에게 폭발하는 경우도 많습니다. 초기 아동기부터 억압되었던 감정 양식이 배우자라는 친밀하고도 가까운 사람이 등장하면서 나타날 수 있기 때문입니다.

다른 사람과는 별문제 없이 잘 지내는데, 유독 사소한 일로 배우자나 아이에게 화가 나지는 않나요? 사소한 말 한마디로 화가 폭발하지는 않나요? 다른 사람과는 문제가 없었는데 유독 집에서 아이들을 만날 때 화가 난다면 반드시 내 자신의 핵심 감정과 감정 패턴을 살펴보아야 합니다.

변화를 위한 한 걸음, '마음 챙김(mindfulness)'

> "아까 내가 말할 때 저 사람 안색이 좋지 않았는데, 화가 난 것은 아닐까?"
> "옆집 엄마가 내 인사를 제대로 받아주지 않았는데, 왜 그럴까? 내가 무얼 잘못했나?"
> "저 사람 표정이 왠지 안 좋은데, 어제 내가 한 말 때문인가?"

우리의 머릿속은 인간관계의 이러저러한 생각들로 꽉 차 있습니다. 그리고 꼬리를 무는 걱정과 불안으로 지쳐갑니다. 마음 챙김은 이러한 타인 중심적 생각에서 벗어나 자기 자신의 내면을 있는 그대로 바라보고 자신에게 집중하는 것입니다.

만약 소음으로 인해 참기 어려울 정도로 화가 난다면 자신의 감정에 대해 정확히 자각해 보세요. 단지 소음으로 인해 짜증난 것인지, 전날 잠을 못 자서 피곤해 화가 난 것인지, 일에 집중할 수 없어서 짜증이 난 것인지, 소음을 유발한 사람에게 화가 난 것인지, 현재 자신의 마음을 명확하고 또렷하게 알아차리고 객관적인 자신의 모습을 확인해 보는 것입니다.

이러한 마음 챙김은 감정 조절에 많은 도움을 줍니다. 연구에 의하면, 마음 챙김은 교사의 정신 건강에 긍정적인 영향을 미치며 직무 스트레스와 관련하여 불안, 적대감, 신체화(심리적 조건에 따라서 신체 증상이 생기는 과정)와 같은 부정적인 영향을 완화시키는 것으로 나타났습니다. 즉, 마음 챙김의 수준이 높을수록 우울, 불안, 대인 예민성의 수준이 낮아졌습니다. 또한 교사가 갖는 정신적 고통에 대해 거리 두기를 할 수 있게 되었고, 대안적이고 생산적인 문제 해결이 가능해졌습니다.

따라서 마음 챙김은 교사와 같이 타인을 돌보는 일을 하는 사람들의 행복과 삶의 질을 향상시키는 효과적인 방법 가운데 하나입니다. 유은정 교수는 지쳐 있는 자신을 바라보고 자신에게 집중하고 관찰하면서 자신과의 대화를 시도함으로써 정신적 휴식을 갖는 것, 바로 이것이 마음 챙김의 핵심이라고 주장하였습니다.

다음의 표를 통해 우리는 자신의 마음 챙김 점수를 측정할 수 있습니다. 나의 마음 챙김 점수는 몇 점인가요? 나는 어느 부분에서 취약한가요? 모두 해보시기 바랍니다.

범주	번호	문항	매우 그렇다	상당히 그렇다	보통 그렇다	약간 그렇다	전혀 그렇지 않다
주의 집중	1	한 가지 과제나 일에 정신을 집중하기가 어렵다.	1	2	3	4	5
	2	어디다 물건을 두었는지 기억하지 못해서 괴로운 경우가 많다.	1	2	3	4	5
	3	책을 읽거나, TV를 봐도 무슨 내용이었는지 잊어버릴 때가 많다.	1	2	3	4	5
	4	다른 사람들과 이야기할 때 사람들이 내게 한 말을 금방 잊어버리는 경우가 많다.	1	2	3	4	5
	5	나는 내가 하고 있는 것에 대한 주의 집중 없이 멍한 상태로 일하는 경우가 많다.	1	2	3	4	5
탈중심적 주의	6	나는 미래에 대한 걱정, 혹은 과거의 일에 몰두해 있을 때가 많다.	1	2	3	4	5
	7	미래에 대한 걱정이 떠올랐을 때 불안에 휩싸이게 된다.	1	2	3	4	5
	8	언제 닥칠지도 모르는 불행에 대해서 걱정에 빠져 있는 경우가 많다.	1	2	3	4	5
	9	고민을 털어버리지 못하고 계속 집착한다.	1	2	3	4	5
	10	실망하면 그 타격이 너무 커서 그것을 떨쳐버릴 수가 없다.	1	2	3	4	5
비판단적 수용	11	내가 어떤 감정을 갖는다는 것을 알면, 다른 사람들이 나를 이상하게 볼 것이란 생각이 든다.	1	2	3	4	5
	12	나는 스스로에게 '내가 이런 것을 원해서는 안 되지'라고 말하는 경우가 많다.	1	2	3	4	5
	13	어떤 감정을 느낄 때, 내가 가져서는 안 되는 감정이라고 판단하는 경향이 있다.	1	2	3	4	5
	14	내가 이런 생각 혹은 감정을 갖는다는 것에 대해 스스로에게 실망하는 경우가 많다.	1	2	3	4	5
	15	어떤 생각이나 감정이 떠오를 때, 옳지 못한 것 같아 부끄러울 때가 많다.	1	2	3	4	5

범주	번호	문항	매우 그렇다	상당히 그렇다	보통 그렇다	약간 그렇다	전혀 그렇지 않다
현재 자각	16	나는 현재 내 주변에 무슨 일이 일어나고 있는지를 놓치는 경우가 많다.	1	2	3	4	5
	17	나는 순간순간 내 기분의 변화를 잘 알아차리지 못한다.	1	2	3	4	5
	18	서운하거나 화나는 감정을 느껴도 어느 정도 시간이 지나기 전까지는 그것을 알아차리지 못한다.	1	2	3	4	5
	19	나는 순긴순간 내가 바라는 것이 무엇인지 알 수 없을 때가 많다.	1	2	3	4	5
	20	때때로 나는 내 느낌이나 감정이 무엇인지 구별할 수가 없다.	1	2	3	4	5

채점 방법

- 각 범주별로 5문항씩을 합하여 자신의 점수를 확인합니다. 높을수록 마음 챙김의 수준이 높은 것을 의미합니다.
- 점수가 낮은 범주는 어디인지 확인해 보세요.

출처 박혜민(2012). 마음 챙김이 심리적 안녕감에 미치는 영향. 석사학위논문. 성신여자대학교대학원

02

나의 성인 애착 유형

애착 이론은 영국의 정신과 의사인 보울비(J. Bowlby)가 시작한 것으로, 엄마와 자녀의 초기 관계에 대한 이론입니다. 엄마는 칭얼거리는 아기를 돌보면서 기쁨을 느낍니다. 영아 또한 처음에는 모든 사람을 보며 미소 짓다가 어느 순간부터는 오직 주 양육자인 엄마에게만 전념합니다. 엄마가 보이지 않으면 돌아올 때까지 몸부림치며 울고, 오직 엄마에게만 매달립니다. 보울비는 이러한 영아와 엄마 사이의 강렬하면서도 독특한 유대 관계를 '애착'이라는 용어를 사용하여 설명하였습니다. 즉, 애착이란 영아가 생애 초기에 자신을 돌봐주는 주 양육자(주로 엄마)와 형성하는 특별한 정서적 유대감을 말합니다.

이미 이 책의 1부에서 언급한 영아기 애착에서 살펴보았듯이, 하나님은 이 세상의 모든 사람이 어렸을 때 자신을 돌보아 주는 주 양육자(엄마)와 애착을 형성하도록 만드셨습니다. 즉, 애착은 이 세상의 모든 아가들에게 나타나는 생물학적 특성입니다. 그러나 모든 애착이 안정 애착은 아닙니다. 어떤 아이는 엄마와 불안정 애착(회피 애착, 저항 애착, 혼란 애착)을 형성합니다. 그리고 영아기에 형성된 애착이 성인이 되어 연인을 사귀고 결혼해서 자녀를 낳아 키우는 양육 태도에도 영향을 미칩니다. 즉, 애착의 전달이 일어난 것입니다.

실제로 여러 연구 결과, 영아기에 측정한 애착 유형은 아동기와 청소년기에 측정하였을 때도 비교적 동일하게 나타났습니다. 해밀턴(Hamilton, 2000)은 현대 사회의 다양한 가정 환경을 고려하여 양쪽 부모가 모두 있는 청소년을 비롯해 한부모 가족, 공동체 가족, 동거 가족 등 다양한 가족 유형에 속한 청소년들을 연구 대상으로 선정하여 그들의 애착을 살펴보았습니다. 그 결과 영아기 때 불안정 애착으로 분류되었던 18명 중 16명이 청소년기에도 불안정 애착이었으며, 영아기에 안정 애착으로 나타난 12명 중 9명이 여전히 청소년기에도 안정 애착인 것으로 나타났습니다. 워터스(Waters)와 동료들(2000)은 60명의 청소년을 대상으로 이들의 영아기 애착을 살펴보고, 20년이 지나 이들이 성인이 된 후 다시 이들의 성인 애착 유형을 살펴보았습니다. 그 결과 72퍼센트가 영아기와 성인기에 동일한 애착 유형을 나타냈습니다.

또한 엄마의 어릴 적 애착은 자녀와의 애착에도 영향을 미쳤습니다. 크로웰과 펠드만(Crowell & Feldman, 1991)은 엄마의 어렸을 적 애착과, 현재 엄마가 자녀를 어떻게 돌보는지에 대한 '모-아동 상호 작용 행동과의 관계'를 살펴보았습니다. 그 결과, 어렸을 때 안정 애착이었던 엄마는 자녀에게 애정적이었으며, 피치 못할 사정으로 아이와 떨어질 때에도 자녀에게 충분한 준비를 시켰습니다. 그러나 불안정 애착 유형 중의 하나인 몰입 애착이었던 엄마는 아이와 헤어지는 것을 불안해했고, 거부 애착 엄마는 자녀와 신체적으로 거리를 두고 친밀한 상호 작용을 하지 않았습니다. 그리고 자녀와 헤어질 때에도 그냥 나가버리는 모습을 나타냈습니다. 즉, 어렸을 때 불안정 애착을 형성한 엄마는 자녀에게 비온정적인 양육 행동을 하였으며, 어렸을 때 안정 애착을 형성한 엄마는 자녀에게 온정적이며 수용적인 양육 행동을 하였습니다. 제가 이러한 내용으로 강의를 하면 많은 학생들이 불안해하며 질문합니다.

"교수님, 제가 어릴 때 엄마와 안정 애착을 형성했는지,
불안정 애착을 형성했는지 어떻게 알죠?"

그래서 자신의 애착 유형을 쉽게 알 수 있는 설문을 준비했습니다. 다음 네 개의 문항을 보고 나를 가장 잘 설명한 문항을 하나 선택해 보세요.

"성인 애착 척도(Bartholomew & Horowitz, 1991)"

1. 나는 다른 사람과 친밀하게 지내는 것이 쉽다. 나는 내가 다른 사람에게 의존하는 것과 다른 사람들이 나에게 의존하는 것을 편하게 느낀다. 혼자 지내게 될까봐 또는 다른 사람들이 나를 받아주지 않을까봐 걱정하지 않는다.

2. 나는 다른 사람들과 친밀하게 지내는 것이 편하지 않다. 다른 사람이 나를 간섭하는 것이 싫다. 나도 다른 사람에게 의존하지 않고, 남들도 나에게 의존하지 않는 것이 좋다.

3. 나는 다른 사람과 친밀해지기를 무척 원하지만, 다른 사람은 내가 원하는 것처럼 나와 가까워지는 것을 원하지 않는 것 같다. 내가 상대를 중요하게 느끼는 것처럼 상대방이 나를 중요하게 여기지 않을까봐 걱정이 된다.

4. 나는 다른 사람과 가깝게 지내는 것이 불편하다. 친밀한 관계를 맺고 싶지만, 다른 사람과 가까워지면 상처를 입을까봐 걱정이 된다.

애착 유형: 1번 → 안정 유형
2번 → 무시 유형(회피형, 거부형)
3번 → 집착 유형(몰입형)
4번 → 두려움 유형

1번을 선택한 사람은 안정 유형입니다. 2번을 선택한 사람은 불안정 애착 무시 유형(회피형, 거부형)입니다. 3번을 선택한 사람은 불안정 애착 집착 유형(몰입형)이고, 마지막으로 4번을 선택한 사람은 불안정 애착의 두려움 유형입니다.

성인 애착은 영아 애착과 마찬가지로 안정 애착과 불안정 애착(무시 유형, 집착 유형, 두려움 유형)으로 나누어집니다. 이를 자세히 살펴보면 다음과 같습니다.

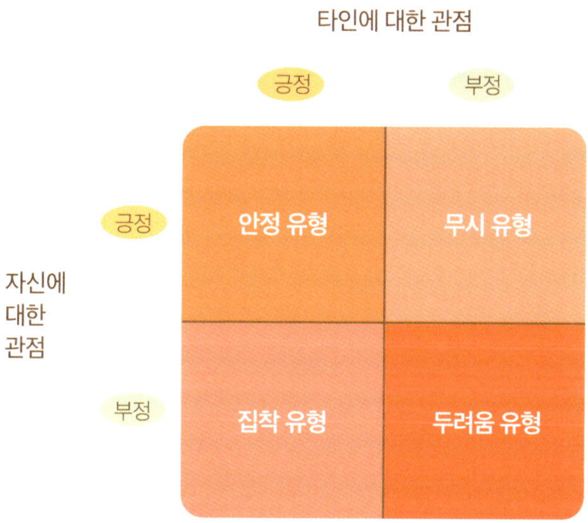

1) 안정 애착 유형(secure type)

- 자신과 타인에 대해 긍정적으로 생각한다. 자아 존중감이 높으며, 인간 관계에 대해서도 개방적이고 긍정적이다.
- 다른 사람과 친밀하게 지내는 데 어려움을 나타내지 않는다. 그리고 자신이 버림받거나 혼자 남겨질 것에 대한 두려움이 없다.

2) 무시 유형(회피형, 거부형, dismissing type)

- 자신에 대해서는 긍정적이지만, 타인에게는 부정적이다.
- 다른 사람과 친밀한 관계를 갖는 것을 의존적이라 생각하여 보다 독립적인 것을 원한다.
- 다른 사람을 신뢰하지 않고 자신의 성취를 중요하게 여긴다.

3) 집착 유형(몰입형, preoccupied type)

- 자신에 대해서는 부정적이며, 타인에 대해서는 긍정적이다.
- 자신은 사랑받을 가치가 없다고 느끼며, 다른 사람과의 친밀한 관계를 지나치게 갈망한다.
- 다른 사람, 특히 사랑하는 사람이 자신을 좋아하지 않을까봐 두려워한다.
- 자신감이 없으며 다른 사람에게 의존적이다.
- 자신이 좋아하는 상대에 대해 불안감과 질투심이 강하다.

4) 두려움 유형(fearful type)

- 자신과 타인에게 부정적이다.
- 친밀한 관계를 원하면서도, 상처를 받을까봐 두려워한다.
- 자신은 사랑받을 가치가 없다고 생각하며, 타인과의 관계 형성을 어려워한다.

우리가 다른 사람과 관계를 맺을 때에는 시간과 적절한 선(경계)이 필요합니다. 안정 애착을 형성한 사람은 타인과 조금씩 친밀하지면서 자신을 개방하며 점차 타인과 가까운 관계가 되어갑니다. 그러나 애착 장애가 있는 사람은 처음 만난 사람이라도 호감을 느끼면, 자신에 대한 모든 것과 심지어 매우 예민한 사생활까지 털어놓는 경향이 있습니다. 사람을 사귀는 데 필요한 시간과 적절한 경계가 없습니다. 그리고 호감을 느낀 상대에게 무척 잘 대해주며 점점 상대에게 집착합니다. 그러다 상대가 내가 원하는 친밀함을 보여주지 않으면 상대에게 극도로 분노합니다. 또한 타인에 대해 부정적인 시각을 가짐으로써 타인과의 친밀한 관계를 아예 회피하고 거부하거나(무시 유형), 타인과의 친밀한 관계를 지나치게 갈망하여 자신을 돌보지 못하거나(집착 유형), 타인과의 관계를 원하지만 상처받을지도 모른다는 두려움으로 건강한 관계를 맺지 못하기도(두려움 유형) 합니다. 특정 이성과 건강한 관계를 맺지 못하는 바람둥이, 과도한 집착으로 상대방과 자신을 황폐케 하는 사랑 중독, 이성 관계에서 자신이 버림받기 전에 상대방을 먼저 차버림으로써 진지한 관계를 맺지 못하는 미성숙한 사랑까지, 모두 불안정 애착으로 인한 영향들입니다. 특히 어렸을 때 부모에게 버림받았거나 부모와 오랜 기간 떨어져 지낸 사람은 배우자의 애정을 계속 확인하려 하고, 행동을 통제하며, 배우자에게 집착합니다. 이와 같은 의처증과 의부증도 불안정 애착의 또 다른 모습입니다.

03

감정에 대한 감정, 초감정

불안정 애착은 성인이 되어 이성과 데이트를 하거나 결혼을 한 후에도 영향을 미칩니다. 또한 자녀를 낳거나, 교사가 된 후에도 자녀와 학생들을 훈육할 때 지속적으로 영향을 미치게 됩니다. 특히 불안정 애착을 형성한 교사는 아이의 감정에 지나치게 민감하게 반응하여 폭발하거나, 아이의 감정을 소홀히 대하고 무시함으로써 아이와 건강한 애착 관계를 맺지 못합니다.

> "왜 어떤 부모(교사)는 아이가 울거나 보채도 따뜻하게 보살피며 훈육하는데, 어떤 부모(교사)는 이성을 잃고 감정을 폭발할까요?"

존 가트맨(John Gottman)과 동료들은 초감정이라는 새로운 정서 개념을 제시하였습니다. 초감정(meta-emotion)이란 자신과 타인의 정서에 대한 정서와 인지 체계입니다. 이를 좀 더 쉽게 설명하면 아동의 감정에 대한 교사의 감정이 초감정입니다. 예를 들어, 우리는 아이의 감정을 감정 자체로 보는 것이 아니라 부정적으로 평가할 때가 있습니다. 아이가 울면 '아이가 많이 속상하구나'라는 슬픔의 감정으로 아이를 바라보지 못하고, '왜 저 아이는 저렇게 울지? 지금 나를 나쁜 교사라고 비난하는 건가?'라고 생각하며 분노의 감정이 올라옵니다. 그래서 아이에게 소리를 지르거나 때리게 된다는 것입니다. 이러한 초감정은 앞에서 설명했던 핵심 감정과 마찬가지로 부모의 감정에서 온 경우가 많으며 대부분 무의식적인 반응이기에, 본인은 자신이 부모의 감정에서 영향을 받았다는 사실을 의식하지 못합니다. 따라서 아이의 어떤 모습에 화를 참지 못하거나 심하게 좌절한다면, 핵심 감정처럼 먼저 자신의 초감정을 알아야 합니다.

초감정은 메타인지(metacognition)와 유사한 개념입니다. 메타인지란 어떤 일을 할 때 '내가 무슨 일을 왜, 어떻게 하는지'를 인식하고 이를 통해 '내가 알게 된 것은 무엇인가, 어디에서 어떤 도움을 받았는가'를 스스로 묻고, 생각하고, 깨닫고, 반성하는 총체적인 인지적 과정입니다. 즉, 자신의 인지적 활동에 대한 인식과 조절을 의미합니다. 내가 무엇을 알고 모르는지 자신을 평가하고, 부족한 부분을 보완하기 위해 계획하며, 계획의 실행 과정을 평가하는 전반적인 과정입니다.

초감정은 메타인지와 같은 개념으로 자신의 정서적 반응에 대해 '내가 왜 이렇게 아이에게 화를 내고 있는가? 지금 저 아이에 대한 나의 감정은 정확하게 무엇인가? 분노인가, 짜증인가, 아니면 자괴감인가?'라는 생각을 하며, 한 발 떨어져서 자신의 정서를 객관화시키는 것입니다. 즉, 아이의 감정에 대한 부모(교사) 자신의 감정입니다(Gottman et al., 1997).

가트만과 동료들은 부모의 초감정을 분석한 결과, 크게 세 가지 유형으로 나뉜다는 것을 발견했습니다.

첫째, 감정 코치형(emotion-coaching)

감정 코치형 초감정을 지닌 부모는 자신과 타인의 정서를 잘 인식합니다. 또한 아이가 슬픔이나 분노와 같은 부정적인 정서를 표현할 때에도 이를 받아주고, 이것을 아이에게 감정을 가르칠 수 있는 교육의 기회로 삼습니다. 또한 아이의 감정을 급하게 해결하려 하지 않고 아이 스스로 자신의 감정을 표현하고 상대방의 입장에서 생각해 보고 나아가 자신의 감정을 조절하도록 기다려 줄 수 있습니다. 예를 들어 오빠에게 장난감을 빼앗겨 나쁜 말을 한 아이가 있다면 먼저 아이의 화가 난 감정을 읽어주고 공감해 줍니다. 그러나 "화가 난다고 오빠에게 욕을 하면 오빠 마음이 어떨까?", "네가 얼마나 화가 났는지 알아. 하지만 화가 난다고 오빠를 때리는 것은 잘못된 행동이야"라고 말해줌으로써 아이의 행동을 교정합니다.

"감정 코치형 초감정을 가진 부모(교사)의 특징"

1. 부모(교사)는 아이의 감정을 잘 인식할 수 있습니다. 이 감정이 어떤 감정인지, 그리고 왜 아이가 이런 감정을 표현하는지 이해합니다.
2. 부모(교사)는 아이의 감정을 아이와 가까워지는 시간, 또는 교육의 기회로 삼습니다.
3. 부모(교사)는 아이가 느끼는 감정을 언어로 표현합니다.
   예 "지금 화가 났구나", "동생이 괴롭혀서 짜증이 나는구나."
4. 부모(교사)는 아이의 감정을 비난하는 대신 충분히 표현하게 합니다.
5. 부모(교사)는 아이가 자신의 문제를 해결하도록 돕습니다.

둘째, 회피형(dismissive)

회피형 초감정을 지닌 부모는 아이가 감정을 표현할 때, 특히 슬픔, 분노와 같은 부정적인 감정을 나타내는 것이 옳지 않다고 생각합니다. 따라서 아이의 관심을 다른 곳으로 돌려 부정적인 감정이 빨리 사라지게 하려고 노력합니다. 예를 들어 친구와 싸워 속상해서 우는 아이에게 그런 사소한 것으로 울고 있냐고 말하거나, 아이에게 장난감이나 간식을 주며 아이의 관심을 부정적인 감정에서 돌려버리려 합니다. 회피형 부모는 특히 부정적인 감정을 갖는 것이 아이에게 좋지 않다고 생각합니다. 또한 아이의 감정을 대수롭지 않게 여기는 경향이 있습니다. 그래서 아이가 화를 내면 웃으며 화내는 모습이 귀엽다고 놀리거나, 아이의 우는 모습이 예쁘다고 아이의 화를 일부로 돋우기도 하고, 아이를 울리고 우는 아이를 보며 웃기도 합니다. 또한 회피형 초감정 유형의 부모는 누군가 부정적인 감정을 표현하면 마음이 불편해져 피하려는 경향이 많습니다.

셋째, 비승인형(disapproving)

비승인형 초감정을 지닌 부모는 회피형 초감정 유형의 부모(교사)와 같이 감정에는 좋은 감정과 나쁜 감정이 있다고 생각합니다. 그래서 나쁜 감정은 혼을 내서라도 떨쳐버리게 하려고 합니다. 예를 들어 친구에게 장난감을 빼앗겨 울고 있는 아이에게 "고작 그까짓 것 가지고 우냐?", "시끄럽다. 울지 마. 울음 그치지 않으면 혼날 줄 알아", "셋 셀 때까지 뚝 해"라고 말하며 아이를 야단칩니다. 즉, 분노와 슬픔과 같은 부정적인 감정을 나쁜 감정이라고 생각합니다. 따라서 비승인 초감정 유형의 부모는 화내거나 우는 아이의 행동을 방관할 경우 아이의 성격이 나빠질 것이라 생각하여 엄하게 아이를 훈육합니다. 혼을 내서라도 부정적인 감정은 빨리 버리고 좋은 감정만 갖도록 하는 것입니다.

아이는 어떤 부모 또는 교사를 만나느냐에 따라 다르게 자라갑니다. 즉, 부모와 교사가 아이의 정서를 어떻게 다루는가에 따라 아이는 안정 애착과 불안정 애착을 형성하게 되고, 부정적 핵심 감정과 감정 패턴을 통해 다른 사람에게 상처를 주기도 합니다.

3천 가지가 넘는 감정들로 인해 성인도 지금 자신이 느끼는 감정이 어떤 감정인지 알기 어려울 때가 있습니다. 아이들은 어떨까요? 아이들은 더더욱 지금 자신이 느끼는 감정이 무엇인지 알기 어렵습니다. 따라서 자신의 감정을 언어로 표현하고, 내 감정이 어떤 감정인지, 그리고 왜 이런 감정이 생겼는지 살펴보는 것은 매우 중요합니다. 이와 같이 자신과 상대방의 감정을 통찰하는 능력을 가트맨은 초감정으로 설명하였습니다. 우리가 스스로 자신의 감정을 이해할 수 있을 때, 다른 사람의 감정에도 공감할 수 있으며, 나아가 자신의 감정을 조절할 수도 있습니다.

아이들의 모든 감정을 따뜻하게 받아주세요. 그리고 분노, 슬픔과 같은 감정을 나쁜 감정으로 여기지 말고 "화가 났구나", "지금 속상하구나"라고 말하며 아이의 감정을 읽어주세요. 부모와 교사가 이렇게 말해줄 때, 아이는 안심하고 자신의 감정을 표현하게 됩니다. 아이가 슬픔이나 분노와 같은 부정적인 정서를 표현할 때 아이의 감정에 휩쓸려 같이 흥분하지 마세요. 그때를 아이에게 감정을 가르칠 수 있는 교육의 기회로 삼으세요. 아이가 자신의 감정을 충분히 표현하게 되면, 자신의 감정을 조절하고, 상대방의 입장에서도 생각해 볼 수 있게 됩니다.

04

분노와 슬픔도 전염돼요
: 거울 뉴런

여러분 가족 중 누군가가 우울해하면 덩달아 우울해지고, 누군가 화를 내면 어느새 같이 화가 나 있지는 않나요? 정서(감정)는 다른 사람의 정서(감정)에 전염됩니다. 특히 부모의 정서는 그대로 자녀에게 옮겨집니다. 부모가 우울하면 자녀도 우울하고, 부모가 긍정적인 성품을 지녔다면 자녀의 성격도 긍정적입니다. 즉, 우리는 주변 사람의 정서에 영향을 주고받습니다.

왜 우리는 옆 사람이 우울하면, 나도 모르는 사이에 나의 의지와 관계없이 함께 우울해질까요? 이에 대해 학자들은 인간이 무의식적으로 운동 모방(motor mimicry)을 하기 때문이라고 설명합니다. 운동 모방이란 타인의 얼굴 표정과 태도, 행동 등과 같은 인간의 크고 작은 움직임을 무의식적으로 모방하는 인간의 생물학적 성향을 나타내는 용어입니다.

기억하시나요? 이 책의 앞부분에서 우리는 갓 태어난 신생아도 성인의 얼굴 표정을 모방한다는 내용을 살펴보았습니다. 이와 같이 하나님은 이 세상의 모든 사람들이 타인의 얼굴 표정을 보고 그 사람의 정서를 지각할 뿐 아니라, 타인의 얼굴 표정에 나타난 정서에 공감하고 그와 같은 정서가 되도록 만드셨습니다. 즉, 인간은 태어날 때부터 선천적으로 타인의 정서를 인식하고 공감하고 타인의 정서에 전염되는 존재입니다.

그런데 어떻게 아직 인지 발달이 이루어지지 않은 신생아도 성인의 얼굴 표정을 모방할 수 있을까요? 최근 연구에 의하면 이러한 인간의 선천적인 모방 행동은 뇌의 전운동 피질과 하두정 피질의 작은 신경 세포 회로에 있는 뉴런의 기능임이 밝혀졌습니다. 바로 우리가 '거울 뉴런'이라고 부르는 것입니다.

"거울 뉴런(mirror neurons)의 발견"

거울 뉴런은 원숭이의 두뇌를 연구하던 중 처음 발견되었습니다. 페라리와 동료들(Ferrari et al., 2005)은 뇌의 어느 부위에서 운동 신경이 나타나는지 알아보기 위하여 원숭이 두뇌에 전기 장치를 설치하였습니다. 그리고 원숭이가 움직이거나 땅콩과 같은 물건을 집을 때 운동 신경을 담당하는 뇌 부분에 연결된 전극에 불이 들어오는 것을 살펴보고 있었습니다. 그런데 한 대학원생이 원숭이가 아무런 행동을 하지 않았음에도 이 부분의 전극에 불이 들어오는 것을 발견하였습니다. 당시 원숭이는 대학원생이 물을 마시는 것을 지켜보고만 있었습니다. 즉, 타인의 행동을 보는 것만으로도 원숭이의 뇌에서 물건을 집는 것과 같은 운동 세포가 작동되었던 것입니다.

거울 뉴런의 발견은 정말 놀라운 것이었습니다. 움직이지 않고 눈으로만 상대방을 관찰하여도 직접 행동한 것과 같은 운동 신경 뉴런이 작동된다는 것입니다. 이를 좀 더 구체적으로 살펴본 결과, 원숭이가 직접 땅콩을 손으로 집거나 먹을 때뿐 아니라, 연구자(타인)가 먹고 있는 것을 바라볼 때에도 마치 원숭이가 직접 행동하는 것처럼 원숭이의 운동 세포 두뇌가 활성화되었습니다. 학자들은 이 신경 세포가 상대방의 행동을 마치 거울을 보는 것처럼 따라 한다는 의미로 이 신경세포를 거울 뉴런, 즉 '모방 유전 인자'라고 명명하였습니다.

새끼 원숭이 앞에서 연구자가 혀를 내밀면 원숭이는 이 모습을 모방하여 마치 거울처럼 따라합니다. 바로 거울 뉴런 때문에 따라할 수 있는 것입니다. 그런데 원숭이와 마찬가지로 인간에게도 거울 뉴런이 존재합니다. 타인의 행동을 보는 것만으로도 마치 자신이 동일한 행동을 하는 것처럼 뇌의 거울 뉴런이 활성화되는 것입니다. 하나님은 인간의 거울 뉴런을 원숭이보다 훨씬 강력하게 작동하도록 만드셨습니다. 인간은 공을 차는 모습을 보지 않고 공을 차는 소리를 듣기만 해도, 심지어 '차다'라는 단어를 말하거나 듣기만 해도 거울 뉴런이 활성화됩니다. 다시 말해 우리가 직접 운동하는 것처럼 두뇌의 운동 신경이 작동됩니다.

월드컵 때 대한민국은 축구로 하나가 되었습니다. 축구 선수들의 몸짓 하나하나에 탄성을 지르고 골이 터지면 선수들처럼 우리도 모두 서로를 얼싸안고 기뻐했습니다. 우리는 축구를 구경하고 있지만, 동시에 우리의 뇌는 실제로 축구를 하고 있는 것입니다. 이와 같이 단지 보거나 듣는 것만으로 직접 경험한 것처럼 뉴런이 반응한다는 것은, 인간이 어떻게 다른 사람에게 공감하며 또한 인지적인 존재가 될 수 있었는가에 대한 해답을 줍니다.

부부가 살면서 서로 닮아가는 것은 우연이 아닙니다. 아이가 아프면 엄마도 같이 아픈 것도 거울 뉴런의 영향입니다. 그리고 사람은 하나님이 우리에게 주신 거울 뉴런으로 인한 뛰어난 모방 능력으로 문명을 더욱 발달시킬 수 있었습니다.

"거울 뉴런은 언제 더욱 활발하게 작동할까요?"

여러 연구 결과, 함께 마주 보고 상호 작용할 때 거울 뉴런은 더욱 활발하게 작동하였습니다(Grahe & Bernieri, 1999; Dimberg, Thunberg, & Elmehed, 2000 등). 아이가 부모의 모습을 지켜보고 있을 때, 그리고 서로 눈을 마주 치고 상호 작용할 때 아이의 거울 뉴런은 열심히 활동합니다.

또한 하나님은 거울 뉴런을 통해 인간의 감정이 서로 연결되게 하셨습니다. 가족, 특히 부모의 감정은 하나님이 우리의 유전인자 깊숙이 만드신 거울 뉴런으로 인해 자녀에게 그대로 옮겨집니다. 그래서 우울한 부모를 둔 자녀는 부모와 같이 우울해하고, 걱정이 많은 부모를 둔 자녀는 작은 일에도 걱정하고 낙담합니다. 이처럼 하나님은 부모의 정서가 그대로 자녀에게 옮겨지도록 만드셨습니다. 기억하세요. 부모가 화나 있으면 자녀도 작은 일에 화를 폭발합니다. 그리고 부모가 긍정적인 성품을 지녔다면 자녀의 성격도 긍정적입니다. 하나님은 부모의 정서를 통해 자녀의 정서가 형성되도록 만드셨습니다.

"거울 뉴런과 정서"

연구에 의하면 거울 뉴런은 행동과 인지 외에 정서에도 작동합니다. 타인이 웃거나 우는 모습을 볼 때에도, 우리의 얼굴이 웃거나 우는 것처럼 거울 뉴런이 활성화됩니다. 즉, 거울 뉴런이 인간의 감정을 주관하는 변연계에 신호를 보내어, 우리가 타인과 표정을 지으며 동일한 감정을 느끼게 되는 것입니다. 이것은 우리가 다른 사람의 감정을 자동적으로 모방하며 다른 사람과 공감한다는 것을 의미합니다.

우리는 옆 사람이 하품을 하고 졸려 하면, 같이 하품을 하며 졸음이 올 때가 있습니다. 극장에서 슬픈 영화를 볼 때 주위 사람들이 울면 같이 눈물이 나고, 기분이 우울한 친구 옆에 앉아 있으면 나도 기분이 가라앉습니다. 이처럼 거울 뉴런은 왜 우리가 다른 사람의 행동과 정서를 나도 모르게 따라 하는지에 대한 답을 제공해 주었습니다. 이러한 모방 행동은 나의 의지와는 관계없는, 신경 뉴런에 의한 자동적인 기능입니다. 따라서 부부가 오래 살수록 닮아간다는 말은 거울 뉴런의 발견으로 인해 과학적 사실로 입증되었습니다.

또한 거울 뉴런은 주변 사람들의 정서가 얼마나 중요한가를 입증하였습니다. 긍정적이고 타인과의 관계가 원만하며 행복한 삶을 사는 주변 사람이 있다면, 나 역시도 그 사람의 긍정적인 정서를 모방하고 닮아가기 때문입니다. 파울러와 크리스타키스(Fowler & Christakis, 2008)는 5천 명의 사람을 20년 이상 추적하여 거울 뉴런과 정서에 대해 연구하였습니다. 그들의 연구에 의하면, 어떤 사람의 1.5킬로미터 이내에 거주하는 주변 사람(배우자, 남매, 이웃 등)이 긍정적이고 행복한 삶을 살고 있다면, 그 사람도 삶을 긍정적으로 바라보고 행복감을 느끼며 살았습니다. 반대로 우울하고 부정적인 주변 사람을 둔 사람은, 그 역시 우울하고 부정적이 되었습니다.

결국 우리 주변에 정서적으로 건강한 사람들이 있으면 내 정서도 함께 건강해지지만, 그 반대의 경우 우리의 정서에도 문제가 생기기 쉽습니다. 다시 말해, 내가 건강한 정서를 가지고 우리 아이들을 대한다면 우리 아이들의 정서도 건강해 지지만, 내가 우울과 분노의 정서를 가지고 아이들을 대한다면 아이들의 정서에도 심각한 문제가 생긴다는 것이지요.

아브라함과 이삭의 거울 뉴런

아브라함은 가뭄으로 그랄에 내려갔을 때, 그랄 왕 아비멜렉에게 자신의 아내 사라를 누이라고 거짓말했습니다. 그런데 이삭 역시 아버지 아브라함처럼 블레셋 왕에게 똑같이 아내 리브가를 누이라고 거짓말합니다. 이처럼 자녀는 부모의 강점뿐 아니라 약점까지 닮아갑니다.

05

분노와 슬픔도 물려받아요
: 동일시와 전이

앞에서 어린 시절에 부모와의 관계에서 형성된 핵심 감정이 무의식적으로 내재되어 자신의 감정 양식으로 반복되는 내용에 대해 살펴보았습니다. 그런데 자신을 곰곰이 살펴보면, 나도 모르는 사이에 부모의 핵심 감정과 감정 양식이 나에게 전달되었음을 발견할 수 있습니다. 우리는 의식적으로 부모의 좋은 면을 닮아가기 위해 노력하지만, 대부분의 경우 의식하지 못하는 사이에 나의 모습 속에서 내가 그토록 싫어했던 부모의 모습을 발견하곤 합니다.

왜 아동 학대는 대물림될까요? 부모의 엄격한 훈육 방식이 싫어 절대로 부모를 닮지 않겠다고 다짐했음에도 불구하고, 왜 화가 나면 나도 모르게 아이를 욕하고 때릴까요? 우리는 자녀를 대하는 나의 모습에서 내가 그토록 싫어했던 부모의 모습을 발견하고 자신에 대한 실망과 좌절에 휩싸입니다. 정신 분석 이론에서는 부모의 핵심 감정과 감정 패턴이 '동일시'와 '전이'라는 방어 기제를 통해 우리에게 내재화되기 때문이라고 설명합니다.

1) 동일시(identification)

먼저 동일시는 주변의 주요 인물(부모, 형제, 교사 등)의 태도와 행동, 생각, 감정 등을 닮아가는 방어 기제입니다. 그런데 동일시는 주요 인물의 긍정적인 성향뿐 아니라 부정적인 모습까지도 모방합니다.

정신 분석 이론에 의하면 우리는 어렸을 적에 나를 상처주고 심하게 괴롭혔던 사람과 자신을 동일시함으로써, 그 대상에 대한 불안과 두려움을 극복한다고 합니다. 강하고 두려운 사람의 모습을 흉내 냄으로써 자신도 강한 사람이 되었다고 생각하는 것입니다. 어렸을 때 자신과 어머니를 학대한 아버지를 둔 아들이 커서 아버지와 똑같이 아내와 자녀를 학대하게 되는 것도 같은 이유입니다. 바로 자신과 아버지를 동일시함으로써, 자신이 맞기만 하던 불쌍하고 연약한 아이가 아니라 강한 남자가 되었다고 느낀다는 것입니다. 즉, 아버지처럼 아내와 아이를 공격함으로써 어린 시절에 아버지에게 가졌던 불안을 무의식적으로 떨쳐버리는 것입니다.

2) 전이(transference)

전이는 과거의 사람과 현재의 사람을 동일시하여 이전에 알았던 사람에게 가졌던 사랑이나 미움의 감정을 지금 내 옆에 있는 사람에게 옮기는 방어 기제입니다. 예를 들어, 어렸을 때 부모의 돌봄을 받지 못하고 정서적으로 버림받은 상태로 자란 사람은 자신을 정서적으로 지지하고 돌보아 줄 수 있는 사람을 배우자로 선택하려 합니다. 그리고 결혼 후 배우자에게 부모처럼 자신을 보살펴 주기를 기대하고, 만약 이러한 기대에 상대가 미치지 못하면 분노합니다. 부모에게 받았던 상처는 물론 부모에게 느꼈던 분노까지 배우자에게 전이된 것입니다. 그래서 필요 이상으로 과도하게 배우자에게 화가 나는 것입니다. 또한 과거에 어머니로부터 칭찬이나 격려의 말보다는 잔소리와 꾸중만 듣고 자란 사람은 배우자가 조금만 안 좋은 소리를 해도 이것을 자신에 대한 공격으로 받아들여 늘 방어적인 자세를 취하고 분노를 표현합니다. 이러한 모습 역시 어머니에 대한 감정이 배우자에게 전이된 것입니다.

간혹 대학생들 중에는 이성 친구에게 지나치게 매달리는 경우가 있습니다. 남자친구가 무관심할 때 필요 이상으로 낙심하여 무기력해지고 우울해져 하루 종일

울거나, 남자 친구와의 관계 회복을 위해 오직 남자 친구에게만 지나치게 매달립니다. 어렸을 때 부모에게 받지 못한 애정과 친밀감의 욕구가 지금의 남자 친구에게 전이된 현상입니다. 영·유아기 때 자신에게 중요한 사람 - 부모, 가족 등 - 에게 느꼈던 감정이 지금 내 주변 사람들에게 무의식적으로 작용하는 것입니다. 이와 같이 타인에 대한 집착적인 의존이나 공격성, 분노 등의 핵심 감정은 영·유아기 때 부모와의 관계를 통해 형성되며, 또한 부모에 대한 아동의 동일시 과정을 통해서 아동의 마음 깊숙이 내재화됩니다. 그래서 어렸을 때 부모와 해결되지 않았던 감정적 문제가 내재되어, 성인이 된 현재의 대인 관계에 반복적으로 문제를 일으키는 것입니다.

06

힘들 때 싸우나요? 도망가나요?
: 투쟁과 도피

영·유아는 특히 부모에게 많이 투정을 부리고 떼를 씁니다. 어디까지 이 떼를 받아주어야 할까요? 아이의 요구를 모두 받아주어야 할까요? 아닙니다. 오히려 정신 분석 이론에서는 적절히 중간 정도 받아주는 것이 좋다고 이야기합니다.

예를 들어, 영·유아기 때 엄격하게 자녀를 키운 엄마는 자녀의 욕구를 심하게 좌절시킬 수 있습니다. 그 결과 자녀는 성인이 되어서도 애정을 얻기 위해 비참할 정도로 주위 사람들을 의존하게 되고, 열등감을 가지며, 그 열등감을 다시 극도의 분노와 공격성으로 표출합니다. 반면에 자녀를 혼내지 않고 지나치게 보호함으로써 자녀를 의존적으로 키우는 엄마는, 자녀의 욕구를 적절하게 좌절시키지 못하고 기본 욕구를 과잉 충족시킵니다. 그 결과 자녀는 성인이 되어서도 욕구를 지연하거나 인내하지 못합니다. 따라서 욕구가 좌절되었을 때는 이를 조절하지 못하고 충동적이고 공격적으로 대응하기 때문에 성인이 되어서도 정신적으로 계속 유아 상태에 머물러, 가까운 사람이나 배우자, 심지어 자녀에게도 계속 의존하고, 이들을 자신의 욕구를 충족하기 위한 도구로 인식하는 경향이 있습니다.

최경희 박사에 의하면 인간의 감정 양식은 크게 투쟁과 도피 반응으로 나타납니다. 상대에 대한 공격성을 외부로 표출하면 '투쟁'이 되고, 자신의 내부로 향하면 '도피'가 됩니다. 즉, 주 양육자에 대한 분노를 외부로 표출하는 사람은 자신을 압박하는 요인을 파괴하려는 강한 충동을 느끼며, 대인 관계에서도 상대에 대해 적대적이고 도전적인 태도를 취합니다. 모든 대인 관계에 분노와 공격성이 내재되어 있습니다.

반면에 주 양육자에 대한 분노가 자신의 내부로 향해 있는 사람은 자신에게 닥친 상황을 직면하기보다는 회피하는 것이 습관화되어 있습니다. 그래서 갈등이 생기면 무조건 회피하려 하거나 자기가 잘못하여 그렇게 되었다고 자책합니다. 대인 관계에서도 갈등을 싫어하기 때문에 표면적으로는 좋은 사람처럼 보이지만, 사실은 직접적인 마찰이나 갈등을 견딜 수 없어 문제를 직시하지 않고 피함으로써 본질적인 문제 해결을 하지 못하는 무능력한 사람입니다. 복잡한 상황을 잊어버리기 위해 술을 마시거나 게임, 스포츠, 쇼핑에 몰두하는 것 역시 도피 반응에 해당됩니다. 물론 휴식을 취하기 위해 약간의 술이나 스포츠, 쇼핑을 할 수는 있지만, 도피 반응은 문제를 직면하거나 해결하는 대신 회피한다는 데 휴식과 차이가 있습니다.

07

핵심 감정 극복하기

이와 같이 정신 분석 이론에서는 초기 아동기에 주 양육자와의 관계가 정신 건강에 중요한 영향을 미친다고 보기 때문에, 어릴 적 자신의 양육 환경과 부모와의 관계를 살펴보는 것은 중요합니다. 특히 조절되지 못한 분노나 지나친 외로움, 슬픔 등이 자신과 주변의 관계를 힘들게 한다면 자신이 영·유아기에 형성된 핵심 감정과 감정 양식을 살펴보세요. 그리고 자신이 주변 사람들에게 사용하는 방어 기제를 분석해 보아야 합니다. 내가 대인 관계에서 반복하여 나타내는 감정 유형을 찾아보세요. 그리고 어린 시절 기억나는 상황들을 분석함으로써 이 감정이 언제부터 나의 핵심 감정이 되었고, 지금 나에게 어떤 영향을 미치고 있는지 분석해 보아야 합니다. 이렇게 자신의 감정을 살펴보고, 왜 내가 이렇게 흥분하고 분노하고 회피하는가를 생각하는 과정을 '자신에 대한 통찰'이라고 부릅니다.

통찰은 무의식적으로 반응했던 감정을 의식으로 바꾸어놓는 과정입니다. 우리는 내가 원하고 바라는 이상적인 모습(좋은 부모, 멋진 배우자, 좋은 교사 등)으로 살기를 원하지만, 자신도 모르게 이전에 하던 방식대로 반복하고 있는 자신의 모습을 발견하게 됩니다. 따라서 현재 살아 있는 과거의 감정 뿌리, 즉 핵심 감정을 발견하여야 합니다. 자신에 대한 통찰 과정을 통해 핵심 감정이 발생한 원인과 이것이 현재 어떻게 영향을 미치고 있는가를 파악할 수 있다면, 우리는 자신을 짓누르고 있는 부적절한 감정에서 보다 자유로워질 수 있습니다. 아울러 자신과 자주 부딪히는 사람의 핵심 감정을 인식해야 합니다. 다른 사람의 핵심 감정을 알게 될 때, 그 사람의 감정적 문제 행동이 나 때문이 아니라 상대의 해결되지 못한 문제 때문이라는 것을 인식할 수 있기 때문입니다. 이를 구체적으로 정리하면 다음과 같습니다.

첫째, 반복되어 문제가 되는 내 감정 살펴보기
자신의 핵심 감정과 감정적 패턴을 분석하기 위해서는 먼저 대인 관계에서 반복되어 문제가 되는 감정 유형을 살펴보아야 합니다. 분노, 공격성, 지나친 슬픔, 좌절, 우울, 죄책감, 무기력증 등 지금 나와 다른 사람을 반복적으로 괴롭히는 내 감정을 찾아보십시오.

둘째, 이 감정과 관련된 어린 시절의 상황 생각하기
어렸을 적에 기억나는 상황들을 떠올려 봄으로써 이 감정이 언제부터 자신의 핵심 감정이 되었고, 지금 나에게 어떤 영향을 미치고 있는지 분석합니다. 그리고 자신에 대한 통찰 과정을 거칩니다. 그동안 생각나지 않았지만 계속 생각하고 살펴보면 조금씩 기억의 문이 열립니다.

셋째, 자신의 감정을 객관적으로 바라보기
자신의 감정에 매몰되지 않고, 자신의 감정을 객관화하여 바라보는 일을 반복하여 훈련합니다.

> '내가 이 일에 왜 이렇게 분노(좌절, 슬픔, 우울)하지?'
> '이 일이 그렇게 분노(좌절, 슬픔, 우울)할 일인가?'

이렇게 한 발자국 떨어져서 자신의 감정을 보게 되면 과거의 감정에서 자유로워질 수 있습니다.

넷째, 나와 자주 부딪히는 상대방의 핵심 감정 살펴보기
특히 자신과 감정적으로 자주 부딪히는 사람의 핵심 감정이 무엇인지 생각해 보고, 왜 그 사람이 그렇게 행동하는지를 통찰하고 이해하게 되면, 자신의 내면이 성숙되는 것은 물론 보다 건강한 인간 관계를 형성할 수 있게 됩니다.

"나의 핵심 감정 알아보기"

1. 어린 시절 되돌아보기
   1) 0-7세 시기에 가장 잊히지 않는 기억과 그때의 느낌은 무엇인가?
   2) 초등학교 시기에 가장 잊히지 않는 기억과 그때의 느낌은 무엇인가?
   3) 중·고등학교 시기에 가장 잊히지 않는 기억과 그때의 느낌은 무엇인가?

2. 나의 콤플렉스, 또는 핵심 감정 살펴보기
   1) 나는 어떨 때 기분이 나빠지고 스트레스를 받는가?
   2) 스트레스를 받을 때 내 신체는 어떻게 반응하는가?
      (예 운다, 화가 나서 물건을 던진다 등)
   3) 스트레스를 받는 상황들에 어떤 공통적인 조건이 있는가, 있다면 무엇인가?
   4) 스트레스를 받을 때 나는 투쟁과 도피 중 어떤 방법을 사용하는지 표시해 보라.

투쟁형	도피형
• 거짓말, 속임(　　)	• 무력, 의욕 상실(　　)
• 공격성, 적개심(　　)	• 자신감 저하(　　)
• 지배하기, 내가 중심이 되기(　　)	• 우유부단(　　)
• 경쟁, 시기, 질투(　　)	• 소극적인 자세, 비활동적(　　)
• 고집, 오기(　　)	(나서는 것보다 가만히 있는 것이 편함)

투쟁형	도피형
• 말대꾸, 반항(　　)	• 눈치(　　)
• 논쟁, 따지기, 비판하기(　　)	• 자책(　　)
• 신경질, 히스테리(　　)	• 공상(　　)
• 감정적으로 폭발(　　)	• 회피, 일을 피하거나 미룸(　　)

5) 나의 핵심 감정은 무엇이라고 여겨지는가?

3. 핵심 감정에서 벗어나기

1) 감정 조절을 위한 나만의 방법을 적어보라.

2) 나와 감정적으로 자주 부딪히는 사람의 핵심 감정은 무엇이라고 생각하는가?

3) 그 사람은 왜 그런 핵심 감정을 갖게 되었는지 생각해 보라.

출처 최경희(2009). 대인관계와 정신역동. 서울: 이문출판사

"마음과 행동, 어느 것이 먼저일까요?"

사람들은 마음과 행동 중 마음이 먼저라고 생각합니다. 기분이 좋으니까(마음) 웃고(행동), 내가 행복하니까(마음) 다른 사람에게 배려한다(행동)는 것입니다. 타인을 사랑하니까(마음) 타인에게 잘해준다(행동)는 것입니다. 그러나 일부 심리학자들은 반대로 이야기합니다. 마음이 없어도 먼저 행동하면 마음이 생긴다는 것입니다. 지금 기분이 우울해도 억지로라도 웃으면 정말 기분이 좋아지고, 배우자에 대한 애정이 식었어도 미소 지으며 잘 대하면 애정의 마음이 다시 솟아난다는 것입니다.

이와 관련된 재미있는 실험을 소개합니다. 스트랙(Strack) 박사와 동료들(1988)은 우리가 감정을 표현할 때 사용하는 근육 활동을 인위적으로 조작하면 그에 해당하는 감정을 경험할 수 있을 것이라는 가정을 하고 다음과 같은 실험을 하였습니다.

볼펜을 가로로 두고 치아에 물면 자연스럽게 입술의 양쪽 끝이 위로 올라가며 웃을 때의 얼굴 표정이 됩니다. 그리고 볼펜의 한쪽 끝부분을 치아에 물면 입이 앞으로

튀어나와 화를 낼 때의 얼굴 표정이 됩니다. 스트랙 박사는 학생들에게 볼펜을 이 두 가지 방법으로 입에 물고 같은 내용의 만화를 보게 한 후, 만화에 대한 설문지를 작성하도록 하였습니다. 그 결과 볼펜을 가로로 물고(웃는 표정) 만화를 본 학생들이 볼펜 끝을 입에 물었거나(찡그린 표정) 볼펜을 손에 쥐고 있었던 학생들(중립)보다 만화가 더 재미있었다고 응답하였습니다. 특히 찡그리는 얼굴 근육을 사용한 학생들은 다른 사람들보다 훨씬 만화가 재미없었다며 더 부정적인 반응을 보였습니다.

즉, 지금 기쁘지 않지만 웃을 때의 얼굴 근육을 사용하여 웃으면 자신도 모르게 즐거워지고, 반대로 얼굴을 찡그리면 자신도 모르게 기분이 나빠진다는 것입니다. 이러한 연구 결과는 마음(정서)이 움직이지 않아도, 행동을 먼저 조절하면 마음까지도 움직일 수 있음을 입증한 것입니다.

행복해지고 싶으신가요? 즐거워지고 싶으신가요? 배우자를 사랑하고 싶으신가요? 그렇다면 웃으십시오! 상대방에게 따뜻하게 행동해 주세요. 마음보다 행동이 먼저일 수 있습니다.

마치는 글

"또 아비들아 너희 자녀를 노엽게 하지 말고
오직 주의 교양과 훈계로 양육하라"(엡 6:4).

하나님이 명령하신 성경적 자녀 양육의 첫 번째 원칙은

"자녀를 노엽게 하지 말고"입니다.

부모 여러분, 자녀를 노엽게 하지 않기 위해 다음의 네 가지를 기억하십시오.

첫째, 장난 훈육을 하지 마십시오.

어떤 부모들은 자녀가 너무 예쁘고 사랑스러워 자녀와 장난하는 것을 좋아합니다. 자녀와 짓궂은 말싸움을 하면서 아이를 화나게 하고 짜증 나게 합니다. 아이가 화내는 것조차 예쁘기 때문입니다.

(맛있게 간식을 먹는 아이에게) "그만 먹어라 뚱돼지야! 너 그러다 진짜 돼지 된다."
(아이의 서툰 발음을 놀리기 위해) "아빠 시발(신발) 해봐!"
"너는 누굴 닮아 이렇게 밉니? 진짜 못생겼다. 하하하하"
"나는 너보다 동생이 훨씬 이뻐. 약 오르지?"
"너는 아빠 하나도 안 닮았는데~ 머리가 돌이잖아~"

결코 아이가 미워서 이런 말을 하는 것이 아닙니다. 하지만 이러한 장난 훈육은 하나님이 주신 부모의 권위를 완전히 깎아 내리는 행동입니다. 아이는 엄마, 아빠가 웃으며 이런 이야기를 할 때 장난이라고 생각하지 못합니다. 설사 아이가 커서 농담의 개념을 알고 이것이 장난이었음을 알았다 해도, 마음에 남은 상처은 여전합니다. 무엇보다 나를 상처 주고 속상하게 하는 부모님을 존경할 수 없습니다.

"가는 말이 고와야 오는 말이 곱다"라는 속담은 부모-자녀의 관계에서도 적용됩니다. 아이에게 좋은 말, 부드러운 말을 해주세요. 장난이라도 아이에게 말로 상처를 주지 마세요. 장난삼아 던진 돌멩이에 개구리가 죽을 수도 있듯이, 장난으로 아이에게 함부로 한 이야기들이 아이에게 상처로 남게 됩니다.

둘째, 자녀를 편애하지 마십시오.

앞에서 아버지 이삭의 편애가 어떻게 가정을 망가뜨리고 파괴했는지 말씀드렸습니다. 심지어 이삭의 편애는 대를 이어 아들 야곱에게까지 전달되었고, 야곱도 자신의 자녀들을 편애했습니다. 그 결과 요셉은 형들에게 미움을 받아 애굽에 노예로 팔려갔습니다. 편애는 내 자녀뿐 아니라 내 후손의 가정까지 망가뜨립니다. 그리고 사랑을 더 받은 자녀와 덜 받은 자녀, 모두를 파괴합니다.

눈에 넣어도 아프지 않을 만큼 사랑하는 자녀가 있으신가요? 아니면 다른 자녀들보다 예뻐 보이는 자녀가 있으신가요? 자녀에 대한 부모의 사랑은 동일해야 합니다. 아이들 스스로 '부모님이 우리를 똑같이 사랑하셨다'라고 생각해야 합니다.

부모 여러분, 가장 오랫동안 내 자녀 곁에 함께 있어 주고 서로 의지가 되어줄 가족은 부모가 아닙니다. 부모는 먼저 하늘나라로 떠납니다. 내 아이 옆에 가장 오랫동안 함께 있어 줄 가족은 바로 형제, 자매, 남매입니다. 그런데 부모의 편애는 아이들이 서로를 사랑할 수 없게 만든다는 데 비극이 있습니다. 우리 주변에도 돌아가신 부모님의 재산을 나누는 과정에서 상처받은 가정이 많이 있습니다. 부모님이 살아 계실 때 편애를 느낀 자녀들은, 부모님이 돌아가신 후에도 서로 사랑하지 못합니다. 원망과 미움이 가득합니다. 절대로, 절대로 자녀를 편애하지 마십시오.

셋째, 훈육이라는 미명하에 자녀를 공격하지 마십시오.

하나님은 자녀를 훈육할 때 매와 회초리 드는 것을 금하지 않으셨습니다. 오히려 잘못된 아이를 교정하고 올바른 길로 가기 위해 사용하라고 명하셨습니다. 그러나 지나친 훈육은 오히려 아이의 마음에 상처를 주고 아이를 노엽게 만듦으로써, 훈육이 아닌 학대가 될 수 있습니다.

화가 났을 때에는 절대로 아이를 훈육하지 마십시오. 감정적으로 아이를 공격하게 됩니다. 아이가 잘못했을 때, 많은 크리스천 부모들이 잘못된 방법으로 훈육을 하고 있습니다. 저 역시도 아이들을 키울 때 소리 지르며 화를 낸 적이 있습니다. 당시 초등학생이었던 아이가 아빠 지갑에서 돈을 가져간 것입니다.

아이가 왜 부모 몰래 돈을 가져갔을까요? 꼭 필요했기 때문입니다. 친구들과 간식을 사 먹거나, 무언가를 사고 싶거나, 게임방에 가는 일이 부모에게는 별로 중요한 일처럼 생각되지 않지만 아이들에게는 중요한 일이기 때문입니다. 한번은 저희와 같은 고민을 가진 부모님이 저에게 이렇게 물어보았습니다. "아이에게 돈이 필요하면 이야기하라고 자주 이야기했습니다. 그런데 왜 말하지 않고 굳이 지갑에서 돈을 가져갔을까요? 말하면 줄 텐데요."

그 이유는 아이들마다 다를 수 있습니다. 어떤 아이는 부모님이 엄하기 때문에 혼날까봐 말하기 무서웠을 수도 있고, 또 어떤 아이는 돈이 없다고 말하는 엄마에게 놀러간다고 말하는 것이 너무 미안했을 수도 있습니다. 또 어떤 아이는 한두 번 해봤는데 부모님이 돈이 없어진 것을 모르는 것 같아 계속했을 수도 있습니다.

제 아이가 잘못을 저질렀을 당시, 저는 저희 교회에 부모 교육 특강을 오신 목사님의 이야기에 큰 은혜와 자녀 훈육에 대한 도전을 받았을 때였습니다. 목사님은 자신의 어릴 때를 이렇게 회상했습니다. "어렸을 때 목사님인 아버지의 돈을 몰래 가져갔다가 들킨 적이 있습니다. 그때 아버지가 혁대로 저를 때리고 가방을 싸서 고아원에 놓고 오셨습니다. 한 시간 후 돌아오셨지만, 당시 저는 너무 아프고 무서워서 다시는 다른 사람 돈에 손을 대지 않았습니다."

저는 아이를 하나님의 말씀으로 키우기 위해 기도하며 엄청 애썼는데, 아이가 이런 잘못을 저지르자 아이에게 엄청나게 실망했고 너무너무 화가 났습니다. 결국 나 자신의 분노를 아이에게 폭발했고, 가방을 던지며 집을 나가라고 소리쳤습니다. 그리고 아이를 데리고 동네 파출소로 갔습니다(제가 살던 동네에는 고아원이 없었습니다).

지금 돌이켜 생각해 보면 솔직히 많이 후회됩니다. 만약 그때 "누가 아빠 지갑에서 돈을 가져갔네? 돈이 꼭 필요했나 보구나. 돈이 필요한 사람은 아빠에게 이야기해 줘"라고 말했다면 얼마나 좋았을까요? 혹은 아이들과 가족회의를 해서 용돈이 부족한 이유를 듣고, 아이들이 생각하는 적정한 용돈 액수를 말하게 했다면 좋았을 것입니다.

크리스천 부모는 자녀가 바르게 자라가기를 바라는 마음이 너무 크기에 아이의 잘못에 큰 상처를 받습니다. 그래서 아이의 반복되는 잘못에 화가 납니다. 그러나 기억하세요. 화가 난 상태에서의 훈육은 더 이상 훈육이 아닙니다. 자녀가 잘못했을 때는 먼저 화가 난 내 감정을 다스려달라고 기도하세요. 그리고 지혜를 구한 후 훈육하십시오. 우리 부모님들은 예전에 제가 했던 잘못을 반복하지 않으시길 간절히 바랍니다. 부모의 잘못된 꾸중은 우리 아이들에게 평생 동안 상처가 될 수 있습니다.

넷째, 자녀의 자존감을 핑계로 다른 사람에게 피해 주는 일을 허용하지 마십시오.

하지만 반대로 아이의 잘못을 그냥 넘어가고, 무엇이든지 아이가 하자는 대로 따라가는 것도 잘못된 양육입니다. 앞에서 이야기한 상황은 아이가 부모의 지갑에서 돈을 가져간 상황입니다. 그러나 동네 마트나 친구의 돈을 가져갔다면 상황이 완전히 다릅니다. 이것은 절도이고 때려서라도 가르쳐야 할 잘못입니다. 아이를 데리고 집적 마트에 가서 아이가 보는 앞에서 주인에게 부모가 머리를 조아리고 사과하는 모습을 보여주어야 합니다.

그런데 어떤 부모는 아이가 마트에서 사탕을 몰래 가져가려다 주인에게 들켜 혼나자, 왜 이런 사소한 일로 우리 아이를 혼내냐며 오히려 큰소리를 치고 돈을 던지듯 주고 나옵니다. 또 어떤 부모는 선생님에게 우리 아이는 왕의 DNA가 있으니 존댓말을 해달라고 합니다. 제가 아는 어떤 부모는 학교 선생님에게 자신의 아이를 '도련님'이라고 부르며 존중해 달라고 말했습니다. 요즘 부모들은 자녀가 친구와 싸우면 사과를 하지 못하게 합니다. 사과를 하면 아이가 자신의 잘못을 인정하는 것이 되기에 오히려 상대 부모와 교사에게 큰소리를 칩니다.

이런 부모들을 가리켜 '잔디 깎기 부모'라고 합니다. 잔디 깎기 기계가 잔디밭의 잔디와 돌멩이, 잡초 등을 깎고 걷어내듯이, 내 자녀 앞에 있는 모든 문제와 어려움을 부모가 나서서 대신해 준다는 의미입니다. 이들은 자신의 자녀가 너무 중요해서, 자녀가 상처받고 혼나는 것을 절대 용납하지 않습니다.

그러나 이러한 부모야말로 자녀를 망치는 부모입니다. 자녀를 하나님의 위치까지 높여 우상 숭배하는 부모이기 때문입니다. 하나님이 가장 싫어하시는 죄악은 우상 숭배입니다. 자녀를 다른 사람보다 높이지 마세요. 그것은 자녀의 자존감을 살리는 행동이 아닙니다. 이러한 부모를 둔 자녀는 교만해질 뿐만 아니라, 부모가 해결해 주지 않으면 아무것도 할 수 없는 나약한 인생이 됩니다.

성경적 자녀 양육의 두 번째 원칙은

"오직 주의 교양과 훈계로 양육"하는 것입니다.

주의 교양과 훈계로 양육하는 것이 무엇(What)인지, 그리고 어떻게(How) 해야 하는 것인지 살펴보겠습니다. 먼저 주의 교양과 훈계로 양육한다는 것은 무엇일까요? 바로 하나님이 부모들에게 알려주신 자녀 양육 방법인 쉐마로 아이를 양육하는 것입니다.

> "이스라엘아 들으라
> 우리 하나님 여호와는 오직 유일한 여호와이시니
> 너는 마음을 다하고 뜻을 다하고 힘을 다하여
> 네 하나님 여호와를 사랑하라"(신 6:4-5).

그렇습니다. 부모인 내가 먼저 마음을 다하고 뜻을 다하고 힘을 다하여 하나님을 사랑하는 것입니다. 그렇다면 어떻게 주의 교양과 훈계로 양육해야 할까요?

"오늘 내가 네게 명하는 이 말씀을 너는 마음에 새기고
네 자녀에게 부지런히 가르치며
집에 앉았을 때에든지 길을 갈 때에든지 누워 있을 때에든지
일어날 때에든지 이 말씀을 강론할 것이며
너는 또 그것을 네 손목에 매어 기호를 삼으며
네 미간에 붙여 표를 삼고
또 네 집 문설주와 바깥 문에 기록할지니라"(신 6:6-9).

부모 여러분, 주의 교양과 훈계로 양육하기 위해 다음의 두 가지를 기억하십시오.

첫째, 주님이 오늘 내게 주시는 말씀을 마음에 새기십시오(간직하십시오).

내가 먼저 하나님의 말씀을 내 마음에 새깁니다. 마음이 기쁠 때, 두렵고 슬플 때, 절망스러울 때 언제나 하나님의 말씀이 내 마음에 있어야 합니다. 그런데 중요한 것은 "오늘 내가 네게 명하는 이 말씀"입니다. 바로 오늘 하나님이 내게 주시는 말씀을 마음에 간직해야 한다는 것입니다. 저는 매일 아침 말씀을 묵상합니다. 그럼에도 불구하고 어려운 일이 있을 때에는 마음이 바닥으로 뚝 떨어지며 두려움에 떨고 있는 제 자신을 발견합니다.

사랑하는 부모 여러분, 하나님의 말씀을 매일매일 묵상하십시오. 바로 오늘 내게 주시는 말씀을 마음에 새기고 살아가십시오. 아이의 문제로 낙심될 때, 어려움이 생겼을 때 우리는 내가 하나님이 되어 해결하려 하지 말고, 오늘 내게 주시는 주님의 말씀을 묵상하며 내게 하시는 말씀에 귀 기울여야 합니다. 주님은 우리의 기도에 성경 말씀을 통해 늘 응답하고 계십니다. 다만 우리가 성경을 읽지 않음으로 하나님의 음성을 듣지 못하는 것입니다.

둘째, 자녀에게 모든 상황 속에서 부지런히 가르치십시오.

하나님은 부모인 우리에게 모든 상황 속에서 하나님의 말씀을 부지런히 가르치라고 말씀하십니다. 어린 자녀들에게 모든 상황에서 하나님의 말씀을 가르치기 위한 가장 좋은 방법은 '가정 예배'와 '아침과 저녁의 축복 기도, 축복 말씀'입니다.

우리는 하나님이 주신 소중한 자녀들을 하나님의 말씀대로 잘 양육하여, 우리 자녀들이 모두 존귀한 자녀가 되기를 바라는 꿈을 가지고 있습니다. 그래서 아낌없이 나의 모든 것을 투자하며 자녀를 열심히 키우고 있습니다.

그러나 하나님의 말씀이 빠진 열심은 잘못된 방향으로 나아가기 쉽습니다. 매일 오늘 내게 주시는 하나님의 말씀을 묵상하고, 또 가르쳐야 합니다. 우리 자녀들이 존귀한 하나님의 자녀로 자라가도록, 부모인 여러분이 하나님과 자녀 사이의 통로가 되어주기를 간절히 소원합니다.